浙江智库 ZHEJIANG THINK TANK　浙发规院文库 ZDPI PUBLICATIONS

新时代

The Theory and Practice
of Promoting Common Prosperity
in Zhejiang in the New Era

浙江推动共同富裕的理论与实践

李昊　著

中国发展出版社
CHINA DEVELOPMENT PRESS

图书在版编目（CIP）数据

新时代浙江推动共同富裕的理论与实践 / 李昊著.

北京：中国发展出版社，2025. 3. -- ISBN 978-7-5177-

1455-2

Ⅰ. F127.55

中国国家版本馆CIP数据核字第2025FQ7373号

书　　　名：新时代浙江推动共同富裕的理论与实践

著作责任者：李　昊

责任编辑：杜　君　吴若瑜

出版发行：中国发展出版社

联系地址：北京经济技术开发区荣华中路22号亦城财富中心1号楼8层（100176）

标准书号：ISBN 978-7-5177-1455-2

经销者：各地新华书店

印刷者：北京瑞禾彩色印刷有限公司

开　　　本：710mm×1000mm　1/16

印　　　张：18

字　　　数：242千字

版　　　次：2025年3月第1版

印　　　次：2025年3月第1次印刷

定　　　价：88.00元

联系电话：（010）68990625　68990642

购书热线：（010）68990682　68990686

网络订购：http://zgfzcbs.tmall.com

网购电话：（010）88333349　68990639

本社网址：http://www.develpress.com

电子邮件：121410231@qq.com

序 一

　　自古以来，共同富裕便是中华民族追求的社会理想，深深根植于我们的文化传统之中。从《论语》中的"不患寡而患不均"，到《礼记》中的"大道之行也，天下为公"，再到《孟子》中的"老吾老以及人之老，幼吾幼以及人之幼"，无不反映出人们对社会公平与共同富裕的向往和追求。共同富裕是中国特色社会主义的本质要求，是中国式现代化的重要特征，在新征程上更是被赋予了新的理论内涵和实践要求。浙江省作为我国改革开放的先行地区，承担起了"高质量发展建设共同富裕示范区"的使命任务，其对于推动共同富裕方面的理论与实践探索，无疑具有先行示范和前瞻探索的典型意义。

　　由于职业、岗位和偏好的关系，我有幸长期跟踪和接触浙江区域经济和社会发展等领域的研究。近年来，在个人实名公众号和《浙江经济》等期刊上，围绕共同富裕主题，曾先后发表过三十多篇相关的文章。我深知共同富裕的重要性和实现过程的复杂性，它不仅是一个经济目标，更是一个涉及社会、文化等多方面的综合性目标。在推动共同富裕的过程中，尤其需要现实主义地全面考虑各种因素和多重约束，制定科学的规划和政策。在我看来，共同富裕的实现需要政府、市场和社会三方面的共同努力。政府需要审时度势、因势利导，为推进共同富裕提供制度供给和政策支持；市场需要发挥其在资源配置中的决定性作用，为共同富裕提供基础的动力和必备的活力；社会需要积极参与和共同建设，为共同富裕营造良好的社会氛围和文化环境。这三者相互依存、相互促进，共同构成了推动共同富裕的有机整体。

《新时代浙江推动共同富裕的理论与实践》一书，正是对这一重大时代课题的深入研究和系统总结。该书从理论与实践两个维度出发，不仅深刻阐述了共同富裕的理论内涵、实现路径，还紧密结合浙江的实际情况，详细分析了浙江在新时代推动共同富裕的重要意义、战略部署和重点实践。全书结构严谨，内容丰富，既有理论深度，又有实践广度，是一部具有一定学术价值和现实指导意义的著作。

此书的亮点主要有以下四个方面。一是理论建构扎实。该书开篇便对共同富裕的理论内涵、概念和特征进行了深入阐述，为后续的实践分析奠定了坚实的理论基础。作者对实现路径和难点问题的探讨，尤为深入和全面。二是实践分析翔实。该书通过大量实例和数据，详细展示了浙江在推动共同富裕方面的具体实践。无论是山海协作工程、城乡融合发展，还是"扩中""提低"改革，作者都对其进行了深入剖析，生动展示了浙江在缩小地区差距、城乡差距、收入差距方面的积极探索和实践经验。这种翔实的实践分析，使得该书的研究更加贴近实际，更具指导意义。三是观察视角独特。该书选取了革命老区、中心城市、山区海岛县、共同富裕实践观察点等，对浙江的共同富裕实践进行了全面而深入的分析。这种多元化的观察视角，使得该书的研究更加立体和生动，为读者提供了更加丰富的信息和更加多元化的维度。四是思考展望深刻。该书最后一章对浙江在推动共同富裕过程中的先行示范进行了深刻的思考与展望，提出了把握重大关系、保持战略定力以及下一步发展建议。这些前瞻性的思考与展望，无疑为浙江乃至全国的共同富裕实践提供了有益借鉴。

作为浙江省委高质量发展建设共同富裕示范区专家咨询委员会委员、

省政府咨询委员会特约委员和一名曾长期在浙江省发展规划研究院担任院长的研究人员，读到书稿时我深感欣慰。看到年轻一代能够如此深入地研究和探索共同富裕这一重大时代课题，并对浙江在推动共同富裕方面的实践进展进行比较全面的总结和提炼，"把论文写在祖国的大地上"，实在是可圈可点、可喜可贺。

衷心祝愿本书出版后能够得到广大读者和相关研究人员的垂注，为推动共同富裕的理论研讨与实践探索贡献其独特的价值。我也希望作者能继续深耕这一领域，不断推出更多有深度、有广度的研究成果，为浙江乃至全国的共同富裕实践贡献更多的智慧和力量。同时，我也期待浙江在推动共同富裕的道路上能够继续走在全国前列，为其他地区提供更多的示范和经验。

是为序。

刘亭

研究员、中国区域经济 50 人论坛正式成员

浙江大学中国新型城镇化研究院首席专家

序　二

从古至今，财富分配是一个永恒的话题。当财富越来越集中到少数人手中，导致社会活力降低时，社会变革浪潮就会出现。从群体来看，中国老百姓是世界上最可敬、最质朴的一群人，强烈的家庭意识让追求更多的财富、创造更美好的生活成为其不竭动力。他们任劳任怨，辛勤工作，努力为家族兴旺和子孙后代的福祉而奋斗。而"不患寡而患不均"、桃花源记图景等，也让实现天下大同成为老百姓最朴素、最纯真的期盼。所有隐藏在这些期盼背后的羡慕、幻想等，都是对美好生活的一种仰望，都指向了共同富裕。

自 2021 年 5 月国家赋予浙江高质量发展建设共同富裕示范区的光荣使命以来，共同富裕作为高频词汇逐步成为社会关注的热点。共同富裕到底是什么，共同富裕的场景是什么，共同富裕会不会降低社会活力，如何实现共同富裕等一系列问题呈现在社会大众面前，需要去解答好，而且必须解答好。

目前来看，关于共同富裕尚未有一套完整的理论体系。世界各国从不同角度来解释和阐述这一理论，如我们熟悉的西方的福利制度设计等。虽然西方社会与中国社会在"共同富裕"这一术语使用方面存在显著差异，但"共同富裕"这一话题却有相通性。基于中国特色社会主义制度这一适合我国国情的制度，我们在推动共同富裕的过程中，更多的是从实践探索出发，来凝练共同富裕理论，并用理论进一步指导共同富裕实践。这种实践与理论同向而行的特殊性，区别于先有理论再指导实践，也是我们的特色。所以，我们可以看到，在浙江推动共同富裕的探索中，一批批鲜活的实践案例，被提炼成模式，进而转化为理论体系，形成话语体系是普遍的现象。

当前社会上已涌现了许多以共同富裕为主题的书籍，研究视角不同，研究重点也有差异。本著作特色在于拥有丰富的实践素材。作者长期以来跟踪研究浙江推动共同富裕的实践探索，从缩小区域差距、城乡差距、收入差距三个维度和城市、乡村、企业等多个角度，结合浙江实践探索总结和提炼共同富裕的实现路径。特别是对那些具有可复制、可推广价值的案例进行深度解剖，以期让这些成果可以在更大范围得到应用推广。这些典型案例让这一著作更具有可读性，也会对读者有所启发。

实现共同富裕是一个长期过程，特别是世界百年未有之大变局加速演进，实现共同富裕面临着复杂多变的外部环境和内部压力。牢牢把握共同富裕奋斗目标不变、努力方向不变，脚踏实地、久久为功，充分激发人民群众首创性，让广大人民群众更有获得感、幸福感和安全感，让老百姓既能仰望星空，又能畅游星海，才是共同富裕的核心所在，也是本著作蕴含的思想所在。

廉军伟

浙江省发展规划研究院首席专家、研究员

前　言

《周礼》有云："以富邦国，以养万民，以生百物。"此言深刻揭示了国家富裕、民众生活改善与万物生长之间的紧密联系，体现了共同富裕理念中国家发展与人民福祉的相互促进关系。党的十八大以来，以习近平同志为核心的党中央把握发展阶段新变化，把逐步实现全体人民共同富裕摆在更加重要的位置上。

浙江，这片充满活力与创新的土地，在推动共同富裕的道路上，更是干在实处、走在前列、勇立潮头。2021年5月，习近平总书记亲自谋划、亲自定题、亲自部署、亲自推动，赋予浙江高质量发展建设共同富裕示范区的光荣使命①。三年来，浙江紧密围绕《中共中央 国务院关于支持浙江高质量发展建设共同富裕示范区的意见》和《浙江高质量发展建设共同富裕示范区实施方案（2021—2025年）》明确的目标任务，聚焦国家所需、浙江所能、群众所盼、未来所向，积极探索并形成了一批有利于促进共同富裕的标志性成果和制度机制创新成果，实现经济持续向好，"三大差距"②持续缩小，高质量发展促进共同富裕取得了明显的阶段性成效。2023年，浙江全省地区生产总值增长6%，经济总量迈上8万亿元新台阶（2020年为6.46万亿元）；城乡居民人均可支配收入倍差为1.86（2020年为1.96），

---

① 《扎实推动高质量发展建设共同富裕示范区（深入学习贯彻习近平新时代中国特色社会主义思想）》，《人民日报》，2024年8月2日。

② "三大差距"指城乡差距、地区差距、收入差距。

地区人均可支配收入最高最低倍差为 1.56（2020 年为 1.64），农村居民人均可支配收入首次突破 4 万元大关（2020 年为 3.19 万元）。

2023 年 9 月，习近平总书记在浙江考察时要求浙江"在推进共同富裕中先行示范"①，这既是对浙江过去发展成就的肯定，也是对浙江未来发展的期许。笔者近年来有幸参与了山海协作工程、城乡融合发展、革命老区振兴发展、共同富裕试点等项目的申报、评估及验收工作，以及共同富裕实践观察点跟踪评测等课题研究，深感在浙江高质量发展建设共同富裕示范区三周年之际，全面梳理和深刻总结浙江在推动共同富裕方面的宝贵经验和深刻思考成果具有重要意义。

共同富裕的理论发展与浙江的实践创新是一个相辅相成、不断深化的过程。本书尝试将这两者结合起来，以期为共同富裕的深入研究和实践推进提供一些有益的参考。全书共分为十章。第一章与第二章作为开篇，奠定了全书的理论基础与分析框架，深入阐述了共同富裕的理论内涵、概念和特征以及实现路径和难点问题，并剖析了浙江推动共同富裕的背景意义、战略部署及其在全国范围内的示范效应。第三章至第五章则聚焦浙江以缩小"三大差距"为主攻方向的具体实践，通过对山海协作工程、城乡融合发展、"扩中""提低"改革等实践的剖析，生动展现了浙江在推动共同富裕过程中的创新机制和宝贵经验。第六章至第九章则从不同角度选取了革命老区、中心城市、山区海岛县、共同富裕实践观察点等典型样本进行深入剖析，并提出了针对性的对策建议和展望。第十章则对浙江在推进共同富裕过程中的先行示范进行了思考与展望，指出应把握重大关系、保持战略定力，并提出了下一步的发展建议。

在写作过程中，笔者深切体会到共同富裕这一命题的复杂性和挑战

---

① 《扎实推动高质量发展建设共同富裕示范区（深入学习贯彻习近平新时代中国特色社会主义思想）》，《人民日报》，2024 年 8 月 2 日。

性。它不仅横跨经济学、政治学、社会学等多个学科领域，还涉及历史、文化、地理等多方面的因素。因此，在构建本书的理论框架和选取典型案例时，笔者力求全面、深入地挖掘和分析，以期能够更准确地揭示共同富裕的内在规律和实现路径。同时，笔者也清醒地认识到，由于知识水平和研究能力的局限，书中难免存在不足之处。特别是推动共同富裕作为一个动态发展的过程，其理论和实践都在不断地丰富和完善之中。因此，本书所呈现的内容只是对共同富裕理论与浙江实践的一个阶段性总结和思考。

同时，本书凝聚笔者多年研究探索与实践积累，衷心感谢合作单位、领导同事给予的大力支持。

最后，笔者衷心希望本书的出版能够成为引玉之砖，引发更多学者和实践者对共同富裕这一重大命题的关注和思考。同时，也期待广大读者能够提出宝贵的意见和建议，推动共同富裕理论与实践研究的深入发展。吾生也有涯，而知也无涯。让我们携手共进，为共同富裕的美好未来贡献智慧和力量。

目　录

第一章　共同富裕的理论内涵与实现路径

第一节　共同富裕的理论概述 ……………………………… 2

第二节　共同富裕的概念和特征 …………………………… 6

第三节　共同富裕的实现路径 ……………………………… 11

第四节　新时代实现共同富裕的难点问题 ………………… 13

第二章　新时代浙江推进共同富裕的背景意义和战略部署

第一节　浙江高质量发展建设共同富裕示范区的时代背景…… 20

第二节　新时代浙江高质量发展建设共同富裕示范区的重大

意义 ……………………………………………… 23

第三节　科学把握浙江高质量发展建设共同富裕示范区的战略

部署 ……………………………………………… 26

第三章　新时代以山海协作工程缩小地区差距

第一节　山海协作工程的发展历程 ………………………… 42

第二节　山海协作工程的理论内涵 …………………………… 49

第三节　山区海岛县高质量发展的实践探索 ………………… 52

第四节　浙江山区26县与苏北地区比较研究 ……………… 59

第五节　关注重视浙江"特殊中间型"县城的思考与建议 …… 66

第四章　新时代推动城乡融合缩小城乡差距

第一节　缩小城乡差距探索与实践的经验启示 ……………… 74

第二节　新时代推进以县城为重要载体的城镇化建设实践 …… 81

第三节　新时代深化"千村示范、万村整治"工程实践 …… 92

第五章　新时代探索"扩中""提低"改革缩小收入差距

第一节　缩小收入差距的理论基础 …………………………… 102

第二节　浙江如何探路"扩中""提低" ……………………… 106

第三节　浙江推动"扩中""提低"的成效、问题与思路 …… 111

第四节　典型案例 …………………………………………… 116

第六章　革命老区推动共同富裕的实践研究

第一节　浙江革命老区的范围及特征 ………………………… 136

第二节　浙江革命老区的实践与成效 ………………………… 140

第三节　江西、福建等革命老区发展的特色经验 …………… 147

第四节　促进浙江革命老区高质量发展的对策建议 ………… 150

第五节　缙云县革命老区重点县城建设研究 ………………… 153

第七章　中心城市推动共同富裕的实践研究
——以杭州市为例

第一节　杭州市推动共同富裕的实践与成效 …………………… 160

第二节　杭州市推动共同富裕的开创性探索实践与启示 ……… 170

第三节　杭州市推动共同富裕先行的未来展望 ………………… 178

第八章　山区海岛县共同富裕试点的实践研究
——以浙江省高质量发展建设共同富裕示范区
第二批试点为例

第一节　常山县以农业龙头企业带动共同富裕的实践与
　　　　经验 …………………………………………………… 184

第二节　龙游县以农民集聚转化助推共同富裕的实践与
　　　　经验 …………………………………………………… 191

第三节　嵊泗县全力打造高质量发展建设共同富裕示范区海岛
　　　　样板县的实践与经验 ……………………………… 198

第九章　共同富裕实践观察点促进共同富裕的实践研究

第一节　村（社区）类观察点的探索实践 ……………………… 206

第二节　乡镇、街道（平台）类观察点的探索实践 …………… 217

第三节　企业类观察点的探索实践 ……………………………… 227

第四节　社会组织类观察点的探索实践 ………………………… 236

第五节　公共服务机构类观察点的探索实践 …………………… 244

第十章　浙江在推进共同富裕中先行示范的思考与展望

第一节　把握共同富裕先行示范的五组重大关系 …………… 254

第二节　保持久久为功的战略定力 ………………………… 258

第三节　浙江在推进共同富裕中先行示范的发展建议 ……… 260

参考文献

第一章

共同富裕的理论内涵与实现路径

　　共同富裕，作为社会主义核心价值观的集中体现，不仅承载着对社会公平正义的不懈追求，还蕴含了对人的全面发展愿景的深刻洞察。本章重点探讨共同富裕的理论基础、特征属性、实施策略及面临的挑战，为这一宏伟目标的现实推进提供理论指导与实践路径。

第一节　共同富裕的理论概述

共同富裕深刻体现了对社会公平正义的追求以及对人的全面发展愿景的构想。该概念历经理论与实践的双重深化，形成了内涵丰富、特征鲜明的理论体系。

一、国内共同富裕的起源与发展

（一）根植于中华民族优秀历史文化

共同富裕作为中华民族千百年来的理想追求，深深根植于我国优秀的历史文化之中。从古代经典文献中，可以窥见古人共同富裕思想的萌芽与探索。《易经》中的"君子以裒多益寡，称物平施"体现了古代先贤对于财富分配公平性的思考;《礼记》中的"大道之行也，天下为公"则描绘了一个理想社会的蓝图，其中共同富裕是不可或缺的一部分。此外，孔子的"不患寡而患不均"、老子的"损有余而补不足"等思想，都从不同角度反映了古人对共同富裕的向往与追求。这些思想不仅为后世提供了宝贵的文化遗产，也为共同富裕理论的构建奠定了深厚的历史基础。

（二）贯穿于中国共产党奋斗史

中国共产党自成立以来，就将实现共同富裕作为奋斗目标之一。在新民主主义革命时期，党领导人民推翻了帝国主义、封建主义和官僚资本主义"三座大山"，为实现共同富裕创造了根本政治条件。在社会主义革命和建设时期，党领导人民完成了社会主义改造，建立了社会主义制度，为共同富裕的实现奠定了制度基础。在改革开放和社会主义现代化建设新时期，党领导人民开辟了中国特色社会主义道路，提出了先富带动后富、逐步实现共同富裕的发展战略，使全体人民共享改革发展成果。共同富裕的理念贯穿于党的四个历史时期，成为中国共产党实践探索的主线之一。

（三）深化于新时代中国特色社会主义建设新征程

在新的历史条件下，习近平新时代中国特色社会主义思想赋予共同富裕新的内涵和实践要求。党的十八大以来，以习近平同志为核心的党中央提出了坚持以人民为中心的发展思想，把逐步实现全体人民共同富裕摆在更加重要的位置。习近平新时代中国特色社会主义思想强调，共同富裕是社会主义的本质要求，是中国式现代化的重要特征。在实现共同富裕的过程中，要坚持以人民为中心的发展思想，把增进人民福祉、促进人的全面发展作为发展的出发点和落脚点。同时，要注重发展的平衡性、协调性和可持续性，推动经济、政治、文化、社会、生态文明等各个领域协调发展，为实现全体人民共同富裕奠定坚实基础。这一系列重大决策部署和战略安排，为新时代推动共同富裕指明了方向、提供了遵循。

共同富裕的理论与实践是历史与现实的交汇，它源于中华文化传统，更是中国共产党领导中国人民不懈探索和实践的结晶。在新时代背景下，共同富裕的内涵得到了进一步丰富和发展，成为推动中国社会全面进步、构建人类命运共同体的重要理念。

二、国外共同富裕相关理论

从马克思主义理论体系来看，共同富裕的哲学基础与经济逻辑可追溯至马克思、恩格斯的理论体系。马克思和恩格斯在《共产党宣言》中提出，随着生产力的发展，资本主义生产方式将被扬弃，代之以消灭剥削、实现人类自由全面发展的共产主义社会。他们认为，私有制是造成社会不平等和贫富分化的根源，而共产主义社会的目标之一就是实现所有人的共同富裕。在《资本论》中，马克思详细分析了资本主义经济运行规律，指出资本主义内在的矛盾将导致周期性危机，最终为资本主义向社会主义过渡创造条件。在此背景下，共同富裕不仅是对资本主义不平等的批判，也是对未来社会形态的设想，其哲学基础是历史唯物主义和剩余价值理论，经济逻辑在于生产资料公有制和按劳分配原则。

从西方经济学和政治学理论视角来看，共同富裕的概念通常与福利国家理念和包容性增长等概念相联系。经济学家托马斯·皮凯蒂（Thomas Piketty）在其著作中对收入不平等进行批判，提倡通过累进税制度和强化社会福利来缩小贫富差距。部分西方经济学家探讨了市场效率与社会公平的平衡问题，认为通过教育机会的平等、劳动市场的灵活性与保护以及有效的再分配政策，可以进一步增加经济参与度并广泛促进社会融合。皮凯蒂特别强调了最高征缴额可达个人收入80%的累进税制度的重要作用，并建议应该在全球范围内对资本（而非资本所得）征收高额税。

从发展经济学视角来看，共同富裕被视为可持续发展的重要组成部分。学者们强调经济增长必须与减贫、社会包容和环境保护相结合，以确保增长的成果能被广泛分享。例如，联合国可持续发展目标（SDGs）就体现了全球范围内对共同富裕的追求，特别是"目标1：无贫穷（No Poverty）"和"目标10：减少不平等（Reduced Inequalities）"直接关系到共同富裕的实现。"无贫穷"（No Poverty）目标旨在彻底消除极端贫困人口，即每天生活费低于1.90美元的人口。通过增加就业机会、改善收入分配、建立社会保障体系等措施，帮助贫困人口提升生活水平，是实现共同富裕的基础。"减少不平等"（Reduced Inequalities）目标关注的是减少国家内部和国家之间的不平等现象。这涉及收入、财富、机会和权力的分配，以及确保所有人都有平等地参与社会、经济和政治活动的机会。减少不平等是实现共同富裕的关键，因为一个更加平等的社会通常更稳定、更具有凝聚力，能够更好地激发全体成员的潜力。

从不同国家比较视角来看，共同富裕的实现路径多种多样。如德国、瑞典等国家，通过高税收和高水平的社会福利等方式实现了较高程度的共同富裕。德国和瑞典实施了较高的累进税制度，用于资助覆盖广泛的社会保障网络，包括健康保险、失业救济、教育和养老金体系，政府在提供公共服务方面扮演着核心角色，确保了公民的基本生活需求得到满足，减少了社会不平等。挪威、丹麦、芬兰等国家，除了实施高税收制度和提高福利水平外，还强调性别平等、环境保护和可持续发展，构建了一个全面的社会安全网，确保了国民生活质量的普遍提高。日本、新加坡等亚洲国家通过优化政策和治理体系促进社会繁荣。日本通过精细的产业政策、教育体系以及企业与政府之间的紧密合作来推动经济发展。日本的终身雇佣制度和年功序列工资体系曾一度促进了社会稳定和经济增长，但近年来这些制度体系正面临改革以适应全球化挑战。新加坡实施了严格的财政纪律和高效的行政管理，同时保持了高度开放的市场环境。政府加大基础设施建设和教育投资力度，吸引外资，促进技术创新，从而促进了经济的持续增长和竞争力提高。

综上所述，共同富裕是一个复杂且多维的概念，既包含马克思主义关于消灭剥削、实现人类自由全面发展的理想社会特征，也融合了西方理论关于市场效率与社会公平平衡的现实考量。这一概念不仅关注物质财富的分配，还涉及精神生活的共同富裕，体现了生产力和生产关系的统一。尽管共同富裕理论在国内外均有深刻的探讨和实践，侧重点和方法各异，但都围绕着如何在推动经济发展的同时确保社会公正、减少不平等、提升民众福祉这一核心议题展开。

第二节　共同富裕的概念和特征

一、共同富裕的概念界定

2021年，中共中央、国务院印发的《关于支持浙江高质量发展建设共同富裕示范区的意见》对共同富裕作了描述性界定，即"共同富裕具有鲜明的时代特征和中国特色，是全体人民通过辛勤劳动和相互帮助，普遍达到生活富裕富足、精神自信自强、环境宜居宜业、社会和谐和睦、公共服务普及普惠，实现人的全面发展和社会全面进步，共享改革发展成果和幸福美好生活"。从官方定义来看，共同富裕强调了一个综合性的发展目标，它不仅关注经济层面的富裕，而且涵盖了人民生活的多个维度，确保全体社会成员能够在物质和精神层面上共享发展成果。

也就是说，共同富裕是全体人民在物质与精神层面的普遍提升与共享，追求一种全面、均衡、可持续的发展状态，即通过所有人共同努力、共同奋斗，然后共同分享政治、经济、社会、文化、生态发展进步的成果，形成一种人民安居乐业、精神自信自强、环境和谐美好、服务优质优享的社会形态。主要包括以下几个方面。

一是生活富裕富足。关注经济层面的提升，确保每个人都有足够的收入和财富来满足其基本需求，并有机会追求更高的生活质量。

二是精神自信自强。强调文化自信和个人能力的增强，鼓励人们在心理和精神层面的自我提升，以及对自身价值和社会贡献的肯定。

三是环境宜居宜业。关注生态环境的保护与优化，以及适宜居住和工作的条件。这既包括自然环境的改善，也涉及城市和乡村规划的合理性。

四是社会和谐和睦。这意味着社会关系的和谐，减少冲突，增进不同群体之间的相互理解和尊重，构建公平正义的社会环境。

五是公共服务普及普惠。确保教育、医疗、养老、交通等基本公共服务能够实现广泛覆盖且公平可及，减少因地域、身份差异导致的服务获取不均。

需要指出的是，共同富裕并非简单的"均贫富"，而是在承认个体差异的基础上，确保每个人都有公平的机会去追求更好的生活，通过合理的制度安排缩小贫富差距，最终达到社会整体的富裕与和谐。

二、共同富裕的基本特征

共同富裕有两个关键词，一是"共同"，二是"富裕"，两者既相互独立又紧密相连，既体现了鲜明的时代特征和中国特色，也共同构成了中国特色社会主义的本质要求。

"共同"，有四方面含义。第一，共同富裕的主体是全体人民。共同富裕指的是包含每个人的全体人民的共同富裕，不是少数人的富裕，更不是平均数的富裕。正如习近平总书记所讲："共同富裕路上，一个也不能掉队。"①第二，共同富裕的范围是国家全域。共同富裕包括我国的每个地区，是城市和农村、东中西部地区的全域富裕。共同富裕不仅要达到一定发展程度，而且要逐渐消除城乡、区域之间的发展差距。第三，共同富裕的实现过程和实现水平是总体均衡的。共同富裕存在程度上和时间上的差异，但这种差异是有限的，是保持在合理范围之内的。第四，共同富裕的理念和路径是共建、共享。共同富裕，一方面，要靠全体人民的共同奋斗，不断做大"蛋糕"；另一方面，要坚持发展成果由人民共享，分好"蛋糕"。

"富裕"，主要有三方面含义。一是物质生活的丰富充裕。物质"富裕"并没有统一的衡量标准，与其相近的词汇有"发达"等。目前国际上对发达国家的定义依然存在争议，其中国际货币基金组织认为，人均 GDP 达到 2 万美元以上的国家被视为发达国家。二是物质文明、政治文明、精神文明、社会文明、生态文明等的全面提升。"富裕"不仅包含物质的发展情况，还包括精神、文化、民主、法治、公平、正义、安全、环境等多维度的发展情况。三是区域和个人的全面发展。"富裕"不仅指一个国家和地区的全面发展程度，也包括个体的发展情况。

基于以上分析，共同富裕主要有以下五方面基本特征。

（一）共同富裕是"经济增长"和"公平分配"的和谐统一

共同富裕是一个双轨并进的过程，既要求"壮大经济总量"（即做大"蛋糕"），也强调"合理分配成果"（即分好"蛋糕"）。首先，"壮大经济总量"是基础，它为满足人民群众日益增长的物质文化生活需求提供了坚实的物质基础。只有当经济这块"蛋糕"足够大时，我们才能有更多

---

① 《为中国人民谋幸福 为中华民族谋复兴——党的十八大以来以习近平同志为核心的党中央治国理政纪实》，《人民日报》，2022 年 10 月 15 日。

资源来应对社会发展的各种挑战。然而，仅仅做大"蛋糕"并不足以实现共同富裕。同样重要的是分好"蛋糕"，即确保经济增长的成果能够公平、公正地惠及全体人民。合理的分配机制不仅能增强社会的消费能力，促进经济的持续健康发展，还能有效缩小贫富差距，维护社会稳定和谐。在当前我国处于社会主义初级阶段和作为世界最大发展中国家的背景下，持续发展经济、不断"壮大经济总量"仍然是解决我国诸多问题的关键。但同时，随着中国式现代化的不断推进，必须更加重视解决发展不平衡不充分的问题，通过"合理分配成果"来促进社会公平正义和人的全面发展。因此，实现共同富裕的关键在于找到"壮大经济总量"与"合理分配成果"之间的平衡点。需要在推动高质量发展的同时，不断优化收入分配结构，提高中等收入群体的比重，让全体人民共享发展的成果。

（二）共同富裕是物质富足和精神富有的统一

共同富裕追求的不仅仅是物质上的满足，更重要的是人们精神上的充实和满足。物质富足为每个人提供了基本的生活保障，使得人们能够过上体面、有尊严的生活。然而，仅有物质富足是远远不够的，精神上的空虚和匮乏同样会让人感到不满足。因此，共同富裕强调物质富足和精神富有的有机统一。这意味着在实现经济发展的同时，必须注重提升人们的精神文化生活水平，让人们在精神上也能感受到满足和幸福。这种满足不仅来自物质上的享受，更来自对美好生活的向往、对精神世界的追求以及自我价值的实现。

（三）共同富裕是普遍富裕与差别富裕的和谐共存

共同富裕并非追求绝对平均主义，而是承认并尊重个人和社会发展的差异性。在普遍提高人民生活水平的基础上，允许合理的收入差距存在，鼓励勤劳创新，激发社会活力。这种和谐共存体现在两个方面：一是通过政策和制度保障，确保每个人都有通过努力改善自身经济状况的机会，避免贫困陷阱和贫困代际传递；二是通过税收、社会保障等手段调节过高收入，防止两极分化，保障社会整体稳定和谐。因此，共同富裕既强调普遍富裕，又尊重差别富裕，是在差异中寻求平衡与和谐的发展目标。

（四）共同富裕是短期目标与长期愿景的有机结合

共同富裕既是一个需要分阶段实现的短期目标，也是中国特色社会主义事业的长期愿景。在短期内，通过精准扶贫、乡村振兴等战略实施，重点解决贫困地区的经济发展和社会进步问题，逐步缩小城乡、区域发展差距。在长期发展过程中，则致力于构建更加完善的社会保障体系、教育体系、医疗体系等，为全体人民提供更加全面、更高质量的社会服务，实现人的全面发展和社会的全面进步。这种有机结合确保了共同富裕目标既有现实可行性，又具有长远指导意义。

（五）共同富裕需要内生动力与外部支持的协同推进

实现共同富裕需要充分激发人民群众的内生动力，同时积极争取外部支持。内生动力来源于人民群众对美好生活的向往和追求，以及对自身价值的认识和实现。通过教育引导、政策激励等方式，增强人民群众的自我发展能力，鼓励他们通过诚信劳动和合法经营创造财富、改善生活。外部支持则包括政府宏观调控、社会资源配置、国际合作与交流等。政府通过制定科学合理的政策规划，优化资源配置，为共同富裕提供有力保障；社会各界积极参与公益事业，为弱势群体提供帮助和支持；加强国际交流合作，借鉴国际先进经验和技术成果，推动共同富裕事业不断向前发展。这种协同推进的方式确保了共同富裕目标能够得到有效落实和实现。

第三节　共同富裕的实现路径

习近平总书记指出：“实现共同富裕不仅是经济问题，而且是关系党的执政基础的重大政治问题。”① 实现共同富裕是一项系统性工程，它涉及经济、政治、社会等多个领域，需要多方面不断努力并稳步迈进。

一、坚持中国共产党的领导

中国特色社会主义最本质的特征是中国共产党领导，中国特色社会主义制度的最大优势是中国共产党领导。新征程上，只有坚定不移坚持党的领导，才能最大限度发挥我国制度优势，坚持“两个毫不动摇”，坚持按劳分配为主体、多种分配方式并存的分配制度，把党的政治优势和制度优势转化为促进共同富裕的强大动力和坚强保障。只有充分发挥党总揽全局、协调各方的领导核心作用，才能广泛凝聚社会共识，建立健全推动共同富裕的协同体制机制，创造保障机会公平、规则公平、权利公平的市场竞争环境，深化分配制度改革，不断完善中国特色社会主义法治体系，形成推动共同富裕的协同政策框架和有利环境。

---

① 《在高质量发展中扎实推动共同富裕》，《人民日报》，2024 年 6 月 24 日。

二、推动高质量发展

共同富裕的落脚点在于"富裕",这意味着经济需要增长,生活水平要提高。只有不断推进高质量发展,才能为共同富裕奠定坚实的物质基础,让人民群众在经济发展中享受到更多实惠和福祉。要加快产业结构升级,鼓励和支持高新技术产业、战略性新兴产业的发展,优化传统产业,提高其技术含量和附加值,创造更多高技能、高薪酬的就业岗位。同时,要加大研发投入力度,支持原创性科学研究和技术创新,提升产业链水平,使科技创新成为推动经济增长的主要动力。此外,要进一步深化改革开放,破除制约高质量发展的体制机制障碍,吸引更多外资和技术,通过国内国际市场的深度融合,提升整体竞争力。

三、优化收入分配机制

实现共同富裕,还需要在收入分配上做文章,确保发展成果能更公平地惠及全体人民。要坚持按劳分配为主体,完善按要素分配政策,让劳动、资本、数据等生产要素按其贡献参与分配。同时,加大税收、社会保障、转移支付等的调节力度,通过税收调节过高收入,通过社会保障制度保障低收入群体的基本生活,通过转移支付缩小地区收入差距和城乡收入差距。此外,还应建立健全财产性收入制度,拓宽居民财产性收入渠道,增加居民财产性收入。

四、完善公共服务政策制度体系

公共服务是保障和改善民生的重要手段,直接关系到人民群众的生活质量和幸福感。要在教育、医疗、养老、住房等人民群众最关心的领域精准提供基本公共服务，确保这些服务覆盖全体人民，特别是要加大对农村和欠发达地区的投入力度，缩小城乡、区域间的公共服务差距。通过完善公共服务政策制度体系，让发展成果更多更公平地惠及全体人民，提高人民群众的生活质量和幸福感。

五、全社会共同努力与持续实践探索

共同富裕是一项长期艰巨的任务，需要政府、企业、社会组织和个人等各方面的共同参与和努力。政府要发挥主导作用，制定科学合理的政策措施并加强监管执行；企业要履行社会责任，积极参与社会公益事业并推动产业转型升级；社会组织和个人也要积极参与其中发挥各自的优势和作用。同时还要加强国际交流与合作，借鉴其他国家和地区的成功经验，不断探索适合我国国情的共同富裕之路。

第四节　新时代实现共同富裕的难点问题

在新时代背景下，实现共同富裕不仅是对经济发展的追求，更是对社会全面进步和人的全面发展的深刻体现。这一目标的实现面临着一系列复杂的挑战，这些挑战既有普遍性也有特殊性，需要结合我国国情进行深入分析和解决。

一、发展动力转换问题

无论是发展中国家还是发达国家，在经济转型和升级过程中，都面临着发展动力转换的问题。从依赖传统要素投入转向创新驱动，是各国经济发展的共同趋势。发达国家如美国、德国和日本，虽然在技术创新和高附加值产业方面领先，但也经历了从重工业到服务业和高科技产业的艰难转型。这些国家在转型过程中，不仅要处理好低端产业转移与衰退带来的就业问题，还要应对新兴产业对人才和资本的高要求，确保新旧动能的顺利接替。

当前，我国经济面临着从主要依靠要素密集投入的粗放型增长向主要依靠创新驱动的集约型增长转变的挑战。这种转换需要加快提升全要素生产率，构建以国内大循环为主体、国内国际双循环相互促进的新发展格局。然而，高增长背景下形成的经济制度和政策安排具有一定程度的"路径依赖"特征，这给新发展动能的形成和增强带来了明显挑战，发展动力转换的进程亟须加快。

二、发展成果分享问题

无论是发展中国家还是发达国家，在经济发展过程中，如何有效地分享发展成果，始终是一个核心议题。在发达国家，尽管人均收入较高，但收入分配不均现象依然严峻。以美国为例，贫富差距持续扩大，中产阶级的萎缩成为社会关注的焦点。部分欧洲国家也面临类似挑战，如法国的"黄背心运动"就反映了民众对于社会不平等的不满。教育、医疗和住房等公共服务的不均衡分布，进一步加剧了社会的分化。

新时代我国社会主要矛盾已经转化为人民日益增长的美好生活需要和

不平衡不充分的发展之间的矛盾，这种不平衡发展的一个显著表现就是不同群体之间发展成果的分享存在着较大落差。如收入分配方面，尽管经济持续增长，但城乡、东中西部地区、不同行业之间的收入差距依然显著，需要特别关注并解决。又如教育、医疗卫生资源分布不均衡，优质教育资源过度集中在部分城市等经济发达地区，农村及偏远地区的教育设施落后，师资力量薄弱，导致教育机会不均等，影响了人口整体素质的提升和阶层流动的公平性。高等级医院和优质医疗资源主要集中在大城市，基层医疗卫生服务能力不足，农村和偏远地区居民难以享受到高质量的医疗服务，健康水平和生活质量受到影响。再如社会保障水平存在显著差异，不同地区、不同行业的社会保障覆盖程度和待遇水平存在差异，部分灵活就业人员、农民工等群体的社会保障权益得不到充分保障，增加了这部分人群的生活风险和不安全感。

三、公平和效率的组合问题

无论是发展中国家还是发达国家，在经济发展过程中，如何平衡公平和效率的关系，始终是一个重要的难点问题。一方面，过度追求效率可能导致收入差距加大，损害社会凝聚力；另一方面，过分强调公平可能会抑制经济活力和创新精神。如北欧国家通过实施高福利政策保障社会公平，但高税收和福利开支会对经济效率和激励机制产生影响。美国的自由市场经济模式促进了效率提升，但未能有效解决收入不平等问题。

受历史、文化、制度等多重因素的影响，我国公平和效率的组合问题具有更为复杂的背景和内涵。因此，需要在实践中审慎关注和处理这两者之间的复杂关系，既要避免"福利陷阱"，又要避免市场失灵导致的社会不公。这就要求在保障基本民生、缩小收入差距的同时，激发市场活力，鼓励创新和竞争，促进经济的持续健康发展。

四、区域发展不平衡问题

区域发展不平衡是实现共同富裕需解决的另一个难点问题。不同地区、城乡之间在经济发展水平、产业结构、人口素质等方面存在差异，导致共同富裕难以实现。即使是经济高度发达的国家，区域发展不平衡仍然是一个普遍存在的问题。例如，美国的东西海岸与中部"锈带"地区的经济差异、欧洲内部的南北经济鸿沟，都反映了区域发展不平衡的问题。

在我国，区域发展不平衡是实现共同富裕的重要障碍。东中西部地区之间的发展差距尤为显著，东部沿海地区凭借其区位优势和开放政策，实现经济快速发展，而中西部地区发展则相对滞后。城乡二元结构明显，乡村在基础设施、公共服务、产业发展等方面与城市存在显著差距。这些不平衡问题不仅阻碍了经济的全面发展，也加剧了社会的不公平现象。

五、体制机制创新与政策协同问题

在推进共同富裕的过程中，体制机制创新与政策协同问题是一个基础性和关键性的难点。与发达国家相比，我国在市场经济体制、产权保护以及政府治理体系等方面仍有待完善。例如，一些发达国家在市场经济体制方面已经相对成熟，产权保护制度健全，政府治理体系也相对高效。相比之下，我国需要进一步全面深化经济体制改革，建成高水平社会主义市场经济体制，打破行业壁垒和地区封锁，促进市场公平竞争。同时，加强产权保护，激发社会创新活力，为实现共同富裕提供源源不断的动力。

在政策协同方面，我国也面临着挑战。例如，在教育、医疗、住房等公共服务领域，政策的不均衡可能导致不同地区、不同群体之间的发展差距进一步拉大。因此，需要加强政策协同，制定更加科学、合理的政策，确保各项政策之间能够相互协同、相互促进，形成推进共同富裕的强大合力。

第二章

新时代浙江推进共同富裕的背景意义和战略部署

　　在新时代的宏伟蓝图下，浙江作为中国经济社会发展的前沿阵地，被赋予了高质量发展建设共同富裕示范区的重要使命。这一使命不仅承载着党中央对解决我国发展不平衡不充分问题的坚定决心，也体现了对促进全体人民共同富裕的高度重视。浙江的实践，将为全国乃至全球的共同富裕探索提供宝贵的经验和启示。本章将深入探讨浙江高质量发展建设共同富裕示范区的时代背景、重大意义以及总体部署，以期为全国共同富裕实践提供有益的借鉴。

第一节　浙江高质量发展建设共同富裕示范区的时代背景

　　全面建成小康社会后，我国发展不平衡不充分问题仍然突出，城乡、区域发展和不同群体间收入分配差距较大，发展质量效益有待提高，居民生活品质还需改善，精神文明和生态文明建设还有待加强，与共同富裕的内涵要求仍有较大差距。我国各地区推动共同富裕的基础和条件不尽相同，而促进全体人民共同富裕是一项长期艰巨的任务，需要选取部分地区先行先试、作出示范。

一、全面建成小康社会后开启实现共同富裕的新征程

　　2021 年，我国已经全面建成小康社会，历史性地解决了绝对贫困问题。习近平总书记指出，我们"实现了从生产力相对落后的状况到经济总量跃居世界第二的历史性突破，实现了人民生活从温饱不足到总体小康、奔向全面小康的历史性跨越，为实现中华民族伟大复兴提供了充满新的活力的体制保证和快速发展的物质条件"[1]。数据显示，2020 年底，我国如期完成脱贫攻坚目标任务，现行标准下 9899 万农村贫困人口全部脱贫，832

---

　　[1]　习近平：《在庆祝中国共产党成立 100 周年大会上的讲话》，《人民日报》，2021 年 7 月 2 日。

个贫困县全部摘帽，12.8 万个贫困村全部出列，区域性整体贫困得到解决，完成了消除绝对贫困的艰巨任务。随着全面建成小康社会目标的实现，中华民族站在了新的历史起点上，开始迈向建设社会主义现代化强国的新目标，开启实现共同富裕的新征程。

二、发展的不平衡不充分已经成为满足人民日益增长的美好生活需要的主要制约因素

党的十九大报告指出，中国特色社会主义进入新时代，我国社会主要矛盾已经转化为人民日益增长的美好生活需要和不平衡不充分的发展之间的矛盾。2020 年春天，习近平总书记在浙江考察时强调"发展不平衡不充分问题要率先突破"[①]，赋予浙江"努力成为新时代全面展示中国特色社会主义制度优越性的重要窗口"[②] 的新目标新定位。我国全面建成小康社会，人民美好生活需要日益广泛，不仅对物质文化生活提出了更高要求，而且在民主、法治、公平、正义、安全、环境等方面的要求日益提高。同时，我国社会生产力水平总体上显著提高，社会生产能力在很多方面进入世界前列，更加突出的问题是发展不平衡不充分，这已经成为满足人民日益增长的美好生活需要的主要制约因素。

作为一项长期、艰巨的任务，从先富到共富，要从根本上解决发展不平衡不充分的问题。从发展不充分来看，一个发展中的中等收入国家，只有继续保持较高经济增速，才能跻身高收入行列。2020 年，我国人均 GDP 达到 71999.6 元（《中国统计年鉴 2021》数据），按全年人民币平均汇率为 1 美元兑 6.8974 元人民币（中华人民共和国 2020 年国民经济和社会发展统计公报数据）换算，约为 1.04 万美元，未达世界平均水平（根据世界银行

---

① 《"我在窗口写青春"，浙江青年奋力书写共同富裕答卷》，《中国青年报》，2022 年 6 月 28 日。
② 《习近平在浙江考察时强调 统筹推进疫情防控和经济社会发展工作 奋力实现今年经济社会发展目标任务》，新华社，2020 年 4 月 1 日。

公开信息，2020 年全球人均 GDP 约为 1.09 万美元），与发达国家差距依然较大。从发展不平衡来看，我国面临的挑战则更为艰巨。综合相关部门估计和学者测算发现，代表收入差距的基尼系数在现实中可能超过了 0.5（警戒线是 0.4）。此外，中等收入群体比重偏低。2018 年全国中等收入群体比重约为 30%，总人口约 4 亿人，其分布存在严重的城乡不平衡，农村中等收入群体比重不足 10%，低收入人群占 90% 以上。要实现共同富裕目标和建设社会主义现代化强国，必须解决这两大"拦路虎"。

三、浙江具备开展共同富裕先行示范的基础和潜力

浙江在探索解决发展不平衡不充分问题方面取得了明显成效，具备开展共同富裕示范区建设的基础条件和发展优化空间及潜力。首先，浙江省情具备开展示范区建设的代表性。从规模看，浙江占地面积、人口数量具有一定规模。从地理区划看，浙江有"七山一水二分田"，有 2 个副省级城市、9 个地级市和 53 个县（市、区），代表性较强。从城乡结构看，浙江既有城市也有农村，农村户籍人口占了一半。其次，浙江具备开展示范区建设的基础和优势。一是富裕程度较高。2020 年浙江地区生产总值（地区GDP）为 6.46 万亿元，人均生产总值（人均 GDP）超过 10 万元。居民人均可支配收入为 5.24 万元，仅次于上海和北京，是全国平均水平的 1.63 倍。城市居民、农村居民收入分别连续 20 年和 36 年居全国各省份（不含港澳台）第 1 位。二是发展较为均衡。2020 年，浙江城乡居民收入倍差为 1.96，远低于全国的 2.56，最高最低地市居民收入倍差为 1.64，是全国唯一一个所有设区市居民收入都超过全国平均水平的省份。三是改革创新意识较强。浙江探索创造了"最多跑一次"等多项改革先进经验，创造和持续完善了"依靠群众就地化解矛盾"的"枫桥经验"，各地普遍具有较强的改革

和创新意识，便于大胆探索和及时总结提炼共同富裕示范区建设的成功经验和制度模式。同时，浙江在市场经济、现代法治、富民惠民、绿色发展等多个领域也取得了显著成果。最后，浙江开展示范区建设的空间和潜力还较大。浙江在优化支撑共同富裕的经济结构，完善城乡融合、区域协调的体制机制，探索实现包容性增长的有效路径方面还有较大空间。尤其是正确处理好稳定扩大就业与技术进步的关系，发展过程中如何有效破解用地不足、资源约束等问题，如何形成先富帮后富、建立有效提高低收入群体收入的长效机制，反垄断和防止资本无序扩张等，都迫切需要探索创新。

第二节　新时代浙江高质量发展建设共同富裕示范区的重大意义

支持浙江高质量发展建设共同富裕示范区，具有重大的历史意义和现实意义。通过改革在浙江率先形成促进共同富裕的目标体系、工作体系、政策体系、评价体系，能够为全国其他地方促进共同富裕探索路径、积累经验、提供示范。

一、深化共同富裕理论与实践的融合创新：构建理论与实践的双向桥梁

建设共同富裕示范区，是将习近平新时代中国特色社会主义思想从理论高度推向实践广度的深刻体现，它不仅是一场经济与社会的全面革新，更是一次理论与实践融合的深度探索。在这片"试验田"中，浙江将致力

于构建一套完整的理论与实践交互机制，不仅将党的创新理论，尤其是共同富裕的核心思想，转化为可操作的政策工具和项目规划，而且通过实践反馈不断丰富和完善理论体系。这包括：建立多学科交叉研究平台，邀请经济学、社会学、政治学等领域的专家学者，围绕共同富裕的理论内涵、实现路径、评估体系等进行深入探讨和实证研究，形成一系列既有理论深度又具实践指导意义的研究成果；同时，设立政策试验区，鼓励基层政府和社会组织依据理论指导进行大胆尝试，通过"小步快跑"的方式快速迭代，及时总结经验，为理论体系的深化和完善提供第一手的实践资料，形成理论与实践相互促进、螺旋上升的良性发展循环。

二、探索破解新时代社会主要矛盾的有效途径：构建全面均衡发展的社会生态

面对新时代我国社会主要矛盾，浙江高质量发展建设共同富裕示范区，承担着为国家探索解决路径的历史重任。这不仅意味着要在经济层面推动高质量发展，实现更高效、更绿色、更可持续的经济增长，更重要的是，要在社会层面实现公平与效率的和谐统一，构建包容性发展的社会结构。浙江将通过以下几方面的工作，探索破解之道。首先，深化收入分配制度改革，通过提高低收入群体收入、扩大中等收入群体比重、合理调节高收入，逐步缩小收入差距，同时，探索多元化财产性收入增长渠道，让更多人享受到经济发展成果。其次，促进基本公共服务均等化，特别是在教育、医疗、养老、住房等领域，加大投入力度，优化资源配置，确保服务质量和覆盖范围，让优质资源不再集中于特定区域或群体。再次，推进城乡融合发展，打破城乡二元结构，通过新型城镇化和乡村振兴战略的协同推进，促进城乡基础设施互联互通、产业协同发展、居民生活品质同步提升，实

现城乡居民共享发展成果。最后，构建社会治理新模式，通过数字化手段提升治理效能，同时注重激发社会组织活力，形成政府、市场、社会多元主体共同参与的社会治理格局，有效回应民众多元化、个性化的需求。

三、为全国推动共同富裕提供多层次、全方位的省域范例：打造可复制、可推广的"浙江经验"

浙江高质量发展建设共同富裕示范区，旨在成为全国共同富裕事业的领航者和示范者，通过在经济、社会、文化、生态等多领域综合施策，形成一套系统性、可操作性强的"浙江经验"。这包括：构建科学合理的指标体系，既关注经济总量和增长速度，也重视经济结构、创新驱动能力、生态环境质量等指标，形成全面反映共同富裕水平的评价标准；设计灵活有效的政策体系，针对不同地区、不同行业、不同人群的特点，制定差异化的扶持政策和激励机制，确保政策的精准滴灌和有效落地；搭建开放共享的合作平台，鼓励与其他省份和地区在共同富裕领域的交流合作，通过定期举办研讨会、培训班和实地考察等形式，分享浙江的实践经验，同时也吸收外部先进理念和技术，实现互学互鉴、共同发展；建立持续跟进的评估与反馈机制，定期对各项政策和措施的效果进行评估，及时调整优化，确保共同富裕目标的稳步实现，并将成功的经验和模式整理成案例，形成可复制、可推广的"浙江模式"。

四、强化中国特色社会主义制度优势的国际表达与影响：讲好中国故事、贡献中国智慧

浙江共同富裕示范区的建设，不仅是对内深化改革、促进社会进步的重要实践，也是对外展示中国特色社会主义制度优势、提升国际影响力的

战略窗口。通过这一窗口，中国将向世界展示如何在快速发展中兼顾公平与效率，如何在复杂多变的国内外环境中保持社会稳定与和谐，以及如何在保护环境的同时实现经济的持续增长。具体来说，浙江将积极参与国际交流对话，利用各种国际会议、论坛等平台，分享共同富裕的实践经验，特别是在减贫、社会福利提升、环境保护等方面的成功案例，为全球可持续发展提供"中国方案"。加强国际合作，与"一带一路"共建国家和其他发展中国家合作，输出浙江在农业现代化、数字经济、绿色能源等领域的技术和管理经验，帮助它们提升自我发展能力。打造国际化的宣传矩阵，运用多语种、多媒体的方式，讲述浙江共同富裕的故事，展现中国人民追求美好生活、实现共同富裕的生动画面，提升国际社会对中国发展模式的认同感和赞誉度。构建全球治理参与新机制，依托共同富裕的实践成果，积极参与全球减贫、气候变化、教育、卫生等领域的国际合作，贡献中国智慧，推动构建更加公正合理的国际秩序，为构建人类命运共同体作出积极贡献。

第三节　科学把握浙江高质量发展建设共同富裕示范区的战略部署

在迈向共同富裕的伟大征程中，浙江紧扣高质量发展高品质生活先行区、城乡区域协调发展引领区、收入分配制度改革试验区、文明和谐美丽家园展示区四大战略定位，以"每年有新突破、5年有大进展、15年基本建成"为目标，系统谋划并实施了一系列创新性、引领性的战略部署，通过科学合理的路径设计与务实高效的举措落地，为全国推进共同富裕提供可借鉴、可复制的浙江样板。

一、把建立健全体制机制作为坚实保障

浙江精心构建了一套全方位、多层次、互为支撑的战略保障体系，旨在为共同富裕目标的稳步实现保驾护航，并有效适配数字时代的发展需求。首先，确立了党在推动共同富裕进程中的引领作用，通过强化政治领导力、组织力建设及干部队伍培养，确保政策执行力度与方向正确。其次，构建了高效协同的组织领导架构，建立由省委主要领导任组长的高质量发展建设共同富裕示范区领导小组，领导小组办公室设在省发展改革委，负责总体设计、统筹协调、整体推进和督促落实。同时，强化责任链条，制定详细的工作计划和责任清单，形成任务明确、权责清晰的闭环管理模式。再次，创新设立争先创优机制，建立最佳实践总结推广机制和"赛马"平台，激励各级政府与部门在试点中大胆创新，加速改革与突破。最后，建立科学的评价考核体系，结合"八八战略"综合评估，设定多维度指标，精准监测共同富裕进展，确保政策效果贴近民情民意。

二、把推进经济高质量发展作为核心支撑

要实现共同富裕，必须有坚实的物质基础作为支撑，推进经济高质量发展是关键一环。为此，浙江强力推进创新深化、改革攻坚、开放提升，以三个"一号工程"为总牵引，深入实施"十项重大工程"，推动经济实现质的有效提升和量的合理增长。第一，以深入实施数字经济创新提质"一号发展工程"为牵引，大力实施"415X"先进制造业集群培育和服务业高质量发展"百千万"工程，扎实推进新型工业化，加快打造数字经济高质量发展强省、现代服务业强省，建设全球先进制造业基地。同时，深入实施"315"科技创新体系建设工程，一体推进教育科技人才强省建设，为高质量发展提供基

础性、战略性支撑。第二，以深入实施"地瓜经济"提能升级"一号开放工程"为牵引，大力推进世界一流强港和交通强省建设，支持自贸试验区、综合保税区等开放平台稳步提升制度型开放水平，高标准推进长三角一体化，全方位参与共建"一带一路"，高水平建设海洋强省，着力稳外贸优外资，显著提升开放能级和水平。第三，深入实施营商环境优化提升"一号改革工程"，深入推进政务服务增值化改革，深化重点领域改革，加强法治化服务保障，营造稳定、公平、透明、可预期的发展环境，打造营商环境最优省。

三、把缩小"三大差距"作为主攻方向

浙江将缩小城乡差距、区域差距和收入差距作为主攻方向。在缩小城乡差距方面，深化"千万工程"，优化农村人居环境，加强农村基础设施建设，深化强村富民乡村集成改革，发展现代农业和乡村旅游业，促进农村产业升级和农民增收。同时，深入推进以县城为重要载体的城镇化建设，进一步畅通城乡要素流动，统筹城乡产业、基础设施、公共服务等布局，深化农业转移人口市民化集成改革，提升县城综合承载能力，丰富服务功能，带动周边农村地区共同发展。在缩小区域差距方面，深入实施山海协作工程升级版，加快特色生态产业平台建设，加强发达地区和欠发达地区间产业合作和人才交流，推动实现资源共享、优势互补。同时，创新推出"一县一策""一业一策"等政策措施支持山区海岛县高质量发展，支持浙西南革命老区建设发展，拓宽"两山"转化通道，加快实现生态产业化、产业生态化。在缩小收入差距方面，实施居民收入和中等收入群体双倍增计划，通过完善收入分配制度、提高劳动报酬在初次分配中的比重等措施，增加居民收入特别是中低收入群体的收入。同时，加大了对困难群体的帮扶力度，确保其基本生活得到保障。

四、把更好满足人民美好生活需要作为重要目标

浙江始终坚持以人为本的发展理念，在建设文明美丽和谐家园上下功夫，把更好满足人民美好生活需要作为实现共同富裕的落脚点。为此，推出了公共服务"七优享"工程，旨在让全体居民都能享受到优质的基本公共服务。"幼有善育"着力提高婴幼儿照护服务水平，确保每个孩子都能得到良好的早期教育；"学有优教"致力于提升教育质量，让每个孩子都能接受公平、高质量的教育；"劳有所得"关注就业问题，通过完善就业服务体系、加强职业技能培训等措施，促进居民充分就业和高质量就业；"病有良医"旨在提高医疗卫生服务水平，让居民享受到便捷、高效的医疗服务；"老有康养"关注养老问题，通过完善养老服务体系、提升养老服务质量等措施，确保老年人能够安享晚年；"住有宜居"致力于改善居民住房条件，提供安全、舒适、宜居的住房环境；"弱有众扶"针对困难群体提供全方位、多层次的帮扶和支持。同时，打造新时代文化高地，丰富人民精神文化生活。深化"浙江有礼"省域文明实践品牌建设，推进全域文明创建。践行绿水青山就是金山银山理念，推进全域美丽大花园建设，擦亮"诗画浙江、活力江南"品牌，打造美丽宜居的生活环境。坚持和深化新时代"枫桥经验"，推动"民呼我为"改革攻坚，深化"大综合一体化"行政执法改革，构建舒心安心放心的社会环境。

五、把试点先行和典型探索作为关键举措

共同富裕涉及领域广泛，且示范区建设没有经验可以参照，"在试点中试点"成为必由之路。为此，浙江通过共同富裕试点实践创新，探索形成更多可复制、可推广的最佳实践、创新模式和标志性成果。目前，已开展三批试点的申报，共确定了 93 个试点（见表 2-1）。其中，第一批试点确定

缩小地区差距、缩小城乡差距、缩小收入差距、公共服务优质共享、打造精神文明高地、建设共同富裕现代化基本单元六大领域，共计 28 个试点。第二批试点确定县域综合类、成果展示类、机制创新类、改革探索类领域，共计 29 个试点。与前两批试点自下而上申报不同，第三批试点实行自上而下的"揭榜挂帅"制度，即省级职能部门"出题"，地方认领"破题"，谁有能力谁就是试点，以进一步突出问题导向、目标导向、需求导向。三批试点开展情况表明，这一"摸着石头过河"的做法，成效显著，已形成了一批可复制、可推广的经验做法。2021 年，国家发展改革委印发《浙江高质量发展建设共同富裕示范区第一批典型经验》，总结提炼了包括组织建设、高质量发展、缩小城乡差距、缩小地区差距、缩小收入差距、促进基本公共服务均等化共六个方面十条典型经验做法。2024 年 4 月，国家发展改革委发布《关于印发浙江高质量发展建设共同富裕示范区第二批典型经验的通知》，总结提炼了组织建设、高质量发展、缩小城乡差距、缩小区域差距、促进基本公共服务均等化、精神富有共六个方面十条典型经验。

浙江探索了从试点到最佳实践再到创新模式的成果转化实现路径。截至 2023 年 11 月，浙江省共公布了三批共计 182 个最佳实践名单，其中第一批 60 个，第二批 71 个，第三批 51 个（见表 2-2）。以第三批最佳实践为例，51 个最佳实践中有 22 个来自试点转化，占比约为 43%。从成效来看，部分试点已从本区域向省内外拓展推广，展现了浙江共同富裕示范区的先行示范作用。

浙江还创新建立共同富裕实践观察点制度。为更好地映射和反映共同富裕示范区建设进程、成效和问题，2023 年 6 月浙江省委社会建设委员会公布了首批 60 个共同富裕实践观察点（以下简称"观察点"）名单，包括村（社区），乡镇、街道（平台），企业，社会组织和公共服务机构五大类（见表 2-3）。其中，村（社区）类观察点 24 个，乡镇、街道（平台）类观察点 11 个，企业类观察点 10 个，社会组织类观察点 6 个，公共服务机构类观察点 9 个。共同富裕实践观察点制度旨在持续对观察点进行长期性、动态化跟踪观察，力求发掘一批在共同富裕示范区建设中的创新做法和有效经验，同时分析其趋势性特征，并关注当前面临的普遍性与典型性问题和挑战，特别是共同富裕示范区建设过程中遇到的难点和瓶颈问题。

表 2-1　　　浙江高质量发展建设共同富裕示范区三批试点名单

试点批次	领域类型	名单
第一批 （28个）	缩小地区差距 （4个）	丽水市、温州泰顺县、嘉兴平湖市、衢州龙游县
	缩小城乡差距 （7个）	湖州市、杭州淳安县、宁波慈溪市、金华义乌市、台州路桥区、台州仙居县、丽水松阳县
	缩小收入差距 （4个）	温州鹿城区、绍兴新昌县、金华磐安县、舟山嵊泗县
	公共服务优质 共享（4个）	宁波市、杭州富阳区、温州瓯海区、台州三门县
	打造精神文明 高地（4个）	衢州市、嘉兴南湖、绍兴诸暨市、金华东阳市
	建设共同富裕 现代化基本单 元（5个）	绍兴市、杭州萧山区、宁波北仑区、湖州安吉县、衢州衢江区
第二批 （29个）	县域综合类 （2个）	舟山嵊泗县、丽水景宁畲族自治县[①]
	成果展示类 （5个）	宁波市、嘉兴市、温州瑞安市、金华义乌市、台州玉环市
	机制创新类 （12个）	杭州市、衢州市、杭州钱塘区、杭州桐庐县、温州乐清市、湖州吴兴区、湖州南浔区、嘉兴桐乡市、金华永康市、衢州常山县、台州温岭市、丽水遂昌县
	改革探索类 （10个）	杭州余杭区、杭州临安区、宁波海曙区、温州龙湾区、湖州德清县、嘉兴秀洲区、嘉兴嘉善县、绍兴柯桥区、金华兰溪市、衢州龙游县
第三批 （36个）	经济高质量发 展（7个）	温州市：村集体建设小微企业园模式探索试点 温州市鹿城区：行业合规示范探索试点——创新行业企业合规机制改革，助推民营经济"两个健康"走深走实 安吉县：土地综合整治致力共同富裕试点 嘉兴市秀洲区：土地综合整治试点 海盐县：税费服务和征管协同共治项目改革试点 绍兴市上虞区：打通科技成果向生产力转化"最后一公里"试点 永康市：农机装备智能控制与先进技术"联合出资挂榜制"试点

---

① 景宁畲族自治县，后文简称景宁县。

续表

试点批次	领域类型	名单
第三批 （36个）	收入分配制度改革（8个）	金华市：家庭型医疗保障政策试点 建德市：创新乡村人才精准培育模式试点，探索乡村"扩中""提低"建德路径 长兴县："不落一户，不漏一人"构建农村高质量就业体系试点 嵊州市：地方小吃"创富增收"模式探索试点 金华市婺城区：创新"青农飞地"建设运营机制试点，打造青年农创助力乡村振兴婺城经验 嵊泗县："扩中""提低"家庭收入监测分析试点 台州市黄岩区：精准财金协同施策，助力扩中家庭奔富试点 玉环市：浙派工匠"增技增收"试点
	公共服务优质共享（5个）	台州市：医疗保障服务精细化标准化管理创新试点 杭州市西湖区：优化普惠性学前教育服务供给体系建设试点 绍兴市柯桥区：国企参与养老事业和产业发展试点 诸暨市：人工智能临床辅助决策提升基层医疗服务能力试点 义乌市：家庭关系服务试点
	城乡区域协调发展（5个）	衢州市：未来乡村建设运营机制探索试点 绍兴市越城区：未来社区运营机制创新试点 金华市金东区—磐安县："产业飞地"建设运营模式探索试点 临海市：创新现代化农事服务试点，打造改革富农临海样板 缙云县：探索农业一二三产业融合新机制试点，打造农业产业链富农山区县样板
	社会主义先进文化发展（3个）	嘉兴市：构建廉洁教育"四式"矩阵试点 湖州市吴兴区：文化产业赋能人文乡村建设试点 武义县：激发"文化惠民"内驱力试点，以"百花齐放"打造文化共富山区县样板
	生态文明建设（2个）	舟山市："小岛你好"，打造生态产品价值实现升级版试点 浦江县：创新全域"15分钟亲水圈"建管用机制试点，打造"幸福河湖+共同富裕"县域样板
	社会治理（6个）	湖州市："无诈单元"创建机制试点 丽水市：食品小作坊"精彩单元"示范建设试点 淳安县：水源地监管一件事改革试点 宁海县："民商法治诊所"精准服务创新试点 诸暨市：社区社会组织参与社会治理改革创新试点 台州市路桥区：金融纠纷多元化解改革试点

资料来源：作者根据相关资料整理。

表 2-2　　　浙江高质量发展建设共同富裕示范区三批最佳实践名单

一、经济高质量发展先行示范（16个）	第一批最佳实践名单（5个）
	浙江省经济和信息化厅：培育"专精特新"企业 壮大浙江共同富裕根基
	浙江省市场监管局：探索实施专利免费开放许可制度 促进中小微企业创新发展
	杭州临平区：搭建"时尚E家"平台 助力服装中小企业蝶变
	宁波市：强化"五链"协同 促进大中小企业融合发展
	台州市：打造金融助富联盟 探索小微金融助力共同富裕新路径
	第二批最佳实践名单（5个）
	中国人民银行杭州中心支行、浙江省市场监管局：创新"贷款码"融资模式，提升小微金融服务质效
	杭州萧山、滨江区：深化"萧滨一体化"模式，打造区域协作共富升级版
	绍兴上虞区：建设"产业大脑+未来工厂"，推动电机产业高质量发展
	金华东阳市：打造浙江省建筑业高质量发展综合实验区，推动民营建筑企业高质量发展
	台州椒江区：构建小微"智富"新生态，策动经济发展内生力
	第三批最佳实践名单（6个）
	浙江省海港集团：构建"海铁联运"物流通道，探索"陆海联动 东西互济"共富新路径
	嘉兴市海盐县：以"三全服务"破解三难，持续激发高质量外资集聚效应
	温州市平阳县：创新构建"1534"体系，谱写食品小作坊高质量发展新篇章
	温州市鹿城区：聚力预防性重点产业合规改革，助企提振共富信心
	湖州市吴兴区：打造知识产权一站式公共服务平台，激发共同富裕内生动力
	宁波市北仑区：创新工业集聚区"社区化"服务，探索企业和职工双向奔富新实践
二、收入分配制度改革先行示范（30个）	第一批最佳实践名单（12个）
	浙江省人力资源和社会保障厅：聚焦"扩中""提低" 全力打造"浙派工匠"名片
	浙江省医保局：推进惠民型商业补充医疗保险 着力织密多层次医疗保障网
	浙江省总工会：深化能级工资集体协商 推动技术工人"以技提薪"
	杭州钱塘区：构建"三大体系" 推动高校毕业生创业就业
	温州泰顺县：创新"企农融合"模式 打造新富民产业
	湖州长兴县："百社联千户"助农增收 破解"提低"难题
	嘉兴桐乡市：深化"乌镇模式" 全域旅游带动富民就业增收
	绍兴新昌县：打造科技人员创富新样板 探索共富"扩中"新路径
	金华兰溪市：百县千碗兰溪样板 推动美食产业富民增收
	台州市：推动"双增双收" 让技术工人成为"扩中"主力军

续表

二、收入分配制度改革先行示范（30个）	台州三门县：深化"三改"涛头模式 促海岛畲乡共富	
	丽水庆元县：培育壮大甜橘柚产业 探索山区农民增收致富新路子	
	第二批最佳实践名单（10个）	
	浙江省委组织部：党建引领"共富工坊"建设	
	浙江省委统战部、省侨联：探索"侨助工坊"新模式，打造"侨助共富"金名片	
	浙江省统计局："全面覆盖+精准画像"共同富裕基础数据库建设	
	宁波市：构建"三抓三强"体系，推动科研人员"名利双收"	
	衢州市：大培训一体化带动"三新"人群就业致富	
	温州龙港市：试点农民住房公积金制度，探索基层共富新路径	
	湖州吴兴区：三维发力助力产业工人蓝领增色	
	舟山嵊泗县："海中黑宝石"的致富经——"蓝海牧岛"共富工坊	
	台州黄岩区：推进"瓜果飘香，富甲多方"助力瓜果产业升级	
	台州临海市：助力残疾人"三零"创业，打造困难群体"提低"新模式	
	第三批最佳实践名单（8个）	
	杭州市富阳区：创新"富裕阳光 暖心无忧"，医保防贫共富改革路径	
	金华市婺城区：创新构建"零工市场+"服务体系，织密零工群体劳有所得保障网	
	金华市浦江县：创新"三分六统"机制，探索农民增收新路径	
	金华市永康市：创新东西部协作技能人才培养机制，打造"东迁西归"增技增收路径	
	舟山市嵊泗县：明晰扩中提低新路径，打造家庭共富监测新体系	
	嘉兴市：构建长期护理保险体系，有效破解失能人员护理难题	
	湖州市安吉县："余村全球合伙人"计划，有效破解乡村人才集聚难题	
	台州市：集成新就业形态劳动者保障体系，走深"扩中"改革新路径	
三、城乡区域协调发展先行示范（39个）	**第一批最佳实践名单（14个）**	
	浙江省委组织部：推行全域党建联盟助力共富行动	
	浙江省委统战部："我的村庄我的梦"新乡贤带富工程	
	浙江省住房和城乡建设厅：高质量推进未来社区建设 打造共同富裕现代化基本单元	
	浙江省农业农村厅：实施强村富民乡村集成改革 加快促进农民农村共同富裕	
	浙江省国资委、杭钢集团："双碳"引领 国企与山区共建生态产品价值实现共富快车道	
	宁波慈溪市：党建引领乡村片区组团共富发展	
	宁波宁海县：打造"集士驿站"服务品牌 推动农村物流集成改革	
	嘉兴平湖市：打造山海协作高质量发展升级版	
	绍兴市：全域推进宅基地制度改革 激发强村富民新活力	

续表

三、城乡区域协调发展先行示范（39个）	金华磐安县：飞地经济打造共建共富样板
	衢州市：统筹推进连片发展 建设共富未来乡村
	舟山市：探索就业"订单"培训机制 推动"山海共富"
	丽水市：推进"大搬快聚" 实现富民安居
	丽水缙云县：发展"五彩农业" 探索地理标志富农新路径
	第二批最佳实践名单（14个）
	浙江省科学技术厅：深化科技特派员制度改革，加快推动科技惠农富民
	浙江省交通运输厅：推进农村客货邮融合发展，打通农村物流末端节点
	浙江省农业农村厅：深化千万工程，建设未来乡村
	浙江省文化和旅游厅：乡村文旅运营：精绣诗画浙江"共富山居图"
	绍兴市："产业飞地"助山区奔富
	金华市：党建统领"百镇共建"助推山区共同富裕
	丽水市：党建统领"丽水山递"打通城乡共富路
	杭州建德市："三式"引育农创客，打造"两个先行"乡村示范
	温州泰顺县：迭代推进"共富大搬迁"，做实"富得起"后半篇文章
	绍兴柯桥区：以"共富星村"省级试点，助推强村富民乡村集成改革
	金华义乌市：农业标准地改革推动农业增效农民增收
	衢州开化县：聚力打造"人人有事做家家有收入"山区共同富裕重要论述先行实践地
	台州温岭市：以"全域整"加速驱动"全域富"，打造城乡协调发展示范样板
	台州玉环市：打造农民持股共富模式，探索富民强村新路径
	第三批最佳实践名单（11个）
	杭州市钱塘区：打造"钱塘巢·共富农房租"助力职住平衡
	杭州市临安区："村庄经营"探索未来乡村运营机制
	金华市磐安县：打造农村物流"直通车"，推动乡村振兴农民增收致富
	台州市仙居县：打造县域公用品牌，推动乡村产业增效农民增收
	嘉兴市秀洲区：建设城乡融合现代社区，打造高质量转移农民市民化载体平台
	温州市乐清市：创新"村企共建"机制，制度化打造共建共赢实践范式
	衢州市龙游县：打好"优安置、暖政策、数字化"组合拳，推动农业转移人口市民化
	杭州市淳安县：以大下姜联合体推进先富帮后富区域共同富
	湖州市：打造"露营+"管理服务一件事，护航乡村旅游新业态健康发展
	台州市：创新财金协同支农助力乡村"增收创富"
	宁波市鄞州区：协同联动"三大飞地"，迈出山海共富新步伐

续表

四、公共服务优质共享先行示范（36个）	第一批最佳实践名单（9个）
	浙江省教育厅：全省域推动城乡教共体建设 促进义务教育优质均衡发展
	浙江省民政厅："浙有众扶"集成改革 构建全生命周期智慧大救助体系
	浙江省卫生健康委：聚焦共同富裕 紧扣发展主题 全力打造高水平县级强院
	杭州市：打造"家院互融、原居安养"养老服务模式
	杭州富阳区：商业预付卡全周期治理 助力居民安心消费
	湖州市：率先推进全市域"三医联动""六医统筹"集成改革
	湖州安吉县：深化"安吉游戏"学前教育模式 擦亮"浙有善育"金名片
	嘉兴嘉善县：实施"五统联动"公办养老机构改革 打造养老服务共富样板
	金华义乌市：长期护理保险筑牢失能群体兜底保障
	第二批最佳实践名单（18个）
	浙江省人民政府办公厅：开发建设"身边民生实事"数字应用，迭代完善为民办实事长效机制
	浙江省公安厅：全省域实施"电子居住证+互认互通"应用，打造共享发展共同富裕"绿卡"
	浙江省民政厅："海岛支老、一起安好"行动
	浙江省国资委、物产中大集团：打造"伞状"医康养联合体，探索国企养老服务新模式
	浙江省总工会：推进新就业形态劳动者服务保障体系建设，有力维护新就业群体发展权益
	浙江省残联：多跨协同创新构建全生命周期残疾预防工作体系
	杭州市：创新推动嵌入式体育场地设施建设
	宁波市：创新"优享医护"模式，打通居家优质医疗护理"最后一公里"
	温州市：创新实施"明眸"工程，让百万孩子拥有光明未来
	杭州上城区："幸福邻里坊"打造社区共富综合体
	宁波镇海区：创新众筹互助养老模式，构建居家养老生态圈
	湖州南浔区：率先探索公办幼儿园"托幼一体化"，构建普惠优质托幼服务体系
	嘉兴海盐县：以"数智国医"为抓手，打造百姓家门口的中医药服务圈
	绍兴诸暨市：创新爱心食堂长效体系，探索文明共富新路径
	舟山普陀区：打造"健康方舟"，打通海岛健康服务"最后一海里"
	台州天台县：打造"乡村名校"，走实教育共富新路径
	台州三门县：全域建设虚拟养老院，打造"浙里康养"山区县实践样板
	丽水缙云县：打造"缙情帮"医保防贫，构建多层次医疗保障体系

续表

	第三批最佳实践名单（9个）
四、公共服务优质共享先行示范（36个）	丽水市龙泉市：打造"浙丽乡村好医"服务场景，筑牢偏远山区乡村群众健康防线
	杭州市西湖区：打造"幸福荟"民生综合体，让优质公共服务"触手可及"
	温州市瓯海区：创新"三个一体推进"路径，统筹解决"一老一小"难题
	杭州市：创新"一老一小"服务场景，探索"双龄共养"老幼共融新样板
	绍兴市新昌县：构建全域化多层次养老体系，全力打造"十分钟"养老服务圈
	宁波市镇海区：创新"名校+"机制，推动优质教育资源均衡普惠共享
	台州市玉环市：勇担共富使命 凝聚数改力量，以"健康地图"实现全域全民全程享健康
	台州市三门县：全面深化"助共体"改革，高水平打造"浙有众扶"县域实践
	杭州市：创新低收入人口动态监测帮扶机制，精准"提低"促"共富"
五、社会主义先进文化发展先行示范（17个）	第一批最佳实践名单（5个）
	浙江省委宣传部：构建共同富裕民情研析机制
	浙江省文化和旅游厅："耕山播海"带动全民艺术普及
	杭州拱墅区："拱墅优礼"全域文明新实践
	温州市：深化城市书房建设 打造城乡一体文化惠民共富
	金华东阳市：打造横店国际影视文化创新中心 推动文化体制改革创新
	第二批最佳实践名单（7个）
	浙江省纪委省监委：让清风正气充盈共富之路——加强群众性廉洁文化建设，促进精神富有
	浙江省委宣传部：打造农村文化礼堂2.0版
	舟山市：海上新时代文明实践号
	杭州桐庐县：高质量建设乡村"复兴少年宫"，打造青少年"精神共富"新阵地
	湖州德清县：形塑"德文化"推动全民精神富有
	衢州常山县：擦亮"早上好"兴村品牌，打造山区共富样板
	丽水松阳县：创新"拯救老屋"行动，打造多彩共富精神家园
	第三批最佳实践名单（5个）
	浙江省文投集团：推进"老屋复兴"提质扩面，打造文化赋能乡村振兴样板
	舟山市：探索"礼堂伙伴"共建共享机制，打造海岛农村精神共富新地标
	湖州市德清县：实施"活乐兴旺"系列工程集成打造乡村精神富有新样板
	嘉兴市南湖区：青少年红色基因传承——"红船精神进校园"育人实践
	金华市武义县：打造"共富百花会2.0"探索山区县公共文化服务"精准速达"新路径

续表

	第一批最佳实践名单（5个）
	浙江省生态环境厅：打造海洋塑料污染治理"蓝色循环"新模式
	温州洞头区：修复蓝色海湾 打造生态共富海岛样板
	嘉兴南湖区：农村生活垃圾分类数字化标准化建设
	衢州市：碳账户金融助推共富发展
	衢州常山县：深化"两山银行"改革助力富民增收
六、生态文明建设先行示范（14个）	第二批最佳实践名单（5个）
	浙江省发展改革委：两山合作社助力生态惠民富民
	浙江省财政厅：迭代绿色财政奖补，助推"绿富"共进双赢
	宁波海曙区：践行"两山"理念，探索山区生态共富新路径
	湖州安吉县：竹林碳汇改革推动低碳共富
	衢州柯城区：开启零废生活，解锁共富密码
	第三批最佳实践名单（4个）
	湖州市安吉县：创新探索生态产品价值实现机制，全力拓宽绿色共富路径
	丽水市云和县：实施梯田生态修复助推"两山"转化，打造山区共富实践
	金华市：构建危险废物基层智管体系，擦亮高质量发展绿色基底
	舟山市：先行探索净零碳乡村路径，打造海岛乡村振兴实践样本
七、社会治理先行示范（30个）	第一批最佳实践名单（10个）
	浙江省纪委省监委：聚焦共富急难愁盼 开展漠视侵害群众利益问题专项治理
	浙江省人大常委会办公厅：完善法规制度体系 为共同富裕示范区建设提供法治保障
	浙江省政协办公厅：打造"民生议事堂"协商新平台 助力共同富裕示范区建设
	浙江省委政法委：探索"除险保安"晾晒机制 推进风险"全链条"闭环管控
	杭州余杭区：打造"三三三"共富治理体系 "众人的事情由众人商量"
	绍兴柯桥区：传承发扬驻村指导员制度 打造推进共富"硬核"队伍
	金华永康市：打造"龙山经验"升级版 构建共富社会治理新路径
	衢州衢江区：整体智治推进基层治理高效协同
	丽水市：开展司法公正感受度提升工程 让人民群众对公平正义更有感
	丽水莲都区：创新"村级事务阳光票决制"探索山区基层治理新路径
	第二批最佳实践名单（12个）
	浙江省人大常委会办公厅：打造全过程人民民主基层单元，助推共同富裕示范区建设
	浙江省政协办公厅：推动委员更好联系服务群众、助力共同富裕
	浙江省委政法委：重大决策社会风险评估

续表

七、社会治理先行示范（30个）	浙江省人民法院：全面加强"共享法庭"建设，健全"四治融合"城乡基层治理体系
	浙江省人民检察院：企业家法治会客厅
	湖州市：全国首创标准化矛盾纠纷调处化解综合体
	嘉兴市：打造"嘉兴众治"平台，健全共建共治共享社会治理格局
	宁波余姚市：实施乡村检察官制度，推动检力下沉一线促善治
	温州苍南县：培育发展民间救援力量，共筑全民防灾减灾体系
	嘉兴桐乡市：打造"四治融合"城乡社区现代治理新样板
	金华浦江县：应用"好家风指数"拓宽基层治理新路径
	金华武义县：深化新时代"后陈经验"，激发共同富裕社会治理新动能
	第三批最佳实践名单（8个）
	嘉兴市海宁市：探索社会组织协同治理新路径，绘就社区善治新图景
	温州市永嘉县：打造检察听证全流程工作体系，构建共建共治共享治理新格局
	绍兴市嵊州市：传承发展新时代"民情日记"，打造协同治理新样板
	衢州市常山县：村村平安指数评价体系
	舟山市岱山县：创新发展新时代"海上枫桥经验"，打造护航国家千亿级产业园的鱼山样板
	湖州市：实施"1+300"数字群防，构筑"无诈单元"安全网
	金华市义乌市：深化协同智治，构建商贸纠纷诉源治理新格局
	温州市洞头区：创新海区治理路径，筑牢海岛共富根基

资料来源：作者根据相关资料整理。

表 2-3　　　　　　　　浙江首批共同富裕实践观察点名单

村（社区）			
序号	观察点名称	序号	观察点名称
1	西湖区翠苑街道翠苑一区	13	浦江县虞宅乡马岭村
2	临平区运河街道北部四村	14	武义县大溪口乡溪口村
3	临安区高虹镇龙上村	15	开化县华埠镇金星村
4	淳安县汪阜乡胡家坪村	16	柯城区信安街道斗潭社区
5	海曙区古林镇茂新村	17	定海区干览镇新建村
6	慈溪市南部山区（匡堰）片区	18	普陀区东港街道葫芦岛村
7	乐清市清江镇北塘村	19	临海市沿溪乡村共富示范带
8	泰顺县司前畲族镇峰门村	20	温岭市横峰街道马鞍桥村
9	平阳县水头镇新联村	21	三门县海润街道涛头村
10	桐乡市崇福镇东安村	22	云和县白龙山街道大坪社区
11	柯桥区漓渚镇棠棣村	23	松阳县四都乡陈家铺村
12	新昌县"下岩贝·金山上"片区	24	景宁县澄照乡下泥山村

续表

乡镇、街道（平台）			
序号	观察点名称	序号	观察点名称
1	余杭区径山镇	7	永康市舟山镇
2	桐庐县新合乡	8	磐安县盘峰乡
3	镇海区新材料小镇	9	嵊泗县花鸟乡
4	苍南县南宋镇	10	椒江区大陈镇
5	长兴县吕山乡	11	遂昌县云峰街道
6	平湖市广陈镇		

企业			
序号	观察点名称	序号	观察点名称
1	钱塘区卓尚服饰尚加众创空间	6	南湖区卫星化学股份有限公司
2	北仑区宁波臻至机械模具有限公司	7	海宁市天通控股股份有限公司
3	瑞安市瑞立集团有限公司	8	义乌市陈陈集集品牌管理有限公司
4	吴兴区浙江久立集团	9	常山县浙江柚香谷投资管理股份有限公司
5	安吉县安吉两山合作社	10	仙居县浙江神仙大农农业发展有限公司

社会组织			
序号	观察点名称	序号	观察点名称
1	萧山区"映山红"共富工坊	4	嘉善县银福苑颐养中心
2	鄞州区银巢养老服务中心	5	诸暨市吾欣公益发展服务中心
3	德清县幸福阜溪公益基金会	6	东阳市横店影视城演员公会

公共服务机构			
序号	观察点名称	序号	观察点名称
1	奉化区溪口镇畸山小学	6	上虞区康复医院
2	龙湾区高新大道零工市场	7	金东区孝顺小学
3	鹿城区慈善综合体	8	四省边际（衢州）共富学院
4	嘉兴市图书馆总分馆	9	龙泉市道太乡际头村卫生服务站
5	越城区育才学校		

资料来源：作者根据相关资料整理。

第三章

新时代以山海协作工程缩小地区差距

　　山海协作工程是"八八战略"的重要内容。实施山海协作工程是浙江高质量发展建设共同富裕示范区的内在要求，也是实现浙江区域协调发展的一项重大战略举措。本章重点回顾山海协作工程的发展历程，深入分析并总结其丰富的内涵、宝贵的经验以及在新时代背景下的实践探索，以期为未来区域协调发展提供有益的借鉴和启示。

第一节　山海协作工程的发展历程

山海协作工程是浙江省为促进区域协调发展而设计的一项重大战略举措，其主要做法是以项目合作为中心，以产业梯度转移和要素合理配置为主线，通过发达地区产业向欠发达地区合理转移、欠发达地区剩余劳动力向发达地区有序流动，激发欠发达地区经济的活力，推动经济加快发展，提高人民生活水平。其中，"山"主要指以浙西南山区和舟山海岛为主的欠发达地区，这些地区自然资源丰富但经济发展相对滞后；"海"主要指沿海地区和经济较为发达的县（市、区），这些地区经济实力雄厚，有较强的辐射带动能力。山海协作工程自 2002 年正式实施以来，大致经历了以下四个发展阶段（见图 3-1）。

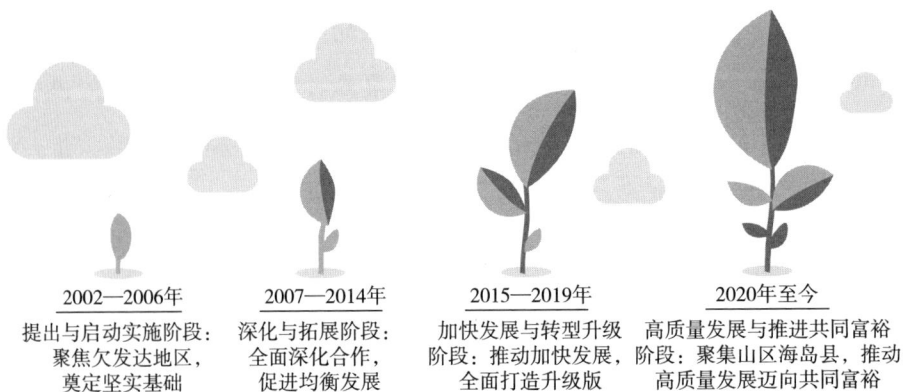

| 2002—2006年 | 2007—2014年 | 2015—2019年 | 2020年至今 |
| 提出与启动实施阶段：聚焦欠发达地区，奠定坚实基础 | 深化与拓展阶段：全面深化合作，促进均衡发展 | 加快发展与转型升级阶段：推动加快发展，全面打造升级版 | 高质量发展与推进共同富裕阶段：聚集山区海岛县，推动高质量发展迈向共同富裕 |

图 3-1　浙江省山海协作工程发展历程

资料来源：作者绘制。

一、提出与启动实施阶段（2002—2006 年）：聚焦欠发达地区，奠定坚实基础

2001 年 10 月，浙江省委、省政府召开全省扶贫暨欠发达地区工作会议，提出要实施省内区域合作、帮助欠发达地区加快发展的战略，通过开展省内区域经济合作与交流，把省内沿海发达地区的产业转移辐射到浙西南欠发达地区，把欠发达地区的剩余劳动力转移到发达地区。2002 年 4 月，浙江省人民政府办公厅转发了浙江省人民政府经济技术协作办公室（现更名为浙江省人民政府经济合作交流办公室）《关于实施"山海协作工程"帮助省内欠发达地区加快发展的意见》，提出促进沿海发达地区与浙西南欠发达地区的协调发展，共同繁荣，拉开了全省实施山海协作工程的序幕。2003 年 5 月，浙江省委、省政府决定设立浙江省对口支援对口帮扶的山海协作工程领导小组；同年 7 月，浙江省委十一届四次全会提出了"八八战略"，强调"进一步发挥浙江的山海资源优势，大力发展海洋经济，推动欠发达地区跨越式发展，努力使海洋经济和欠发达地区的发展成为浙江经济新的增长点"[①]；同年 8 月，浙江省人民政府办公厅出台了《全面实施"山海协作工程"的若干意见》，明确了山海协作的总体目标、推动机制、督察考核体系、激励政策、协调制度和交流合作机制等。这一阶段主要采取以下关键举措。

一是强化组织领导，浙江省成立了山海协作工程领导小组及其办公室，负责工程的组织、协调、指导和监督。各市、县也相应成立了山海协作工作机构，形成了省、市、县三级联动的工作网络。二是创新工作机制，探索建立了政府推动、企业为主、市场运作、合作共赢的工作机制。通过政府引导和政策支持，鼓励发达地区企业通过市场化方式参与欠发达

---

① 习近平：《习近平谈治国理政》（第一卷），外文出版社 2014 年版。

地区的开发建设，实现互利共赢。三是建立对口协作机制，明确了发达地区与欠发达地区对口协作安排，如杭州市、绍兴市对口协作衢州市，宁波市、嘉兴市、湖州市对口协作丽水市，金华市、温州市、台州市市内对口协作等。四是突破重点合作领域，围绕产业项目和劳务合作两大重点领域展开合作。一方面，推动沿海优势企业向山区低成本扩张，山区承接沿海产业梯度转移；另一方面，加强农村劳动力培训，促进农村劳动力有序转移和农民增收。五是实施配套工程，同步启动实施了"欠发达乡镇奔小康"工程和"百亿帮扶致富建设"工程等配套工程，加大对欠发达地区的投入和支持力度，有效推动山区做大做强特色优势产业，改善生产生活条件和生态环境，提高农民素质和农村文明程度，为欠发达地区基本实现小康目标打下扎实的基础。

二、深化与拓展阶段（2007—2014 年）：全面深化合作，促进均衡发展

随着山海协作工程的持续推进，欠发达地区区位、生态环境和体制机制优势日益显现，农民收入显著提升，但发展不平衡问题依然突出。2002年山海协作工程实施时，浙江省有 361 个乡镇的农民收入水平低于全国平均水平；到 2007 年底，361 个乡镇的农民收入较 2002 年翻了一番，80%以上乡镇的农民收入超过全国平均水平。但在经济、社会发展等方面，山区仍然面临着许多制约因素，特别是一些基础较弱、积累较少的欠发达地区在获得阶段性的帮扶提升后，与较发达地区的差距有不断扩大的势头。在此背景下，2007 年 6 月，浙江省第十二次党代会报告明确把加快欠发达地区发展作为"创业富民、创新强省"总战略的重要组成部分。2009年，浙江省人民政府办公厅出台《关于实施新一轮山海协作工程的若干意

见》，开始实施新一轮山海协作工程。同时，浙江省山海协作工程领导小组制定并出台了《浙江省山海协作工程考核办法》，明确各市各有关部门年度工作任务，全面加强目标责任考核，为山海协作工程深入实施提供了新的动力。2012年，浙江省委、省政府陆续出台了《中共浙江省委 浙江省人民政府关于加快山区经济发展的若干意见》《浙江省山区经济发展规划（2012—2017年)》《关于推进山海协作产业园建设的意见》，进一步强化陆海联动、区域协调，明确提出建设山海协作平台载体。这一阶段，山海协作工程推进重点包括以下几个方面。首先是拓展合作空间。例如，丽水市大力开展对接海西的系列活动，将与台州市的合作纳入山海协作范围，积极开展中药材等生态农业领域合作；衢州市加强接轨上海，积极参加杭州都市圈的合作交流活动，并在闽浙赣皖四省九方合作区内开展工业、旅游、环保等多领域合作。其次是扩大合作领域。从单一的经济领域拓展到新农村建设、就业、社会事业、公共服务等多个领域，形成多领域、多层次的合作格局。通过教育、医疗、文化等社会事业的合作，提升欠发达地区的社会发展水平。再次是促进省外浙商回归。积极吸引省外浙商回归投资，通过举办"天下浙商家乡行"等活动，搭建浙商与家乡合作的桥梁，推动特色产业合作和经济发展。最后是加强区域协作。推动发达地区与欠发达地区建立更加紧密的协作关系，通过产业协作、项目合作、人才交流等方式，促进资源要素的合理流动和优化配置。

三、加快发展与转型升级阶段（2015—2019年）：推动加快发展，全面打造升级版

随着山海协作工程的深入实施，欠发达地区经济发展取得显著成效。

2015年，浙江全面消除了家庭人均年收入4600元以下的绝对贫困现象，欠发达县整体"摘帽"。浙江省委、省政府出台《关于推进淳安等26县加快发展的若干意见》，明确指出26县经济总量、财政收入、居民收入等主要经济指标超过全国县级平均水平，决定从2015年起不再称26县为欠发达县（市、区），提出将更加注重生态文明建设导向，加快转变经济发展方式，不断增强生态经济"造血"功能和内生发展动力，加快推进26县全面走上绿色发展、生态富民、科学跨越的路子。随后，浙江省人民政府办公厅出台《浙江省人民政府办公厅关于进一步深化山海协作工程的实施意见》，对"十三五"期间进一步深化山海协作工程作出部署，进一步明确了发展目标、重点任务和保障措施，特别是提出建立新一轮结对关系，要求结对双方正式签署结对协议，每年签订结对任务书，并将山海协作工程纳入省委、省政府年度重点工作，同时开展年初部署、年中督评和年终考核。2018年1月，为适应新时代我国社会主要矛盾的变化，解决浙江发展不平衡不充分问题，推进"两个高水平"建设、保持高质量发展走在前列，浙江省委、省政府出台《关于深入实施山海协作工程促进区域协调发展的若干意见》，明确更加注重协作方式创新，更加注重造血功能培育，更加注重创新成果转化，全力打造山海协作工程升级版。这一阶段，主要有三方面重点工作。首先是丰富合作内涵。提出建设以生态经济为主的现代产业体系，特别是突出信息经济、环保、健康、旅游、时尚、金融、高端装备制造七大产业发展。强调补齐26县基础设施短板，并对26县提升特色生态工业、做强高效生态农业、推动农旅融合发展、强化科技人才支撑、推动优质医疗教育资源共享、强化就业创业帮扶、促进低收入群众增收致富等提出新要求。其次是完善和创新平台建设。明确推动产业承接等平台建设和升级，加快建成9个省级山海协作产业园，进一步完善省级山海协作园共建机制；加快推进生态旅游文化产业园建设，积极推广开化一桐乡山海协作生态旅游文化示范区共建机制和开发模式，确定永嘉县与温州市瓯海区等 14 对县（市、区）开展山海协作生态旅游文化产业园建设；支持发展"飞地经济"，支持杭州市、绍兴市和宁波市、湖州市、嘉兴市分别在衢州市、丽水市产业集聚区建立"飞地"产业园，支持 26 县在结对县（市、区）建立人才、科技和产业孵化"飞地"。最后是健全合作机制。提出进一步健全山海协作组织领导、工作推进和政策激励机制，支持结对双方建立高层联席会议制度，健全干部交流互派机制，推动形成山海并利、陆海联动发展的山海协作工程新格局。

四、高质量发展与推进共同富裕阶段（2020 年至今）：聚焦山区海岛县，推动高质量发展迈向共同富裕

2020 年是浙江高水平全面建成小康社会的决胜之年，也是"努力成为新时代全面展示中国特色社会主义制度优越性的重要窗口"[①]这一新目标、新定位再出发之年。这一年，浙江将 26 个加快发展县改称为山区 26 县。2021 年 5 月，党中央、国务院印发《关于支持浙江高质量发展建设共同富裕示范区的意见》，赋予浙江为全国推动共同富裕提供省域范例的特殊使命。同年，浙江编制印发《浙江省山区 26 县跨越式高质量发展实施方案（2021—2025 年）》，明确提出争取到 2025 年，26 县人均 GDP 超过全省平均的 70%，达到全国平均水平。同时为 26 县量身定制发展方案和支持举措，并围绕平台共建、产业发展、要素保障、基础设施建设、公共服务普及等方面，推动出台专项政策。2022 年，浙江省委、省政府支持景宁县、嵊泗县分别走山区县、海岛县高质量发展共同富裕特色之路，山区

---

① 《习近平在浙江考察时强调 统筹推进疫情防控和经济社会发展工作 奋力实现今年经济社会发展目标任务》，新华社，2020 年 4 月 1 日。

县和海岛县成为浙江高质量发展建设共同富裕示范区的重点、难点、关键点，迎来了前所未有的发展机遇。2023年，浙江高质量发展建设共同富裕示范区暨山区海岛县高质量发展推进会再次强调，要奋力打造山区海岛县高质量发展样板，走出一条具有普遍意义的山区海岛县高质量发展共同富裕之路。2024年8月，全省山海协作工程暨山区海岛县高质量发展推进会提出建立山区海岛县分类动态调整机制，温州市平阳县、衢州市柯城区、丽水市莲都区被调出山区26县。这一阶段，主要有四方面重点工作。首先是促进26县高质量发展。重点是围绕优化县域空间发展格局、支持重大项目建设、支持"双向飞地"建设、给予加快发展指标奖励和倾斜、创新土地利用政策、支持矿业发展和矿地综合利用等方面，加强山区26县国土空间规划，优化重大生产力、重大基础设施和公共资源布局，促进人口集聚、产业协同、要素流动，以发挥"空间治理和资源要素保障"支撑作用，推动山区26县高质量发展。其次是支持山区海岛县走高质量发展共同富裕特色之路。重点是把景宁县和嵊泗县作为山区县和海岛县样板，深度"解剖麻雀"、系统谋划，并在此基础上，探索走出一条山区海岛县高质量发展共同富裕新路子。再次是把山区海岛县作为缩小"三大差距"的主战场。重点是创新共建共享机制、产业合作模式，拓宽精准协作领域，加快打造一批标志性成果，加快打造具有山区海岛特色的现代化产业体系。同时，把山区海岛县作为实施公共服务"七优享"工程的重点区域，不断夯实基础设施现代化的硬支撑，提升交通物流的通达性、公共服务的便利性、新基建的可及性，把山海协作工程打造成"先富帮后富"的典范工程。最后是推动山区海岛县分类动态调整。山区县发展到一定规模，动态调整也是必然趋势。重点构建山区海岛县分类动态调整机制，把GDP、人均GDP、人均可支配收入等指标作为重要依据，如本次调出山区26县的平阳县、柯城区、莲都区，三地GDP均突破500亿元，在全省90

个县（市、区）中处于中游位置。通过动态调整机制，对山区海岛县分类施策，有利于提升共富政策的精准度和可持续性，集中更多要素资源流向发展相对落后县，可以让更多山区海岛县后来居上。需要指出的是，浙江对调出三地的原有扶持政策三年内保持不变，同时，省级层面会逐一制定更为聚焦、力度更大的调出县专项支持政策，确保动态调整机制的正向激励作用。

第二节 山海协作工程的理论内涵

习近平总书记在浙江工作期间，基于对发达地区与欠发达地区辩证关系的认识，开创性地将实施山海协作工程作为促进区域协调发展的重要举措，不仅绘就了浙江区域协调发展的蓝图，而且突出体现了习近平总书记对区域协调发展的深刻思考和战略谋划，展现了为民情怀，反映了与共同富裕价值指向的一致性。

一、对区域协调发展规律的深刻把握

从思路理念看，最基本的理念是确立山海发展"一盘棋"的思路，始终把发达地区、欠发达地区的发展作为一个整体加以谋划、推进和实施，体现了对区域协调发展规律的深刻把握。

对于如何改变区域发展不平衡的困难局面，习近平总书记始终从全局高度予以破解，不是就欠发达地区而谈欠发达地区，而是注重抓"两头"，把促进发达地区加快发展与欠发达地区跨越式发展有机统一起来。在浙江工作期间，他充分发挥浙江发达地区的优势和活力，大力推动发达地区在更高层次上加快发展；以提高自我发展能力为核心，推动欠发达地区实现跨越式发展。一方面，他提出"重点鼓励和支持发达地区提高自主创新能力，率先实现产业结构优化升级和增长方式转变，提高开放型经济发展水平，推动全省综合实力和区域竞争力再上新台阶"[①]。另一方面，他又强调"健全财政转移支付制度，完善生态补偿机制，推动欠发达地区因地制宜发展特色产业和生态经济，走人口内聚外迁、自我积累和借力发展相结合的道路，努力使欠发达地区成为我省经济新的增长点"[②]。山海发展"一盘棋"理念，注重处理好局部与整体、短期与长期、重点与一般等重大关系，体现了对区域协调发展规律的深刻把握。

浙江的发展实践表明，在实现共同富裕过程中，有关发达地区和欠发达地区发展的各项工作、各类要素相互交织，牵一发而动全身，必须坚持和运用系统思维，既要树立全局意识、协同意识，注重推进山海良性互动、协同配合和有机衔接，又要注意区分层次、分类指导，把顶层设计、总体目标和具体的任务分解结合起来，做到"立治有体、施治有序"，才能形成强大合力，推进区域协调发展事业顺利稳步向前。

二、善用科学方法论谋划发展的战略能力

从方法路径看，最核心的方法是运用比较优势观，体现了善用科学方法论谋划发展的战略能力。

习近平总书记在浙江工作期间，注重发挥发达地区与欠发达地区各自的比较优势，推进区域经济优化布局。在城市布局方面，强调增强杭宁温

---

①② 习近平：《干在实处 走在前列——推进浙江新发展的思考与实践》，中共中央党校出版社 2006 年版。

三大中心城市及其他区域中心城市的集聚效应和辐射功能；在先进制造业基地建设方面，强调加快环杭州湾产业带和温台沿海产业带的要素集聚①。同时，充分发挥欠发达地区的比较优势，加大对欠发达地区的扶持力度，大力发展符合欠发达地区特点的一二三产业。例如，指出海岛欠发达地区要依托海洋资源优势，重点在港口开发、临港工业、海洋渔业、滨海旅游业、海洋新兴产业等领域开展经济协作活动，做大做强海洋经济。沿海一些区位条件比较好的欠发达地区要积极创造条件，主动承接发达地区的产业转移，增强自我发展能力②。处在生态功能区特别是流域源头的欠发达地区要始终把生态环境保护放在突出位置，在抓好下山脱贫和劳务输出的同时，大力发展生态经济③。这一比较优势观，成为始终贯穿于党的十八大以来习近平总书记关于区域协调发展的重要思想的科学方法论。

浙江的实践表明，在高质量发展建设共同富裕示范区的过程中，要坚持运用区域比较优势理论，充分发挥"山""海"比较优势，持续实施山海协作工程，不断完善区域协作和结对帮扶机制，既要让发达地区继续做大做强，又要持续帮扶助力欠发达地区实现跨越式高质量发展，走出一条更宽领域、更深层次、更高水平的协作共赢新路子。

三、为民情怀的共同富裕价值指向

从价值目标看，最根本的目标是促进共同富裕，始终把实现人民群众根本利益作为工作的出发点和落脚点，体现了为民情怀的共同富裕价值指向。

---

①②③　习近平：《干在实处 走在前列——推进浙江新发展的思考与实践》，中共中央党校出版社 2006 年版。

习近平总书记在浙江工作期间提出并深入实施的"百亿帮扶工程""欠发达乡镇奔小康工程"和"山海协作工程"三大工程，其核心价值指向无疑是提高欠发达地区人民的收入和生活水平，使他们能享有与发达地区大致相同的生活水平。他强调，实施"山海协作工程"是促进共同富裕，实现人民群众根本利益的重要举措[①]。实施"山海协作工程"，就是要通过发达地区和欠发达地区之间经济、社会、劳务等全方位的协作，推动欠发达地区加快发展，使欠发达地区人民群众的就业机会不断增加，收入水平持续提高，生活条件明显改善。习近平总书记始终把让欠发达区域人民享受同发达区域人民基本同等的生活水平和质量，作为统筹区域发展的出发点和落脚点，体现了为民情怀，反映了与共同富裕的价值指向一致性。

浙江的实践表明，持续增强欠发达地区内生发展动力、推动欠发达地区基本公共服务均等化和提升城乡居民生活水平是促进实现共同富裕的根本价值指向。在推进实现共同富裕过程中，要着力念好新时代"山海经"，始终把实现人民群众根本利益作为一切工作的出发点和落脚点，不断提升欠发达地区经济发展水平和居民收入水平，助力加快实现跨越式高质量发展。

第三节　山区海岛县高质量发展的实践探索

加快推进山区海岛县高质量发展，是浙江忠实践行"八八战略"、奋

---

① 习近平：《干在实处 走在前列——推进浙江新发展的思考与实践》，中共中央党校出版社 2006 年版。

力打造"重要窗口"的必然要求，是扎实推动共同富裕先行示范的应有之义，是解决发展不平衡不充分问题的关键举措。浙江山区海岛县高质量发展是浙江山区 26 县跨越式高质量发展的一个重要迭代。山区 26 县大多位于浙江的西南部山区，由于地理条件、历史原因等多种因素的限制，相对较为欠发达，因此一直是重点扶持和发展的对象。在此基础上，浙江省委、省政府进一步提出了山区海岛县高质量发展的概念，将山区 26 县的发展经验和发展模式应用到更广泛的地区，特别是那些同样具有山区或海岛特征的县（市、区）。通过推动这些地区的高质量发展，希望能够实现更大范围、更高水平的区域均衡发展。2023 年，浙江山区 26 县通过"山海协作"累计获得结对市县援助等渠道资金 1.7 亿元，落地"山海协作"产业合作项目 315 个，完成投资 461 亿元。

一、构建完善山区海岛县高质量发展顶层设计

在浙江省委、省政府决策部署下，成立了山区 26 县跨越式高质量发展工作专班，构建了山区 26 县跨越式高质量发展"1+2+26+N"政策体系。"1"即高质量编制《浙江省山区 26 县跨越式高质量发展实施方案（2021—2025 年）》，以省委、省政府名义正式印发实施，明确了重点任务、改革举措、政策支持和保障措施。"2"即编制印发了《进一步加强山海协作结对帮扶工作的指导意见》和《关于加强山区 26 县结对帮扶工作 促进巩固拓展脱贫攻坚成果同乡村振兴有效衔接的指导意见》，构建组团式、宽领域、全覆盖的结对帮扶体系。"26"即针对每个县的发展基础、特色优势和主导产业，为山区 26 县量身定制"一县一策"。这是缩小山区与全省发展差距、推动山区共同富裕的重大举措。2021 年，浙江实现山区 26 县"一县一策"全覆盖，并推动各地因地制宜发展"一县一业"特色主

导产业。在"一县一策"支持下，山区 26 县落地开工了一大批带动力强、民众参与度高的大项目，为高质量发展增添了强劲动力。但发展充满不确定性，需要不断微调方向、迭代政策，山区县也不例外。因此，2023 年浙江省政府工作报告提出，精准迭代"一县一策"，推动山区县做强"一县一业"主导产业。截至 2023 年底，浙江已陆续印发支持仙居、磐安、柯城、衢江、开化等山区县高质量发展若干措施，这意味着浙江已完成首批山区县"一县一策"精准迭代。"N"即省级部门按照"小切口、大牵引"的思路，研究制定了一批专项支持政策，形成政策合力。此外，在支持山区海岛县走高质量发展共同富裕特色之路方面，2022 年 9 月，浙江省人民政府印发《支持嵊泗县走海岛县高质量发展共同富裕特色之路实施方案》《支持景宁县走山区县高质量发展共同富裕特色之路实施方案》，进一步明确嵊泗县、景宁县分别走海岛县、山区县高质量发展共同富裕特色之路的总体要求、发展目标和重点任务。

二、进一步调整优化帮扶结对关系

2021 年，浙江省山海协作领导小组办公室印发《关于进一步加强山海协作结对帮扶工作的指导意见》，在 2018 年提出的"升级版"基础上，继续加大对山区县的对口支援力度，大部分山区县的支援县（市、区）由原先的 1 个增加为 2 ~ 3 个，衢州、丽水两地的山区县更是保证至少有 2 个结对支援地（见表 3-1）。例如，衢州市开化县，在原先由桐乡市支援的基础上，增加了杭州市上城区和绍兴市越城区作为结对支援地。

表 3-1　　　　　　　2018 年、2021 年山海协作结对安排情况

序号	受援地		2018 年支援地	2021 年支援地
1	杭州市	淳安县	杭州市西湖区	杭州市西湖区
2		柯城区	杭州市余杭区	杭州市余杭区
				杭州市临平区
3		衢江区	宁波市鄞州区	宁波市鄞州区
				绍兴市新昌县
4		龙游县	宁波市镇海区	宁波市镇海区
				杭州市临安区
5	衢州市	江山市	绍兴市柯桥区	绍兴市柯桥区
				杭州市钱塘区
6		常山县	宁波市慈溪市	宁波市慈溪市
				杭州市拱墅区
7		开化县	嘉兴市桐乡市	嘉兴市桐乡市
				杭州市上城区
				绍兴市越城区
8		莲都区	金华市义乌市	金华市义乌市
				宁波市江北区
9		龙泉市	杭州市萧山区	杭州市萧山区
			嘉兴市秀洲区	嘉兴市秀洲区
10		青田县	嘉兴市平湖市	嘉兴市平湖市
			绍兴市嵊州市	绍兴市嵊州市
11		云和县	宁波市北仑区	宁波市北仑区
				湖州市吴兴区
12		庆元县	嘉兴市嘉善县	嘉兴市嘉善县
	丽水市		湖州市长兴县	湖州市长兴县
				宁波市海曙区
13		缙云县	杭州市富阳区	杭州市富阳区
			湖州市德清县	湖州市德清县
14		遂昌县	嘉兴市南湖区	嘉兴市南湖区
			绍兴市诸暨市	绍兴市诸暨市
				宁波市象山县
15		松阳县		宁波市余姚市
			宁波市余姚市	湖州市南浔区
				湖州市安吉县
16		景宁县	嘉兴市海盐县	嘉兴市海盐县
			绍兴市上虞区	绍兴市上虞区
			台州市温岭市	宁波市宁海县

续表

序号	受援地		2018 年支援地	2021 年支援地
17	温州市	永嘉县	温州市瓯海区	温州市瓯海区
18		平阳县	温州市乐清市	温州市乐清市
19		苍南县	温州市龙湾区	温州市龙湾区
20		文成县	温州市瑞安市	温州市瑞安市
				宁波市奉化区
21		泰顺县	温州市鹿城区	温州市鹿城区
				杭州市滨江区
22	金华市	武义县	嘉兴市海宁市	嘉兴市海宁市
			金华市永康市	金华市永康市
23		磐安县	金华市东阳市	金华市东阳市
			舟山市普陀区	舟山市普陀区
24	台州市	天台县	台州市路桥区	台州市路桥区
25		仙居县	台州市玉环市	台州市玉环市
26		三门县	台州市温岭市	台州市温岭市

资料来源：作者根据相关资料整理。

三、创新打造特色生态产业新平台

山区 26 县特色生态产业平台是指在县域开发区（园区）整合空间范围内，通过山海协作共建机制，招引大企业大项目，打造绿色产业集群，构建扩大税源和促进就业增收的发展平台。建设特色生态产业平台是贯彻落实浙江高质量发展建设共同富裕示范区的重大举措和加快推进山区 26 县跨越式高质量发展的有效途径。特色生态产业平台，作为推动山区 26 县高质量发展的重要载体，旨在将生态资源优势转化为生态经济优势，进而促进共同富裕。这些平台不仅注重生态保护，还强调产业升级和创新发展。第一，在平台规划和定位方面，针对山区 26 县各自的资源禀赋、产业基础和生态环境等特点，进行差异化、精准化的规划。每个平台都明确了主导产业和发展方向，避免同质化竞争，确保平台的可持续发展。第二，在政策支持方面，为特色生态产业平台提供了一系列具体的扶持政策。这些政策包括财政专项资金支持、金融信贷优惠、土地供应保障、税收减免等。同时，还鼓励社会资本参与平台建设，推动形成多元化的投资格局。第三，在产业培育方面，特色生态产业平台注重引进和培育生态环保、绿色低碳的产业项目。通过技术创新、模式创新和管理创新，推动传统产业向绿色化、高端化、智能化方向转型升级。同时，还积极培育新兴产业，打造新的经济增长点。第四，在特色生态产业平台方面，注重与周边地区的协同发展。通过加强区域合作、推动产业链上下游协同，实现资源共享、优势互补，提升整个区域的竞争力。第五，在平台管理和运营方面，强调市场化运作和专业化管理。通过引入专业化的运营团队和管理机制，提高平台的运营效率和服务水平。同时，加强对平台的监管和评估，确保平台的健康有序发展。特色生态产业平台在规划定位、政策支持、产业培育、协同发展以及管理运营等方面都进行了深入细致的规划，为山区26县的经济发展注入了新的活力。

四、创新山海协作"飞地"建设

"飞地"，是指在行政上互不隶属的两个及两个以上地区，打破行政区划界限，在特定区域合作建设开发各种产业园区。浙江已探索出产业、科创、消薄三大主要"飞地"模式。那么三大"飞地"模式如何运营，效果怎么样？2021年，为深化山海协作，解决省内区域发展不平衡不充分问题，浙江省人民政府办公厅印发《关于进一步支持山海协作"飞地"高质量建设与发展的实施意见》，提出统筹设立"产业飞地"，多点布局"科创飞地"，规范发展"消薄飞地"，并支持衢州市本级、丽水市本级和山区26县（"飞出地"）到省内沿海经济发达地区（"飞入地"）开展异地投资建设。"产业飞地"聚焦引进"链主型"企业，布局重大产业项目，拓宽山区县税源，以先进制造业为主，由浙江省统筹安排，由浙江大湾区以及省级高能级战略平台等相关产业发展平台，为山区26县提供一块不小于1平方公里的土地，"飞地"的建设用地指标由"飞出地"予以保障。"科创飞地"聚焦新产品研发、项目孵化、人才引进和产业链创新链协同发展等功能，鼓励"飞出地"和"飞入地"开展联合建设，入驻企业以科技初创型企业为主，孵化在"飞入地"，产业化在"飞出地"。"消薄飞地"聚焦带动低收入农户增收和发展壮大村级集体经济，以发展物业经济、楼宇经济等快速见效项目为主。截至2023年底，全省共建有77个"飞地"，其中"产业飞地"26个，均落户省级新区和能级较高的开发区（园区）平台，累计建设产业项目130个，总投资1233亿元；"科创飞地"14个，共吸引副高及硕士以上人才761人，孵化项目303个，其中77个项目在山区县实现了产业化；"消薄飞地"37个，共带动3464个薄弱村集体增收，已累计实现返利超8亿元。

五、促进公共服务优质共享

在推动山区海岛县高质量发展过程中，浙江着力推动公共服务优质共享，努力让共同富裕示范区建设成果真正可感可及，惠及山区海岛县百姓。在教育方面，浙江发布山区26县和海岛县"县中崛起"行动计划，明确到2025年县中办学条件和教育质量显著提升，县中教师"乐教安教善教"机制更为健全。在"一老一小"方面，统筹国有企业和第三方托育机构资源，联合建设小型托育点和母婴室，打造育儿友好型社会。同时，创新"海岛支老、一起安好"行动，推动杭州、宁波、湖州、嘉兴、绍兴5市聚焦服务支老、设施支老、管理支老、文化支老，统筹养老服务优质资源支援海岛养老，包括引入优秀照护人才、管理人才、优质养老企业等。在医疗合作方面，开展新一轮医疗卫生"山海"提升工程，推动舟山4个县（区）医共体牵头医院分别与浙江省人民医院、浙大邵逸夫医院、浙大二院、浙江医院达成合作共建关系，对当地结对医院40个专科实行"四提升一进位"帮扶。2023年，舟山4个县（区）医共体牵头医院三大共享中心（影像、病理、检验）、三大救治中心（胸痛、卒中、创伤急救）和16个临床专科项目全面建成，进一步促进了县域医疗质量和技术精准提升。在公共文化设施建设方面，山区海岛县公共文化设施建设的阶段性成效明显。截至2023年底，山区海岛县完成县、乡、村三级公共文化设施全覆盖；85%以上县（区）配有完整的图书、文化、博物、非遗四馆；各县公共文化设施建设年平均支出达260元/人，其中景宁、龙游等多县（区）投入超过500元/人，较"十三五"末期有2～4倍提升。

第四节　浙江山区 26 县与苏北地区比较研究

浙江山区26县特指衢州、丽水两市的所辖县（市、区），以及淳安、永嘉、平阳、苍南、文成、泰顺、武义、磐安、三门、天台、仙居等26个山区县，总面积45688.06平方公里（2022年数据），常住人口1024.64万人（2023年数据），分别约占全省的43%和15%。苏北地区包括徐州、连云港、淮安、盐城、宿迁五市，总面积54866平方公里，常住人口近3000万人，分别占江苏省的51.2%和35.3%。浙江山区26县和苏北地区同是欠发达地区，本节基于相关地区统计年鉴和统计公报数据，通过七个维度的对比分析，找出浙江比较优势和短板不足，针对性提出促进山区26县高质量发展的举措建议，助力推动山区同步迈向现代化和共同富裕。

一、七个维度比较分析

（一）经济发展维度：浙江山区 26 县发展水平较低

浙江山区 26 县经济体量、经济增速远低于苏北地区。2023 年，浙江山区 26 县和苏北地区 GDP 分别为 7933.4 亿元和 30081.1 亿元，占全省 GDP 比重分别为 9.6% 和 23.5%，较 2020 年分别增长了 34.1% 和 26.2%。按常住人口计算，2023 年，浙江山区 26 县人均 GDP 为 79228 元，低于苏北地区。

（二）创新发展维度：浙江山区 26 县创新能力较弱

浙江山区 26 县创新驱动能力较弱。科学研究与试验发展（R&D）投入低于苏北地区，2022 年，衢州市和丽水市 R&D 经费支出占 GDP 比重分别为 1.0% 和 0.9%，苏北地区 R&D 经费支出占 GDP 比重达到 2.2%。企业创新能力相对较弱，浙江山区 26 县高新技术企业仅有 2744 家，占全省的 7.7%，较苏北地区（8.3%）低 0.6 个百分点。高等院校数量远低于苏北地区，衢州市和丽水市合计拥有 5 所高等院校，苏北地区拥有 34 所高等院校。

（三）产业发展维度：浙江山区 26 县旅游业较强，制造业较弱

浙江山区 26 县旅游业发达。截至 2023 年底，浙江山区 26 县拥有国家 5A 级旅游景区 8 家，苏北地区拥有 6 家；浙江山区 26 县拥有国家级旅游度假区 2 家（淳安千岛湖旅游度假区、泰顺廊桥—氡泉旅游度假区），苏北地区拥有 1 家。浙江山区 26 县区域内还拥有全国唯一的畲族自治县——景宁畲族自治县。

苏北地区制造业优势显著。苏北地区制造业主要为工程机械、电子信息、高端装备等先进制造业，以及节能环保、新材料、新能源等战略性新兴产业，产业层次高于浙江山区 26 县。2023 年，苏北地区工业总产值为 10888.21 亿元，是浙江山区 26 县的近 3.3 倍。

（四）城市化维度：浙江山区 26 县城市能级偏低

浙江山区 26 县城市综合竞争力明显低于苏北地区。《中国城市竞争力第 19 次报告》显示，衢州市和丽水市 2021 年城市综合经济竞争力排名分别为第 124 位和第 171 位，而徐州市排名第 41 位、盐城市排名第 50 位、淮安市排名第 67 位、连云港市排名第 76 位、宿迁市排名第 87 位。

浙江山区 26 县城镇化率低于苏北地区。2023 年，浙江山区 26 县常住人口城镇化率为 61.4%，最高的区和最低的县分别为柯城区（78.7%）、文成县（47.7%）；而苏北地区常住人口城镇化率达到 66.3%，最高和最低的城市分别为淮安市（67.7%）和连云港市（64.0%）。

（五）生态环境维度：浙江山区 26 县生态环境质量更优

浙江山区 26 县生态环境资源更优。据统计，2023 年，衢州市和丽水市空气质量优良天数占比分别为 94.0% 和 98.9%，国考断面水质和省考断面水质优Ⅲ类比例分别为 100% 和 99%，均优于苏北地区。此外，浙江山区 26 县中有 11 个县为国家重点生态功能区，占比超过 40%，苏北地区尚无国家重点生态功能区。

（六）居民收入维度：浙江山区 26 县居民收入水平更高

浙江山区 26 县常住居民人均可支配收入及农村常住居民人均可支配收入均高于苏北地区。2023 年，浙江山区 26 县常住居民人均可支配收入已超过 47000 元，约为苏北地区均值的 1.3 倍。其中城镇常住居民人均可支配收入为 59000 元，约为苏北地区均值的 1.4 倍；农村常住居民人均可支配收入超过 31000 元，约为苏北地区均值的 1.2 倍。

（七）交通设施维度：浙江山区 26 县交通条件较差

浙江山区 26 县交通基础设施建设落后于苏北地区。在高铁建设方面，截至 2024 年 10 月，苏北地区下辖县（市）有 13 个县（市）通高铁，占比为 65%，而浙江山区 26 县中仅有 11 个县（市、区）通高铁，占比为 42.31%。在公路建设方面，浙江山区 26 县公路密度为全省平均值的 85%，高速公路密度为全省平均值的 62%，均低于苏北地区。县域公路等级普遍不高，特别是景宁县二级以上公路占比较低。

与苏北地区对比发现，浙江山区 26 县主要有两个方面优势：一是生态和旅游资源更丰富；二是区域协调水平更高，百姓更富裕。但也存在四个方面突出短板：一是科技创新能力较弱；二是制造业层次不够高；三是中心城市首位度较低；四是交通基础设施建设相对滞后。浙江山区 26 县要充分发挥自身优势，加快补短板强弱项，努力实现高质量发展。

二、发展建议

（一）发挥生态美优势，着力打造零碳未来花园城

发挥山区县特色生态旅游资源富集优势，以碳达峰、碳中和为契机，率先探索打造一批零碳试点，大力发展生态旅游，不断开辟"绿水青山就是金山银山"转换新通道。一是探索打造省级零碳试点。加快抢抓碳达峰、碳中和的政策支持机遇，支持山区海岛县率先探索零碳约束下的高质

量发展路径，加快打造一批零碳城市、零碳乡镇、零碳园区、零碳基金等省级试点。二是打造世界级生态旅游目的地。依托千岛湖风景区、钱江源国家公园等优质旅游资源，联动黄山风景区等，加快招引一批重大旅游项目，策划一批精品旅游线路，完善旅游交通等配套服务，着力构建以"名湖、名山、名城"为主线的世界级生态旅游目的地。三是打响生态产品价值转化品牌。加快推动丽水市建设国家级生态资产和生态产品交易中心，打造全国生态产品价值实现示范区，全力打响生态产品价值转化国字号品牌。

（二）发挥百姓富优势，积极推动浙西南地区争创国家级区域协调发展示范区

抢抓浙江高质量发展建设共同富裕示范区契机，充分发挥浙江在区域协调发展中走在全国前列，特别是山区百姓富的优势，积极推动浙西南山区争创国家级区域协调发展示范区，率先在全国探索欠发达地区共同富裕新路径。一是探索缩小地区发展差距新路径。加快实施新时代山海协作行动，不断增强山区内生发展动力。推动全生命周期公共服务优质共享，以基本公共服务均等化、标准化、优质化为导向，加快缩小公共服务差距，实现全省同标同质。二是探索缩小城乡发展差距新路径。率先在山区海岛县实施城乡集成改革试点，加快在户籍、农村土地、公共服务等方面形成一批可复制、可推广的综合集成改革标志性成果。三是探索缩小收入差距新路径。率先在山区海岛县探索开展富民增收试点，加快构建缩小居民收入差距的新政策体系，积极扩大中等收入群体规模，发展壮大村集体经济和减少低收入群体，不断增强人民群众的获得感、幸福感、安全感。

（三）补齐科技创新短板，加快构建"不求所有、但求所用"的山区创新体系

充分发挥山海协作对口支援地区的科技创新优势，探索构建山区柔性引才、用才、留才机制，加快打造一批创新载体，持续完善创新生态，使创新成为引领山区海岛县高质量绿色发展的强大引擎。一是"问海借力"构建开放创新体系。强化开放创新合作，鼓励支持山区主动对接 G60 科创走廊、城西科创大走廊建设，支持在创新资源富集区设立"科创飞地"，加快构建人才柔性引育机制，创新性设立科创分基地。二是打造山区区域科创平台。以丽水市为核心高水平打造服务浙西南科技研发、孵化、成果转化的科创中心。加大力度推进长三角（衢州）创新创业园区建设，加快布局若干区域性产业创新服务综合体。加快引进培育一批高等院校、科研院所、新型研发机构等重大科创载体。三是完善山区创新创业生态。探索建设山区人才管理改革试验区，在人才"引育留管用"等方面赋予山区县充分自主权。全面加强知识产权保护，在山区 26 县建设省级知识产权保护试点示范区。大力培育创新文化，营造鼓励创新、宽容失败的社会氛围。

（四）补齐制造业发展短板，大力发展绿色低碳工业

工业化是实现现代化必不可少的一环。充分发挥山区后发优势和生态优势，以绿色低碳为方向，大力发展生态工业，多渠道导入科技创新、数字变革、绿色低碳等新动能，把生态工业等培育成为山区绿色崛起的战略引擎。一是推动传统制造业向数字化、网络化、智能化发展。实施山区传统制造业改造提升工程，深化新一代信息技术与制造业融合发展，对制造业进行全要素、全流程、全产业链的改造。支持山区县创建省级传统制造

业改造提升标杆县（市、区）。二是积极培育发展高端制造业。围绕全省"互联网＋"、生命健康和新材料三大科创高地建设，积极培育和招引一批新型电子信息、高端医疗器械、新能源（电动）汽车等高端制造业，探索开展山区生态工业高质量发展试点建设，积极打造山区高端制造业产业集群。三是打造高能级绿色低碳产业平台。实施山区高能级产业平台建设工程，以丽水市为重点，加快谋划和建设服务全省的低碳能源中心，支持企业建设一批碳达峰、碳中和产业研究院。

（五）补齐城市化短板，打造连接长三角地区和粤港澳大湾区的中部花园城市群

以打造连接长三角地区和粤港澳大湾区的衢丽花园城市群为试点示范，积极探索县域新型城镇化发展路径，加快推进以中心城市为重要载体的新型城镇化建设。一是提升衢丽花园城市群中心城市能级。加快打造衢丽花园城市群，支持衢州打造四省边际中心城市、丽水建设"跨山统筹"试验区。实施中心城市赋能扩容升级行动，积极有序稳妥推动衢丽花园城市群有条件的县进行行政区划调整。以未来社区理念推动中心城市改造，加快完善城市水系、绿化、慢行系统。二是统筹小县大城和小城镇协调发展。提升县城综合能级，深入实施"小县大城、产城融合、组团发展"战略，加快县城向中小城市转变。开展美丽城镇建设，加快推进中心镇发展、镇级小城市培育试点建设，着力打造一批美丽城镇省级样板。

（六）补齐交通短板，加快构建内畅外联的交通体系

山区没有路，致富有难度。推动山区加快接入现代化交通网络，改变相对封闭的局面。一是提升交通外联度。以打造省域、市域、城区3个"1小时交通圈"为重点，加快高水平高速铁路网、高速公路网建设。

加快填补机场空白，完善通用机场网络，积极谋划丽水机场新建工程和推进衢州机场迁建工程。二是提升交通内畅度。加强"四沿"美丽富裕干线路和"四好农村路"建设，推动普通国省道覆盖省级中心镇，推动"四好农村路"覆盖主要景区景点和通村达组。谋划推进自然村通等级公路、有条件建制村通双车道公路。三是提升对接"四港"联动水平。加强宁波舟山港与衢州市、丽水市的协作联动，谋划推动"无水港"建设，融入宁波舟山港"出海口"。以农产品和工业制造品进出口贸易合作为重点，加强与金华义乌港联动。谋划空港联运基地建设，推进衢州机场、丽水机场空港经济区建设，加强与杭州空港、宁波空港联动发展。以农村电商平台共建为重点，加强与杭州、宁波、义乌等地跨境电商综合试验区的联动。

第五节　关注重视浙江"特殊中间型"县城的思考与建议

在共同富裕背景下，山区海岛县正成为浙江缩小区域发展差距的关注重点，但部分经济社会发展水平处于全省中游或中下游的县城，一方面，由于之前经济社会发展指标"落后"情况相对不明显，没有被列入山区海岛县范畴，无缘享受特殊扶持政策；另一方面，与发达地区相比，因其改革创新亮点和发展实绩贡献不突出，也无法享受含金量高的改革创新试点的特殊支持政策。由于扶持和支持政策都无法享受，加之自身发展动能不足，部分县城逐渐从"中间"状态掉入"落后"状态，成为"特殊中间型"县城，亟须重视和关注。

一、筛选比对"特殊中间型"县城情况

为客观筛选比对出"特殊中间型"县城,主要选择 2021—2023 年浙江省统计年鉴和相关县(市、区)统计公报的 GDP 总量、人均 GDP 和人均居民可支配收入三项综合指标数据,与山区 26 县进行比较分析,鉴于海岛地区已逐步被纳入重点支持的对象范畴,故不纳入此次筛选比对范围,具体如下。

(一)GDP 总量连续低于山区 26 县最高水平的县(市、区)

2021—2023 年,GDP 总量连续低于山区 26 县最高水平(平阳县)的非山区海岛县有桐庐县、建德市、南浔区、安吉县、新昌县、黄岩区、金东区、浦江县、兰溪市、龙港市 10 个。其中,浦江县、金东区 GDP 总量排名长期处于山区 26 县中游,且不足山区 26 县最高水平(平阳县)的50%。

(二)人均 GDP 连续低于山区 26 县最高水平的县(市、区)

2021—2022 年,人均 GDP 连续低于山区 26 县最高水平(柯城区)的非山区海岛县有德清县、龙湾区、吴兴市、桐乡市、越城区、海宁市等 33 个县(市、区)①。其中,2021 年与山区 26 县人均 GDP 最高水平(柯城区 112213 元)差距最大的为浦江县(56806 元),其人均 GDP 仅约为柯城区的 50%;2022 年与山区 26 县人均 GDP 最高水平(柯城区 121492 元)差距最大的为金东区(58136 元),其人均 GDP 不足柯城区的50%。

---

① 鉴于部分地区 2023 年未发布人均 GDP 数据,故选择"十四五"时期 2021—2022 年数据进行分析。

（三）全体居民人均可支配收入连续低于山区 26 县最高水平的县（市、区）

2021—2023 年，全体居民人均可支配收入连续低于山区 26 县最高水平（柯城区）的非山区海岛县有龙港市、奉化区、临海市、建德市、金东区、浦江县、兰溪市等 47 个。其中，2021—2023 年与山区 26 县全体居民人均可支配收入最高水平（柯城区）差距最大的均为兰溪市，其全体居民人均可支配收入连续 3 年均不足柯城区的 80%，在山区 26 县中居中等偏后位置（见表 3-2）。

通过筛选比对，初步确定三个方面都落后于山区 26 县最高水平的建德市、龙港市、金东区、浦江县和兰溪市 5 个县（市、区）为需要加快发展的"特殊中间型"县城。

二、"特殊中间型"县城形成的原因分析

（一）资源和区位条件约束与山区 26 县相似

从地理位置上看，"特殊中间型"县城多数位于金衢盆地北侧边缘，除浦江县外，均毗邻山区 26 县，资源禀赋和区位条件与山区 26 县有诸多相似之处。一是山地丘陵广布，金华山脉、浦东山脉等山脉连绵接续，地势崎岖，土地开发难度较大，可用土地面积较少。二是多位于钱塘江、新安江干支流域，兰江、婺江等江河萦纡，水源地生态环境保护任务艰巨，产业发展限制较多。三是交通通达度有待提升，现代交通设施建设仍需完善。比如，兰溪市、浦江县仍未建成高铁站，难以快速融入中心城市发展。

表3-2　"特殊中间型"县城GDP、人均GDP、全体居民人均可支配收入基本情况（2021—2023年）

序号	县（市、区）	2023年						2022年						2021年					
		GDP		人均GDP		全体居民人均可支配收入		GDP		人均GDP		全体居民人均可支配收入		GDP		人均GDP		全体居民人均可支配收入	
		数值（亿元）	在山区26县中排名	数值（元）	在山区26县中排名	数值（元）	在山区26县中排名	数值（亿元）	在山区26县中排名	数值（元）	在山区26县中排名	数值（元）	在山区26县中排名	数值（亿元）	在山区26县中排名	数值（元）	在山区26县中排名	数值（元）	在山区26县中排名
1	建德市	450.11	6	101261	2	50907	6	433.54	5	97425	2	48514	5	430.60	5	97091	2	46282	4
2	龙港市	409.49	6	87034	7	58048	2	370.14	7	79005	8	53982	2	340.34	7	73002	10	50619	2
3	金东区	320.88	12	62066	24	49613	7	300.27	11	58136	23	46752	7	295.25	10	57684	22	45279	5
4	浦江县	291.46	15	62943	24	49877	7	274.76	15	59407	22	46581	7	262.30	15	56806	22	44281	7
5	兰溪市	496.75	5	85943	9	43601	17	465.05	5	80543	8	40935	17	448.02	5	77667	7	38272	17

注："在山区26县中排名"数据均为将表格第二列5个县（市、区）单独放入山区26县（市、区）中的排名结果。

资料来源：2022—2023年浙江省统计年鉴、2021—2023年相关县（市、区）统计公报及网络数据。

（二）抢抓关键变量率先实现转型发展变革能力不足

在以数字经济、高新技术为主的时代，"特殊中间型"县城仍然以传统产业为主，没有及时把握科技、数字经济等关键变量，新旧动能的接续转化不够充分。一是产业没有搭上科技、数字经济"技术便车"。纺织、化工等传统产业的占比较高，智能化改造滞后。比如，建德市 2023 年非金属矿物制品业、化学原料和化学制品制造业、橡胶和塑料制品业占规上工业增加值的比重分别为 18.8%、18.1% 和 10.5%，纺织行业、金属制品业（五金工具）、电气机械及器材制造业（低压电器）三大行业发展速度低于工业整体发展水平，尚未实现由"加工制造"向"研发智造"转型。二是发展路径还不太清晰。例如，20 世纪 80 年代兰溪市国企林立，被称为"小上海"，但近些年，在国企改制方面兰溪市暂未找到一条更好的发展路径。三是创新力量还比较薄弱。科技型企业数量严重不足，缺乏外来资源及高层次人才支撑，没有前沿科技领域的重大突破。

（三）在区域格局调整中未找准城市特色功能定位

随着科技、重大交通枢纽等条件变化，区域发展格局也顺应改变。特别是，随着国内国际双循环、长三角一体化、义甬舟开放大通道等区域格局重大调整，区域发展格局面临重塑。但从"特殊中间型"县城来看，在大变局中，其城市特色功能定位还没有找准。例如，兰溪市取得的辉煌成就很大程度上得益于当时的区位优势，明代时该地区就有通达杭州、上海、金华、衢州等地的多条航线，千年商埠的形成就是受益于得天独厚的水运经济，但近年来，因交通基础设施建设相对滞后，区位优势逐渐弱化，经济发展水平也相对滞后。

（四）政策红利的赋能支撑力度不够

近年来，浙江省委、省政府高度重视山区 26 县和海岛地区发展，从政策、平台、要素等方面给予了有力的支持。"特殊中间型"县城的经济发展水平与山区 26 县相当，但很少享受与山区 26 县类似的政策倾斜，加之政府财力、科技资源等要素不足，在市场机制的驱使以及发达地区极化效应综合作用下，自身优势日趋弱化，与发达地区发展差距逐渐拉大，在各类督查激励、改革试点等方面往往难以与发达地区竞争比拼，导致其难以获得更多有效的激励政策支持。

三、加快"特殊中间型"县城高质量发展的建议

（一）突出变革重塑，以"自我变革"之魄力加快推进高质量发展

"特殊中间型"县城要实现赶超发展，在县域经济发展中不落伍、不掉队，需要发扬勇于自我革命精神，主动作为，实现"凤凰涅槃"。一是在区域格局变化中谋划发展新方位。积极融入国家、省域发展大格局，在区域发展格局中谋划发展新思路，找准发展新方向，特别是要结合金衢丽产业带打造以及杭州、金义都市区建设等谋划新发展方位。二是花大力气培育标志性、特色性产业。依托产业基础，通过延链补链拓链等，加快培育具有本地标识的特色产业，做强产业基础，增强发展后劲。三是聚力打造高能级平台。推动区域发展，拥有高能级平台是关键，要结合新发展阶段和新形势，根据各县实际谋划若干高能级平台，成为承载产业、人口、创新的重要载体。

（二）突出政策赋能，加强对"特殊中间型"县城的政策支持

目前，省级层面已为山区海岛县量身定制了一系列精准支持政策，给予了山区海岛县强大的发展动力支撑。但建德市、龙港市、金东区、浦江县和兰溪市等一批"特殊中间型"县城，自身发展动能不足，又长期缺少支持政策"关注"，发展陷入瓶颈。建议加大对"特殊中间型"县城在山海协作、交通基础设施建设、发展用地保障、农业农村和林业发展、生态保护、金融等方面的政策支持力度，助推其加快实现高质量发展，确保共同富裕道路上"一个都不掉队"。

（三）突出强富结合，着力增强区域竞争力和群众获得感

在推动"特殊中间型"县城高质量发展过程中，既要重视不断提升县域综合实力，又要与富民相结合，更加注重提升群众获得感，通过设计有效工作载体加快提升居民收入、增加优质公共服务供给。一是谋划设计由弱到强的战略路径。保持发展定力，咬定做大"蛋糕"的目标不动摇，持续增强区域发展实力，为区域竞争力的提升注入动力。二是谋划设计富民载体和机制。系统谋划推进创新创业载体建设和富民机制设计，千方百计培育壮大市场主体，拓宽老百姓增收渠道。三是持续增强群众获得感。在不断增强县域综合实力基础上，以教育、医疗等优质公共服务优化配置为重点，加大优质公共服务供给力度，不断增强群众获得感。

第四章

新时代推动城乡融合缩小城乡差距

　　促进城乡融合发展已成为推进中国式现代化的必然要求。本章将深入剖析新时代背景下，如何借鉴习近平总书记在浙江工作期间积累的宝贵经验，以更加科学、系统的方法探索和实践缩小城乡差距的路径。同时，围绕打造城乡协调发展引领区，深入研究以县城为重要载体的城镇化建设新动向，进一步深化"千村示范、万村整治"工程，创新一系列旨在打破城乡二元结构、促进资源均衡配置的举措，以期为缩小城乡差距、促进城乡共同繁荣发展奠定坚实基础。

第一节 缩小城乡差距探索与实践的经验启示

一、从思路理念上看，坚持城乡"一盘棋"系统思维，始终把城乡发展作为一个整体加以谋划、推进和实施

城乡二元结构的形成有其特定的社会历史根源，在此基础上形成的城乡差距，是共同富裕道路上的"拦路虎"。对于如何改变农村发展的薄弱局面，习近平总书记始终从全局高度进行考虑，不是就农村而谈农村，而是统筹城乡发展，把城乡发展作为一个整体予以总体谋划设计。他强调，"五个统筹"中摆在首位的就是要统筹城乡发展①。他还指出，要把农村和城市作为一个有机统一的整体统筹协调，充分发挥城市对农村的带动作用和农村对城市的促进作用，形成以城带乡、以工促农、城乡互动、协调发展的体制和机制②。他强调"城市与农村、农业与二三产业之间有着非常紧密的依存关系"③。这种关系是把城乡发展作为一个整体推进实施的重要前提。在统筹城乡发展中，短板在农村。在城市快速发展的同

---

① 习近平：《干在实处 走在前列——推进浙江新发展的思考与实践》，中共中央党校出版社 2006 年版。

② 习近平：《之江新语》，浙江人民出版社 2013 年版。

③ 中央农村工作领导小组办公室、上海市委农村工作办公室：《习近平总书记在上海工作期间对推动"三农"发展的思考与实践》，《求是》，2018 年第 20 期。

时，针对城乡差距不断扩大的趋势，他作出了统筹城乡发展、推进城乡一体化的战略决策和部署，启动了"千村示范、万村整治"等统筹城乡发展的多项工程，有效促进了城市基础设施向农村延伸，城市公共服务向农村覆盖，城市现代文明向农村辐射①。推进共同富裕，亦是如此。促进共同富裕，最艰巨最繁重的任务仍然在农村。如何让农村在共同富裕的道路上不掉队，推动城市与农村一体发展是推进共同富裕的题中应有之义。

城乡"一盘棋"理念，还体现在习近平总书记推进城乡一体化的探索中，他提出具体思路：整体推进城乡产业结构战略性调整，着力形成一、二、三产业协调发展的新格局；整体推进城乡就业结构战略性调整，着力形成城乡一体的就业新格局；整体推进城乡规划建设与生态环境建设，着力形成城乡建设互动共进的新格局；整体推进发达地区加快发展与欠发达地区跨越式发展，着力形成先富带后富、区域协调发展的新格局；整体推进城乡社会保障和公共服务体系建设，着力形成经济发展与社会进步相互促进的新格局；整体推进城乡配套改革，着力形成统筹城乡发展的新体制②。这一决策部署覆盖城乡规划、产业发展、公共服务等领域，充分体现出了全局性、整体性和系统性的特点，既包含了推进目标，又明确了具体举措。在考虑物质文明发展的同时，还前瞻性考虑城乡精神文明发展问题。他明确指出，"物质文明的发展会对精神文明的发展提出更高的要求，同时精神文明的发展又会成为物质文明建设的动力，尤其是经济的多元化会带来文化生活的多样化，只有把精神文明建设好，才能满足人民群众多样化的精神文化生活需求"③。习近平总书记将全局性、系统性思维理念贯

---

①② 习近平：《干在实处 走在前列——推进浙江新发展的思考与实践》，中共中央党校出版社 2006 年版。

③ 习近平：《之江新语》，浙江人民出版社 2013 年版。

穿到实现共同富裕全过程中。"在高质量发展中促进共同富裕""全体人民共同富裕是一个总体概念,是对全社会而言的,不要分成城市一块、农村一块,或者东部、中部、西部地区各一块,各提各的指标,要从全局上来看"① 等论断,充分显示了统筹全局的战略谋划能力。

不谋全局者不足以谋一域,不谋万世者不足以谋一时。习近平总书记始终坚持系统观念的实践启示我们,在统筹城乡发展过程中,城乡各项工作、各类要素相互交织,牵一发而动全身,必须坚持和运用系统思维,既要树立全局意识、协同意识,注重推进城乡经济、政治、文化、社会、生态文明等各方面的创新举措良性互动、协同配合和有机衔接,又要注意区分层次、分类指导,把顶层设计、总体目标和具体的任务分解结合起来,做到"立治有体、施治有序",才能形成强大合力,将城乡共富事业顺利向前推进。

二、从战略遵循上看,坚持走新型城市化道路,始终把以城带乡、以工促农作为基本遵循

城市化是工业化进程中生产力和人口的空间布局不断优化的过程,是推动"三农"发展的强大动力。习近平总书记对城市化发展规律有着深刻把握,高度重视新型城市化对于城乡协调发展和实现共同富裕的推动作用。2006 年 8 月,浙江省委、省政府召开全省城市工作会议,习近平同志首次提出"坚定不移地走新型城市化道路",强调"坚持统筹发展、集约发展、和谐发展、创新发展""进一步优化城镇体系,完善城乡规划,提升城市功能,加强城市管理,创新发展机制,走资源节约、环境友好、经济高效、社会和谐、大中小城市和小城镇协调发展、城乡互

---

① 习近平:《扎实推动共同富裕》,《求是》,2021 年第 20 期。

促共进的新型城市化道路"①。同年 8 月，浙江省委出台了《关于进一步加强城市工作走新型城市化道路的意见》，重点围绕优化城镇体系、完善城乡规划、提升城市功能等，提出要走城乡互促共进的新型城市化道路。在实现共同富裕过程中，以习近平同志为核心的党中央高度重视新型城镇化工作，明确提出推进以人为核心的新型城镇化②，这是党中央在深刻把握我国城镇化发展规律的基础上作出的重大战略部署，为今后一个时期推进新型城镇化工作指明了前进方向、提供了基本遵循。

凡事循理而行，无不成也。习近平总书记善于把握客观规律和趋势特点的经验启示我们，要顺应城市化发展的趋势和规律，走城乡一体、融合互促、共兴共荣的共同富裕发展道路。这一规律把握，充分彰显了习近平总书记遵照客观规律谋划发展的战略决策能力。

三、从方法路径上看，坚持善用"两点论"，始终把城乡规划共谋、产业共兴、生态共治、交通共网、设施共建、服务共享作为最重要的方法手段

城市是引领、辐射和带动乡村发展的发动机，乡村则是支撑城市发展的重要依托和土壤。经济社会兼具城镇经济社会和农村经济社会双重特性，推动经济社会发展既要依托城市发展，又要寄希望于乡村发展，二者缺一不可。城乡发展不是独立的，既需要城市、乡村一起抓，又需要在通盘考虑的前提下，抓住主要矛盾和矛盾的主要方面，率先突破重要领域和关键环节。习近平总书记既大力推进城市化进程，又聚焦重

---

① 袁卫：《新型城市化在浙江的先行实践——浙江新型城市化发展十年综述》，人民网 – 中国共产党新闻网，2016 年 8 月 24 日。

② 《中共中央政府局召开会议 讨论当前经济形势和下半年经济工作 中共中央总书记习近平主持会议》，新华社，2013 年 7 月 30 日。

点、靶向发力，同步推进乡村发展。一方面，持续大力推进城市化，支持杭、甬、温三大中心城市加快发展，积极培育浙江中西部中心城市，加快县城和中心镇建设，使其成为吸纳农村人口和生产要素的重要载体。另一方面，大力实施"千村示范、万村整治"工程，以中心村和示范村建设为重点，全面推进农村新社区建设。加大农村基础设施和生态环境建设投入，大力开展村庄环境整治，切实解决农村环境脏乱差的问题[1]。在发展农村经济方面，他提出要培育一批市场对路的特色产业，做大做强农业龙头企业，充分发挥龙头企业的带动作用，使之成为农民与市场的纽带，成为农民利益的共同体[2]。实现城市和乡村的共同繁荣是共同富裕的基本要求，也充分体现了"两手都要抓"和"重点突破"的方法论。

习近平总书记善用"两点论"方法的实践启示我们，城市和乡村建设相互统一、不可分割，既要把乡村和城市作为一个有机统一的整体加以统筹协调，又要聚焦重点，找出关键环节、关键点位、关键堵点，集中力量突破攻坚，以点带面解决矛盾问题。

四、从创新突破上看，坚持破除城乡二元的体制性机制性障碍，始终把建立健全缩小城乡差距的长效体制机制作为破题关键

城乡二元结构是制约城乡一体化发展的主要障碍，体制机制创新则是破除城乡二元结构的关键所在。习近平总书记特别注重破除旧体制、建立新机制，始终坚持把破除城乡二元结构的体制性障碍作为促进城乡一体化的关键。他首先提出要在深化改革中破除阻碍城乡一体化的

---

[1][2] 习近平：《干在实处 走在前列——推进浙江新发展的思考与实践》，中共中央党校出版社 2006 年版。

体制性障碍。他提出"务必改革开放促'三农'"，强调"就是要以开放促发展，大力实施'走出去''引进来'的战略，不断拓展'三农'发展新空间"[①]。这一时期，他就已经主要围绕促进城乡一体化进行制度创新，特别是把通过市场化改革来消除影响和束缚"三农"发展的制度障碍作为重中之重，并通过推进农村人口城市化，形成让农村资源要素优化配置、农村经济增长方式加快转变、农村财富源泉充分涌流的发展体制和机制。推进共同富裕过程中，城乡要素流动不顺畅、公共资源配置不合理等问题依然突出，影响城乡融合发展的体制机制障碍尚未完全消除，必须在深化改革中破除阻碍城乡融合发展的体制性障碍。为此，习近平总书记提出"不断破解城乡二元结构"[②]"缩小城乡差距"[③]"完善城乡融合发展体制机制"[④]等重要论断，体现了破除城乡二元体制障碍始终是缩小城乡差距，促进城乡共同富裕的关键突破口。这些经验和方法，为进一步促进城乡共同富裕明确了突破口和政策指向。

习近平总书记始终向改革创新要动力的实践启示我们，打破城乡二元结构的关键在于融合，融合的关键在于建立一套一体化的体制机制，这既是在实践中得出的宝贵经验，也是根据中国的国情，为探索城乡共富之路提供的中国答案。尽管促进全体人民共同富裕是一项长期任务，面临方方面面的诸多问题，但只要坚持以改革的思维谋划推进体制机制创新，就能加快破除城乡、区域发展和收入分配差距较大等障碍藩篱，不断实现人民群众对美好生活的向往。

---

① 习近平：《干在实处 走在前列——推进浙江新发展的思考与实践》，中共中央党校出版社 2006 年版。

② 《深入推进城乡融合发展 促进城乡共同繁荣》，《人民日报》，2024 年 9 月 25 日。

③ 《坚定信心保持定力 稳扎稳打善作善成 推动雄安新区建设不断取得新进展》，《人民日报》，2023 年 5 月 11 日。

④ 习近平：《在党的二十届三中全会第二次全体会议上的讲话》，《求是》，2024 年第 18 期。

五、从根本目标上看，坚持共同富裕路上"一个都不能少"的为民情怀，始终把推进城乡基本公共服务均等化作为最重要的落脚点

城乡基本公共服务均等化水平反映城乡协调发展的情况，是衡量城乡共同富裕的重要指标。习近平总书记始终坚持一切为了人民，把促进全体人民共同富裕作为为人民谋幸福的着力点[1]。习近平总书记的为民情怀体现在始终注重城乡居民生活水平提升，持续强化农村基础设施和公共服务建设，并把其作为缩小城乡差距的重要抓手。他提出，建设小城镇和新农村过程中，要高度重视农村的公共基础设施和公共服务问题，强调要发展农村的公共服务，服务业不能全部都针对城市，首先要把农村医疗服务搞起来，同时要搞好农村文化、体育工作，以不断提高农村生活质量[2]。在完善农村交通方面，在他的亲自推动下，浙江在 2003 年率全国之先启动"乡村康庄工程"，推进农村公路建、管、养、运一体化，着力建设覆盖全省乡村、圆百姓小康梦的康庄大道。他提出，建立和完善以失地农民基本生活保障、农村最低生活保障、农村新型合作医疗、农村孤寡老人集中供养和困难家庭子女免费上学等农村社会保障和救助体系[3]。在推进共同富裕过程中，习近平总书记特别强调"促进基本公共服务均等化"，提出"要加大普惠性人力资本投入""要完善养老和医疗保障体系""要完善兜底救助体系""要完善住房供应和保障体系"[4]。这体现了共同富裕路上"一个都不能少"的为民情怀，彰显了共同富裕的价值指向，为打牢共同富裕的民生保障底板提供了理论支撑。

习近平总书记的为民情怀启示我们，人民是共同富裕的实践主体，

---

①④　习近平：《扎实推动共同富裕》，《求是》，2021 年第 20 期。
②③　习近平：《干在实处 走在前列——推进浙江新发展的思考与实践》，中共中央党校出版社 2006 年版。

围绕促进共同富裕所实施的工作重点必须始终坚持以人民为中心，要围绕人民群众最关心、要求最迫切的领域，把持续推进城乡基本公共服务均等化、优化农村软硬环境作为提高城乡居民生活水平最重要最具体的落脚点之一，不断增强人民获得感、幸福感、安全感，满足人民对美好生活的向往。

第二节　新时代推进以县城为重要载体的城镇化建设实践

一、城镇化建设与缩小城乡差距

推进以县城为重要载体的城镇化建设是缩小城乡差距的重要途径。在经济层面，有利于产业集聚与升级、增加就业机会。城镇化建设有助于推动县城产业结构的优化升级，形成具有竞争力的产业集群。这不仅可以提高县城的经济实力，还可以通过产业链延伸和辐射效应带动周边乡村的经济发展。同时，县城经济的发展和产业集聚，将创造更多的就业机会，吸引农村剩余劳动力向县城转移。这有助于提高农村劳动力的就业率和收入水平，缩小城乡收入差距。在社会层面，有利于促进基本公共服务均等化、提升人口素质。城镇化建设往往伴随着公共服务水平的提升和范围的扩展。通过加强县城的教育、医疗、文化等公共服务设施建设，可以提高公共服务供给水平，促进城乡基本公共服务均等化，缩小城乡社会差距。同时，农村人口向县城转移，将有机会接受更好的教育和培训，提高自身素质和技能水平。这将有助于增强其在劳动力市场的竞争力，进一步缩小城乡发展差距。在空间层面，有利于空间布局优化和基础设施完善。通过推进县城城镇化建设，可以优化城镇空间布局，提高土地利用效率。这有助于缓解农村人口过度集中带来的资源环境压力，促进城乡空间的合理布局和协调发展。同时，加强县城基础设施建设，如交通、通信、供水、供电等，可以提高县城的承载能力和宜居性。这将有助于吸引更多农村人口向县城集聚，促进城乡融合发展。

二、实施背景与主要目标

党的二十大报告指出，"推进以人为核心的新型城镇化，加快农业转移人口市民化""以城市群、都市圈为依托构建大中小城市协调发展格局，推进以县城为重要载体的城镇化建设"。县城作为我国城镇体系的重要组成部分，是城乡融合发展的关键支撑。推进县城建设，有利于引导农业转移人口就近城镇化，完善大中小城市和小城镇协调发展的城镇化空间布局，对提升城市能级、扩大内需、满足人民美好生活需要等具有重要意义。2022 年，中共中央办公厅、国务院办公厅印发了《关于推进以县城为重要载体的城镇化建设的意见》，明确提出要推进以县城为重要载体的城镇化建设，以缩小城乡差距，推动城乡融合发展。2023 年，浙江积极响应国家政策，结合本省实际制定了《关于推进以县城为重要载体的城镇化建设的实施意见》，明确要统筹县城生产、生活、生态、安全需要，推进产业配套设施提质增效、市政公用设施提档升级、公共服务设施提标扩面、环境基础设施提级扩能，全面提升县城综合承载能力，加快推进农业转移人口市民化。

浙江推进以县城为重要载体的城镇化建设是一个全面、系统且具有前瞻性的战略部署，旨在通过一系列措施实现县城经济社会的全面发展和城乡居民生活质量的显著提升。从具体目标来看，浙江推进以县城为重要载体的城镇化建设的总体要求是到2027年，水电路气等基础设施进一步完善，公共服务供给不断优化，人居环境质量持续提升。到2035年，基本建成各具特色、富有活力、宜居宜业的和美县城，县城综合承载能力与经济社会发展相适应。这些目标体现了浙江在推进县城城镇化建设过程中的阶段性任务和长远愿景，旨在通过持续的努力，实现县城经济社会的全面发展和城乡居民生活质量的显著提升。从基本导向来看，浙江推进以县城为重要载体的城镇化建设本质还是强调高质量发展。浙江在推进县城城镇化建设过程中，注重提升县城的综合承载能力和发展质量，通过优化产业结构、完善基础设施、提升公共服务水平等措施，推动县城经济社会的全面发展，实现高质量发展目标。从全新要求来看，浙江推进以县城为重要载体的城镇化建设主要体现在绿色发展、改革创新、文化传承、安全韧性等方面。在绿色发展方面，注重生态环境保护和可持续发展，推动绿色低碳城市建设；加强生态文明建设，提升县城生态环境质量。在改革创新方面，注重深化户籍制度、土地制度、投融资体制等改革；鼓励创新驱动发展，培育新动能；推动城乡融合发展体制机制创新。在文化传承方面，注重加强历史文化资源保护利用；传承发展非物质文化遗产；打造具有地方特色的文化品牌和文化产业体系。在安全韧性方面，注重构建更具韧性的公共安全与应急保障网络；提升县城应对自然灾害和突发公共事件的能力；加强城市安全管理和风险防控体系建设。

三、将以县城为重要载体的城镇化建设试点作为突破口

浙江以县城为重要载体的城镇化建设试点是浙江省政府为推进城镇化

进程、提升县城承载能力而实施的一项重要举措。通过试点建设，将探索出符合浙江特色的城镇化发展路径和模式，为其他县城提供可借鉴的经验做法。2023 年 5 月，经省政府同意，浙江省发展改革委公布了以县城为重要载体的城镇化建设试点名单，具体包括：衢州市全域、桐庐县、淳安县、慈溪市、乐清市、瑞安市、苍南县、德清县、嘉善县、海盐县、诸暨市、新昌县、义乌市、仙居县、云和县。选择这些试点县城，既考虑了地域分布的均衡性，也兼顾了不同县城的特色和优势，旨在通过试点探索出具有浙江特色的城镇化发展路径。从试点目标来看，试点县城将围绕以下目标展开工作。一是提升县城承载能力。通过加强基础设施建设、优化城镇空间布局、提高公共服务水平等方式，提升县城对人口和产业的吸引力与承载力。二是促进城乡融合发展。推动城乡要素自由流动和平等交换，促进公共资源在城乡间均衡配置，缩小城乡发展差距。三是探索新型城镇化模式。结合各县城自身实际情况，探索出符合当地特色的新型城镇化发展路径和模式。从试点任务来看，试点县城将重点围绕以下任务展开工作。一是推动农业转移人口市民化。通过改革户籍制度、提供社会保障等方式，促进农业转移人口在县城的落户和市民化进程。二是加强要素市场化配置。推动土地、资本、劳动等生产要素在城乡间的自由流动和优化配置，提高资源配置效率。三是促进城乡基本公共服务均等化。加强县城的公共服务设施建设，提高公共服务水平，确保城乡居民能够享受到均等化的基本公共服务。四是加强投融资机制创新。探索多元化的投融资机制，吸引更多的社会资本参与县城建设和城镇化进程。五是深化强镇扩权改革。赋予一些经济实力强、发展潜力大的城镇更多的权力和资源，推动其发展成为小城市或副中心城市。

试点建设预期将取得以下成果。一是形成可复制、可推广的经验做法。各试点县城将根据自身实际情况探索出符合当地特色的城镇化发展路径和模式，为其他县城提供可借鉴的经验做法。二是显著提升县城承载能力。试点县城的基础设施将得到完善，城镇空间布局将更加优化，公共服务水平将显著提高，从而吸引更多人口和产业向县城集聚。三是促进城乡融合发展。试点县城将推动城乡要素自由流动和平等交换，促进公共资源在城乡间均衡配置，进一步缩小城乡发展差距。

四、典型案例：衢州市常山县试点建设思考与启示

常山县是浙江山区 26 县之一，不仅常住人口城镇化率低于山区 26 县平均水平，而且与衢州市其他县（市、区）相比，其常住人口城镇化率也处于末位，亟须加快锻长板、补短板和强弱项。

（一）常山县城镇化建设的"四大特征"

一是从常住人口城镇化率看，常山县人口少、城镇化率低。根据第七次全国人口普查（以下简称"七普"）数据，在衢州六个县（市、区）中，常山县常住人口为 25.99 万人，排名第五，常住人口城镇化率为 49.12%，排名第六。常山县常住人口和常住人口城镇化率排名均居衢州市末位，表明常山县城能级还较低，集聚外来人口和农业转移人口能力不强。二是从综合实力保障支撑看，常山县经济体量小、服务设施弱。在经济支撑方面，2022 年，常山县 GDP 为 200.6 亿元，刚刚突破 200 亿元，仅比开化县略高，排名全市第五，经济高质量发展对推进以县城为重要载体的城镇化建设支撑作用还有待增强。在交通基础设施支撑方面，2022 年常山县拥有公路总里程 1145.71 千米，仅高于柯城区。在公共服务支撑方面，2022 年常山县每千常住人口拥有注册护士数为 3.3 人，排名相对靠后。常山县拥有普通高中、初中、中等职业教育学校、小学、幼儿园等教育机构数量为

98所，居衢州市末位，公共卫生、医疗服务和教育保障水平仍然较低，与人民群众的期望相比，还存在一定差距（见表4-1）。三是从空间区位特点看，常山县兼具"四省边际"和"山区"两大特点。常山县城镇化建设特点鲜明，既是浙江山区26县之一，也是闽、浙、赣、皖四省边际地区，因此与一般平原地区和单一行政区的城镇化相区别。在推进以县城为重要载体的城镇化建设过程中既要立足四省边际特点，发挥边际开放优势，以产业协同、创新协同、设施协同和生态协同等为着力点，加快建设一批标志性协作工程，为打造"浙西第一门户"提供支撑；也要立足山区特点，加强山海协作，以山水融合为特色，持续推进易地搬迁、大搬快治、大搬快聚等重大工程。四是从城镇化建设基础看，常山县的探索有特色、有亮点。常山县一直在积极探索具有常山县特色的新型城镇化新路径，并已取得一些亮点成果。如持续擦亮"一切为了U"城市品牌，不断丰富品牌内涵，初步形成以品牌建设优化城市营商环境的新模式。狠抓城市工业产业平台建设，加强产业培育，提出"五个一"（一只果、一张纸、一方石、一片芯、一滴油）产业发展新模式。在人口集聚方面，创新出台"集聚券"政策，农村村民自愿退出农村宅基地，可凭"集聚券"在"一城两区三镇"中自行选购商品房，让更多农民进城，形成变"村民"为"居民"的新模式。

表 4-1 衢州市城镇化建设情况

地区	"七普"常住人口（万人）	常住人口城镇化率（%）	GDP（亿元）	公路总里程（千米）	每千常住人口拥有医疗卫生机构床位数（张）	每千常住人口拥有注册护士数（人）	学校数（包括普通高中、初中、中等职业教育学校、小学、幼儿园）（所）
柯城区	52.88	76.73	651.2	738.20	—	—	137
衢江区	37.39	—	291.0	1780.58	—	—	113
江山市	49.44	58.51	381.3	1871.32	5.1	3.4	143
常山县	25.99	49.12	200.6	1145.71	6.0	3.3	98
开化县	49.44	50.63	181.3	1629.38	—	—	113
龙游县	36.02	51.58	298.7	1569.87	5.1	3.0	105

资料来源：2023 年衢州市统计年鉴、2022 年衢州市各县（市、区）统计公报、第七次全国人口普查数据等。

（二）常山县试点建设总体思路

常山县试点建设重点坚持"1234"总体思路。"1"即围绕一个目标。常山县推进以县城为重要载体的城镇化建设要围绕全面提升县城综合承载能力这一总目标，立足常山县特色，结合常山县经济社会发展基础，重点在县城产业配套设施、市政公用设施、公共服务设施和环境基础设施等方面补齐短板弱项，加快提升县城发展质量，更好满足人民群众生产、生活、生态、安全需要，努力建成具有特色、富有活力、宜居宜业的现代化县城。"2"即立足两大特点。常山县城镇化建设特点鲜明，既是山区县，也是四省边际地区，与一般平原地区和单一行政区的城镇化不同。在推进城镇化建设过程中既要发挥边际开放优势，也要立足山区特点，同时加强山海协作，携手打造"山海共富"合作典范。"3"即确立"三大定位"。一是争当省际边界新型城镇化范例。聚焦服务支撑衢州四省边际中心城市建设，锚定打造"浙西第一门户"目标，充分发挥四省边际优势，积极探索省际边界地区的农业转移人口市民化、综合交通建设、现代产业体系构建、创新协同布局、开放协作交流、民生事业共建共享和生态共保等方面的新模式、新路径，努力为省际边界地区新型城镇化建设提供县城范例。二是建设山区 26 县新型城镇化样板。树立标杆意识，强化担当作为，立足常山特色资源禀赋，坚持错位发展、差异竞争，持续擦亮"一切为了 U"城市品牌，加快探索以"两柚一茶"为重点的特色生态产业聚人、富民、强城新模式，努力建设成为特色彰显、示范引领的山区 26 县新型城镇化样板。三是打造现代山水公园城市典范。围绕"打造颜值、内涵、活力兼具的山水公园城市"这一总目标，依托得天独厚的山水资源优势，坚持绿色发展，强化数字赋能，深入融合"宋诗之河"文化，高规格谋划、大手笔建设、严标准经营，着力打造成为绿色智能、山水相融、生态宜居的现代化山水公园城市新典范。"4"即提升四种能力。一是提升产业平台带动能力。持续推进高端装备零部件、"两柚一茶"等特色主导产业高质量发展，进一步推动县城产业平台能级提升，优化县城商贸流通网络，着力增强龙头企业竞争力，着力提升创业就业带动作用。二是提升基础设施支撑能力。加快建立外联内畅的高效便捷立体交通圈，进一步完善供水、供电、供气等市政管网和地下综合管廊建设，加快改造整治县城老旧小区，着力为县城居民营造便捷、安全、舒适、美观的生产生活空间。三是提升公共服务保障能力。围绕满足各年龄段人民对美好生活的向往，进一步强化县城公共服务供给能力建设，努力实现"幼有所育""学有所教""病有所医""老有所养""住有所居""弱有所扶"。四是提升生态、人文环境承载能力。加强生态环境保护修复，深化水、大气、土壤污染防治，完善生活垃圾和污水收集处理体系，持续改善生态环境质量。以宋韵文化独特魅力铺陈城市底色，持续深挖"宋诗之河"文化精神内核，加快推动宋诗文化元素在产业、城市、场景之间相互交融，实现"宋诗之河"文化强心铸魂。

（三）常山县推进以县城为重要载体的城镇化建设的"五点建议"

常山县推进以县城为重要载体的城镇化建设要进一步围绕全面提升县城综合承载能力这一总目标，加快找准常山县新时代目标方位和工作着力点，着力补短板、强弱项和提质量。

一是聚焦产业聚人，夯实产业经济硬支撑。常山县要始终坚持"以业聚人、以人兴业、以业兴城"的理念，一心一意做强城镇化建设"动力源"。进一步做大做优做强高端装备零部件和"两柚一茶"特色农产品深加工两大特色主导产业，加快实施产业链强链补链延链工程，重点打造高端轴承、果汁饮料、中药材深加工及油茶加工等产业集群，加快做好生活性、生产性服务配套，壮大"链主"企业、龙头企业，培优"专精特新"中小企业。推动数字技术与特色产业深度融合，全面提升"两柚一茶"等特色产业生产智能化、经营网络化、管理高效化、服务便捷化水平。加快建设高能级产业、创新等平台，不断激发人才创新创业活力，增强产业发展潜力与实力，提升集聚人口与人才能力，使更多人愿意来和愿意留。

二是聚焦品牌凝心，打造县城最优营商环境。常山县要充分发挥城市品牌凝聚共识、团结人心的积极作用，持续以城市品牌建设引领最优营商环境打造。即持续探索以"一切为了U"城市品牌建设引领常山最优营商环境打造的路径，通过把"一切为了U"城市品牌融入城市建设、"双招双引"、产业发展、文化旅游推广、政务服务等各领域，持续扩大"一切为了U"城市品牌知名度，不断提升企业、人才、居民等对常山县品牌的认同感和参与感，推动形成公正高效的政府服务精神，切实形成"一切为了U"的县域文化氛围和精神风貌，着力培育包含居民、人才、企业等服务主体的"一切为了U"的城市文化特质。

三是聚焦开放提能，促进资源要素汇聚和融入价值链高端。常山县要立足山区和四省边际基础特点，因地制宜推进以县城为重要载体的城镇化建设。立足"浙西第一门户"和山海协作优势，打造山区高水平对外开放县域示范。一方面，以浙赣（衢饶）省际边界合作示范区建设为契机，着力探索突破跨行政区域合作体制机制障碍，聚焦产业合作、创新制胜，强化补短板、强弱项，打造高端装备制造、新材料、数字经济等数字产业，探索跨省平台共建、交通互联、产业升级、项目招引以及供水、供气、供电等领域的合作，努力在省际平台共建领域率先探索具有普遍意义的省际地区合作新范式。另一方面，持续念好新时代"山海经"，重点围绕生态价值转化、产业平台共建、创新协同共同体建设、"飞地"建设等领域，积极探索形成优势互补、互利共赢的新时代山海协作新模式。

四是聚焦设施强基，补齐设施服务短板。常山县要聚焦增进民生福祉、改善人居环境，加快补齐市政、公共服务、环境等设施服务短板，着力强化城镇化建设设施支撑能力。以加强市政设施、公共服务设施和环境设施建设为重点着力点，加快构建对内对外交通通道，有序推进燃气、供水、污水处理等市政管网和设施更新改造，强化完善防洪防涝基础设施，深入推进智慧市政设施建设，打造"幼有善育、学有优教"教育设施体系，构建以公办为主、民营为辅的"一个城区核心医疗圈、医疗副中心和若干个基本医疗区"医疗卫生服务体系，优化县城文体设施和社会福利设施，深化县城"污水零直排区"、工业固废回收站点、分拣中心和交易市场等建设，着力构建设施齐全、配套完善、管理有序、智慧智能的设施服务网络。

五是聚焦文化活魂，打造山区新时代富春山居图风貌图景。常山县要以"宋诗之河"文化品牌强心铸魂为牵引，同时结合新时代富春山居图风貌建设，着力打造有特色、有温度、有内涵的新图景。探索常山县现代山水公园城市建设理念及目标要求，深度融合山水特色、"宋诗之河"文化特色和共同富裕的价值取向，加快塑造特色鲜明的山水公园空间格局，谋划打造一批"宋诗之河"文化地标和实施一批标志性重点项目，高标准建设一批"万人集聚"共富示范区和未来山水公园社区，积极争创新时代富春山居图风貌样板区，努力打造"小县大城、文化山水、大搬快聚"常山现代山水公园城市共富新图景。

（四）经验启示

常山县是浙江山区 26 县之一，其城镇化建设与山区 26 县存在关键共性问题，对常山县城镇化建设特征及举措建议的研究，为山区 26 县提供四点启示。

一是要坚持做大特色主导产业，着力解决山区 26 县城镇化建设"动力从哪里来"问题。产业发展是城镇化发展的内在动力，是解决城镇就业问题的有效途径，是维护城镇社会稳定的重要保障。因此，推动山区 26 县城镇化建设，产业发展是根本。要聚焦"以产兴城"，着力塑造山区 26 县特色产业新优势，推动山区 26 县主导产业大提升、产业平台大提能、产城融合大发展、"双招双引"大跨越，确保城镇化动力强、有活力、可持续。

二是要坚持实施"小县大城"发展战略，着力解决山区 26 县城镇化建设"人从哪里来"问题。城镇化的本质是人的城镇化。对于山区 26 县而言，下山脱贫、移民搬迁仍是山区县就地城镇化的重要"催化剂"。因此，省级层面和山区 26 县要积极探索构建"大搬快聚富民安居"运行机制，建立涵盖多元化资金筹措、多途径下山安置等多方面政策保障。同时，加快出台农业转移人口市民化成本分担方案，建立可持续的人口素质提升机制，以及构建农业劳动力向特色主导产业转移的绿色通道。

三是要坚持加快补齐基础设施短板，着力解决山区 26 县城镇化建设"落脚点在哪"问题。增进民生福祉、改善人居环境是城镇化建设的重要目标和任务。与省内发达地区相比，山区 26 县基础设施建设薄弱且建设成本较高，同时缺乏高品质的教育、医疗、养老等服务资源。因此，推进山区 26 县城镇化建设，既要从省级层面统筹协调布局交通、教育、医疗、能源等重大设施，也要结合山区 26 县自身民生建设，不断完善提升其城乡市政基础设施、公共服务和人居环境等建设水平。

四是要坚持发挥文化铸魂赋能作用，着力解决山区 26 县城镇化建设"精神信念在哪"问题。城镇化建设不仅是"造城"，更重要的是聚人气，而人气的灵魂在文化，因此要通过保护传承弘扬城市文化，造就城市独特个性、涵养市民道德修养和锤炼群众精神品格。推进山区 26 县城镇化建设，要立足地方文化特色，强化文化的保护、弘扬与传承，防止大拆大建，注重把城市文化品牌建设融入产业发展、科技创新、改革开放、"双招双引"等领域，同时高标准建设一批文化地标，推动城镇化建设与城市文化发展相互促进、相得益彰。

第三节　新时代深化"千村示范、万村整治"工程实践

一、深化"千万工程"与缩小城乡差距

"千村示范、万村整治"工程（以下简称"千万工程"）是时任浙江省委书记习近平同志亲自谋划、亲自部署、亲自推动的一项重大决策，是从

农村人居环境整治入手，统筹好生产、生活、生态三者关系，全面推进乡村振兴、推动城乡融合发展和缩小城乡差距的重大实践。经过20多年的持续深化，"千万工程"已成为浙江乃至全国乡村振兴的重要经验和示范。浙江深化"千万工程"与缩小城乡差距之间存在着紧密且相互促进的关系。

第一，深化"千万工程"是缩小城乡差距的重要手段。一是改善农村人居环境。"千万工程"以整治农村环境为突破口，通过推进厕所、垃圾、污水"三大革命"，以及"五水共治"①"四边三化"②等措施，显著改善了农村人居环境，农村面貌实现从"脏乱差"到"绿净美"的转变。这一转变不仅提升了农民的生活质量，也为城乡融合发展奠定了基础。二是促进农村产业发展和农民增收。在深化"千万工程"的过程中，浙江通过实施"两进两回"③行动计划，创新发展农村电商、养生养老、文化创意、运动休闲等新业态，拓宽了农民增收渠道。同时，"千万工程"还推动了农业与旅游、文化等产业的深度融合，培育了具有竞争优势的特色产业和农业全产业链，为农民增收致富提供了有力支撑。三是推动基础设施和公共服务向农村延伸。浙江将公共基础设施建设重点放在农村，加快推动农村基础设施提档升级，同时推动公共服务向农村延伸、社会事业向农村覆盖。这些举措有助于缩小城乡基础设施和公共服务差距，使农村居民能够享受到与城市居民相当的生活条件和服务水平。

第二，缩小城乡差距是深化"千万工程"的重要目标。缩小城乡差距是实现共同富裕的必然要求。浙江作为高质量发展建设共同富裕示范区，深化"千万工程"的重要目标之一就是缩小城乡差距，推动城乡融合发展，让

---

① "五水共治"指治污水、防洪水、排涝水、保供水、抓节水。

② "四边三化"指浙江省委、省政府提出的，在公路边、铁路边、河边、山边等区域开展洁化、绿化、美化行动。

③ "两进两回"指科技进乡村、资金进乡村、青年回农村、乡贤回农村。

全体人民共享改革发展成果。乡村振兴是实现农业农村现代化的重要途径，深化"千万工程"有助于推动乡村振兴战略的深入实施，促进农业、农村、农民的全面发展，进而缩小城乡差距。通过推进乡村振兴，可以吸引更多人才、资金、技术等要素向农村流动，推动农村经济社会的全面发展。

第三，深化"千万工程"与缩小城乡差距相互促进。深化"千万工程"改善了农村人居环境、促进了农村产业发展、推动了基础设施和公共服务向农村延伸，这些都有助于缩小城乡差距。城乡差距的缩小又可以进一步激发农村发展潜力、增强农村吸引力，为深化"千万工程"提供更多的支持和保障。因此，深化"千万工程"与缩小城乡差距之间形成了良性循环，共同推动城乡融合发展。深化"千万工程"和缩小城乡差距，可以促进城乡要素自由流动和平等交换，推动城乡经济社会融合发展，形成工农互促、城乡互补、协调发展、共同繁荣的新型工农城乡关系。

二、新时代深化"千万工程"的实践路径与成效

第一，巩固建强农村基层党组织。以组织领导为根本保障，推动基层党组织成为推进"千万工程"的坚强战斗堡垒。实施新时代"领雁工程"，选优配强村第一书记、农村工作指导员和驻村工作组，结合"两进两回"行动计划，引导青年回农村、乡贤回农村，班子结构功能整体优化，一批政治强、能带富、善治理的村班子带头人成为推进"千万工程"的"领头雁"。

第二，持续推进农村人居环境整治。以生态建设为核心抓手，贯彻落实"绿水青山就是金山银山"理念，将其转化为农村人居环境整治的具体实践，不断迭代升级美丽乡村建设，实现了从脏乱差到美丽宜居的质变。

第一阶段，浙江通过实施农村厕所革命、生活污水治理、生活垃圾分类等举措，全面提升农村环境质量。同时，结合"五水共治""四边三化"等措施，确保农村环境整治成果长效保持。第二阶段，以"三大行动"为着力点，抓好村庄洁化行动、绿化行动、美化行动，实施庭院美化、杆线序化和标识配套等工作，推进乡村微改造、精提升。第三阶段，以"万村景区化"为主工程，聚焦全域大美，打造"诗画浙江"，推动村庄景区化、品牌化。

第三，促进农村产业融合发展。大力发展高效生态农业，开展粮食生产功能区、现代农业园区"两区"建设，推广科技强农、机械强农等引擎赋能，实现小农户与现代农业发展有机衔接。大力培育乡村新产业新业态，依托乡村资源和生态环境优势，培育发展乡村旅游、文化创意、电子商务等新产业新业态。大力推动现代农业、农产品加工、乡村旅游等一二三产业不断融合，形成具有竞争优势的特色产业和农业全产业链，进一步拓宽农民增收渠道。

第四，以数字化推动农村生活越来越美好。利用大数据、云计算、人工智能等现代信息技术，建设乡村治理信息平台，提升乡村治理智能化水平。推动未来乡村建设，引领数字生活体验、呈现未来元素、彰显江南韵味，打造"一老一小"服务场景。全力打造乡村数智生活场景，推进重大民生数字化应用在乡村落地贯通，上线"浙里未来乡村在线"，推动实现医疗、文化、教育、救助等服务一屏尽享、一键智达，共享无人医药柜等一系列智能化设备便利村民生活，组团式、片区化未来乡村成为共同富裕现代化基本单元。

第五，聚焦精神富有引领文化文明新风尚。浙江创新打造农村精神生活高地，推动建成超10000个文化礼堂，筑牢乡村文化阵地，推进超2000个村落生态和文化修复，农民群众精神生活实现了从单调到富有的转变。同时，积极开展"星级文明户""最美家庭"等评选活动，树立典型，激励农民群众积极参与乡村文明建设。繁荣兴盛乡村文化，深入挖掘和保护农村文化遗产，传承发展农村优秀传统文化和民间艺术。支持农村文化产业发展，鼓励农民群众创作具有地方特色的文艺作品，打造乡村文化品牌。

三、典型案例：金华义乌市以"三块地"改革为突破口，打造新时代乡村振兴共富样板

2023 年 9 月 20 日，习近平总书记考察调研义乌市后宅街道李祖村，先后在村党群服务中心、"共富市集"、扎染商铺等场所了解李祖村发展情况，称赞"李祖村扎实推进共同富裕，是浙江'千万工程'显著成效的一个缩影"，并勉励"要再接再厉，在推动乡村振兴上取得更大成绩"[1]。

近年来，义乌市持续坚持和深化"千万工程"，以宅基地改革为核心，以农业标准地和集体经营性建设用地入市改革为牵引，以公共服务优质均衡和基础设施城乡一体为支撑，坚决守牢农业基本盘，不断激发农村发展活力，更好满足农民对美好生活的需要，探索走出了一条城乡融合、全域一体的乡村振兴实践新路。2023 年，义乌市城乡居民人均可支配收入为83954 元，连续 17 年位列全国县级市第一，农村居民人均可支配收入突破5 万元大关，城乡居民收入倍差缩小至 1.83。

（一）实践做法与进展

一是聚焦农村"三块地"，推动强村富民改革取得明显成效。创新出

---

① 《习近平在浙江考察强调 始终干在实处走在前列勇立潮头 奋力谱写中国式现代化浙江新篇章》，《人民日报》，2023 年 9 月 26 日。

台《义乌市强村富民乡村集成改革方案》《关于深化农业标准地改革的实施意见》等多项政策措施，"'标准地'改革＋农业'双强'""宅基地改革＋乡村建设"集成试点被列入浙江强村富民乡村集成改革实践试点名单。

二是聚焦城市公共服务向常住人口覆盖，推动农业转移人口市民化改革落实到位。制定实施《关于加快建设基本养老服务体系的实施意见》《打造"乐业义乌"共同富裕标志性成果 推动就业创业工作持续走在前列实施方案》等重点政策，2023 年义乌市常住人口城镇化率为 81.6%，位列全省县（市、区）第三、金华市第一。在全省率先推出"房东码"，创新推广应用外籍商友卡，有效建立与常住人口数量相挂钩的基本公共服务供给机制，显著提升人口承载能力和公共服务共享保障水平。2023 年义乌市国民经济和社会发展统计公报数据显示，2023 年末，义乌市户籍人口911520 人，比上年增加 20700 人；常住人口 190.3 万人，比上年末增加 1.5 万人。全力保障随迁子女教育权利，随迁子女公办就读率从全省最低的58.7% 跃升至排在全省前列的 90.45%。

三是聚焦幸福美好生活，推动未来乡村和未来社区建设，打造品质典范。制定实施《义乌市全域推进未来乡村建设实施方案》《义乌市全域未来社区建设实施方案》《关于加快推进新时代美丽乡村建设、打造全域未来乡村的若干意见》等政策，全面构建未来乡村达标村、特色村、样板村、精品示范村创建体系，高质量打造未来社区。截至 2023 年底，累计创建省级未来乡村 8 个，24 个社区被纳入省级未来社区试点，创成省级未来社区 11 个，连续五年获评全省深化"千万工程"建设新时代美丽乡村工作优胜县。

（二）主要成果与存在问题

义乌市新时代深化"千万工程"的实践成果主要有以下几个方面。

一是探索出农村宅基地"三权分置"的义乌样板。深化农村宅基地制度改革义乌试点，首创宅基地改革所有权、资格权和使用权"三权分置"，基于义乌市改革经验的 15 条修法建议写入《中华人民共和国土地管理法》，有关做法写入 2021 年中央一号文件。

二是首创农业标准地改革的义乌模式。义乌市在全省首创农业"标准地"改革，相关改革经验被写入《浙江省土地管理条例》，入选 2021 年全国农村改革试验区典型案例和 2022 年省共同富裕最佳实践案例。2022 年，浙江省人民政府办公厅印发《关于推进农业标准地改革的指导意见》，义乌农业标准地改革做法正式在全省推广。

三是走通农村集体性经营用地入市的义乌路径。开展农村集体经营性建设用地入市改革全国试点，通过统一平台将闲置、废弃农村存量建设用地规划为经营性用地并公开上市交易，在保障农民利益前提下，合理确定入市土地增值收益在集体、农户之间的分配比例，相关做法入选 2023 年度浙江共同富裕典型经验，并已在浦江县、三门县等地复制推广。

四是形成农村集体经济富民惠民的义乌经验。市、镇、村三级统筹联动和"村书记＋项目"模式推动村集体经济做大做强，农村集体产权制度改革不断深化，市、镇两级农村产权交易平台进一步完善。连续两年捧回浙江乡村振兴"神农鼎·铜鼎"。

五是打响外来人口公共服务便利共享的义乌品牌。全面打响"来了就是义乌人"品牌，坚持以标准化推动基本公共服务均等化、普惠化，制定义乌市基本公共服务标准，共涉及 11 个领域 25 类 99 项基本公共服务项目，对"新义乌人"关心的"幼有所育""学有所教""劳有所得"等领域提出统一明确的标准，实现各年龄段常住人口服务覆盖率 100%。

义乌市新时代深化"千万工程"实践仍存在三方面问题。一是支撑城镇化的要素保障能力有待进一步提升。义乌市作为人口输入城市，缺乏明确的"钱随人走""钱随事转""土地指标随人走"配套机制，要素的市内统筹难度越来越大。二是农村集体经济发展仍有待规范和激活。村集体资产的管理制度还需进一步规范，与现代企业管理制度对接、与有成熟经验的管理和运营人才合作等事项仍需破题，这制约了农村集体经济进一步壮大。三是民营企业参与城乡融合共富的渠道还需拓展。义乌市民营经济发达，但参与城乡融合共建的力度和广度不足，缺少合作平台、机制和成熟案例。

（三）经验启示

一是坚守改革底线。始终把农民利益放在首位，坚守"土地公有制性质不改变、耕地红线不突破、农民利益不受损"底线，确保粮食安全，在守住耕地保护红线的同时，实现耕地连片流转、集约利用，形成土地资源盘活、亩产效益提升、粮食稳产保供的多赢格局。二是建立制度体系。明确了宅基地"三权分置"的制度基础，出台了《义乌市农业"标准地"控制性指标和管理操作流程（试行）》，为改革的稳步推进提供了制度保障。三是注重富民增收。在改革过程中，注重发挥带动效应，采取订单农业、股份合作、服务带动等模式，建立健全利益联结机制，让村集体、农民共享"标准地"改革红利。

第五章

新时代探索"扩中""提低"改革缩小收入差距

　　打造收入分配制度改革试验区是国家赋予浙江高质量发展建设共同富裕示范区的重点定位之一。随着经济发展进入新阶段，如何通过深化改革，有效扩大中等收入群体规模，提升低收入群体生活水平，成为摆在我们面前的重要课题。本章将深入探索"扩中""提低"这一创新路径，通过剖析理论基础，聚焦浙江这一先行先试的区域，总结实践经验，展示其在缩小收入差距、实现共同富裕过程中采取的一系列精准改革举措。

第一节 缩小收入差距的理论基础

缩小收入差距是经济学和社会政策领域的重要议题，其理论基础涉及多个方面，本节对主要理论基础进行归纳总结。

一、收入分配理论

（一）古典经济学与新古典经济学

古典经济学以亚当·斯密为代表，强调市场机制在资源配置和收入分配中的决定性作用。古典经济学家认为，劳动是价值的源泉，工资、利润和地租是劳动创造的价值在不同生产要素之间的分配。然而，古典经济学家对收入分配不平等的关注相对较少，他们更多地关注经济增长和财富创造。

新古典经济学基于边际效用理论和生产函数进一步发展了边际生产力理论，认为在完全竞争市场中，要素的报酬将反映其边际生产力，即要素的报酬等于其边际产品价值，这构成了新古典分配理论的核心。同时，新古典经济学也深入探讨了市场失灵和不完全竞争对收入分配的影响，如垄断、外部性、信息不对称等因素都可能导致收入分配不平等。因此，新古典经济学提出了通过政策干预来纠正市场失灵，以实现更公平的收入分配的观点。

（二）现代收入分配理论

人力资本理论强调教育、技能等人力资本因素对收入分配的影响。该理论认为，提高人力资本投资，可以提升个人的劳动生产率和市场竞争力，从而缩小不同群体间的收入差距。人力资本理论还进一步探讨了如何通过提高人力资本投资来缩小不同群体间的收入差距。该理论认为，政府和社会应该加大对教育和技能培训的投入力度，以提高整个社会的劳动生产率和市场竞争力，从而实现更公平的收入分配。

制度经济学在关注制度因素对收入分配的影响时，不仅涉及产权制度、劳动力市场制度、税收制度等，还深入探讨了这些制度如何相互作用，共同影响收入分配。例如，产权制度决定了资源的分配和使用方式，劳动力市场制度影响了劳动者的权益和收入水平，税收制度则可以通过调节高收入者的收入和增加低收入者的转移支付来调节收入分配。因此，制度经济学认为，通过改革和完善相关制度，可以增强收入分配的公平性。

（三）马克思主义分配理论

马克思主义分配理论是马克思主义政治经济学的重要组成部分，对于我们理解收入分配的本质和根源具有重要意义。马克思主义分配理论强调生产资料所有制对收入分配的决定性作用。在资本主义制度下，生产资料私有制必然导致剥削和收入不平等。工人阶级创造的剩余价值被资本家无偿占有，形成了资本家和工人之间的对立和收入差距。因此，马克思主义分配理论主张通过社会主义革命和建立生产资料公有制的社会主义制度，消除剥削和收入不平等，实现收入的公平分配。此外，马克思提出在社会主义阶段实行按劳分配原则，即根据劳动者提供劳动的数量和质量来分配个人消费品。这种分配方式既体现了劳动者的劳动贡献，又避免了剥削和收入不平等。在共产主义高级阶段，随着物质财富的极大丰富和人们思想觉悟的极大提高，将实行按需分配原则，每个人的需求都能得到满足，收入差距将不复存在。

二、公平与效率权衡理论

公平与效率是制定经济政策过程中需要权衡的两个重要目标。缩小收入差距往往涉及对公平的追求，但同时也要考虑对效率的影响。理论上，适度的收入差距可以增强劳动积极性和激励创新，促进经济增长；但过大的收入差距则可能影响社会稳定和经济效率，导致社会矛盾和冲突。因此，政策制定者需要在公平与效率之间找到平衡点，通过合理的政策手段调节收入分配，既保障社会的公平性，又促进经济的持续发展。

三、库兹涅茨假说

库兹涅茨假说（Kuznets Hypothesis）在收入差距研究中占据重要地位，它由经济学家西蒙·库兹涅茨（Simon Kuznets）提出。该假说认为，在经济发展的早期阶段，收入不平等可能会随着经济增长而加剧，因为工业化和技术进步往往先惠及少数人；但在经济发展到一定阶段后，收入不平等程度会减小，这是因为随着经济的发展，教育普及、技术扩散以及收入分配政策的作用使得更多人能够分享经济增长的成果。虽然库兹涅茨假说并不直接提供缩小收入差距的理论基础，但它揭示了经济增长过程中收入分配不平等程度可能经历的变化趋势。这一假说为理解不同发展阶段下收入分配的特点提供了重要视角,并暗示了随着经济的进一步发展,收入分配不平等程度可能会自然下降。但政府需要通过政策手段加速这一过程或避免不平等程度的过度增加。

四、福利经济学理论

福利经济学是研究社会经济福利的增进、分配与实现条件的经济学分支学科。在缩小收入差距方面,福利经济学提供了重要的理论基础和政策建议。福利经济学包括旧福利经济学和新福利经济学。旧福利经济学以基数效用论为基础,认为个人福利可以加总,社会经济福利是组成社会的个人福利的总和,可由国民收入来表示。庇古作为旧福利经济学的代表人物,提出了收入均等化理论,认为收入均等化可以提高社会经济福利。他主张通过累进所得税制度和转移支付等手段,将富人的部分收入转移给穷人,以缩小收入差距,增加社会福利。新福利经济学则回避了收入分配的具体问题,转而关注经济效率和社会福利之间的关系。虽然新福利经济学家没有直接提出缩小收入差距的具体政策,但他们强调市场机制在资源配置中的作用,以及通过经济效率的提升来间接增加社会福利。这暗示了提高整体经济效率,可以为缩小收入差距创造更好的条件。

五、其他相关理论

除了上述理论外,还有一些相关理论也为缩小收入差距提供了理论基础。例如,社会选择理论研究如何在不同的社会群体之间实现公平的收入分配。该理论强调在民主决策过程中,如何平衡不同群体的利益诉求,制定出既公平又有效的收入分配政策。社会选择理论为政府制定缩小收入差距的政策提供了重要的决策分析工具。发展经济学关注发展中国家在经济发展过程中面临的收入分配问题。该理论认为，在经济发展的初期阶段，由于资本稀缺和劳动力过剩，收入差距可能会扩大。但随着经济的发展和产业结构的转变，特别是农业劳动力向非农部门的转移和劳动力市场的完善，收入差距有望逐渐缩小。发展经济学为发展中国家制定缩小收入差距的战略和政策提供了有益的参考。公共选择理论将经济学的方法应用于政治决策分析。该理论认为，政府政策往往受到各种利益集团的影响，可能导致政策偏离公共利益。在收入分配领域，公共选择理论强调通过制度改革和民主监督来约束政府行为，确保政府政策能够真正反映公众的利益诉求，从而缩小收入差距。

综上所述，缩小收入差距的理论基础涉及多个方面，包括收入分配理论、公平与效率权衡理论、库兹涅茨假说、福利经济学理论以及其他相关理论。这些理论为政府制定缩小收入差距的政策提供了重要的理论支撑和参考依据。

第二节　浙江如何探路"扩中""提低"

一、强化顶层设计，科学规划行动蓝图

在推进共同富裕的进程中，浙江省深刻认识到"扩中""提低"的重要性，将其作为改革的关键一环。为了确保改革的顺利进行，首先强化了顶层设计，2022 年初，浙江发布了《浙江省"扩中""提低"行动方案》，

提出的目标是推动率先基本形成以中等收入群体为主体的"橄榄型"社会结构,核心的量化指标是到 2025 年,全省家庭年可支配收入 10 万元至 50 万元群体比例达到 80%、20 万元至 60 万元群体比例达到 45%。同时,系统提出构建"扩中""提低"的工作体系、政策体系和评价体系,为改革提供了全面的指导和保障。这一顶层设计不仅明确了"扩中""提低"的具体目标和任务,还制定了详细的工作计划和政策措施,确保改革能够有序、有效地推进。同时,评价体系的建立也为改革的实施效果提供了科学的评估标准,有助于及时发现问题、调整策略,确保改革始终沿着正确的方向前进。浙江省的顶层设计充分发挥了"扩中""提低"改革对共同富裕各领域改革的牵引带动作用。通过将"扩中""提低"改革与就业、教育、医疗、社会保障等各个领域的改革紧密结合,形成了一套全面、协同的改革方案。这一方案不仅有助于扩大中等收入群体的规模和比重、提高低收入群体的收入水平,还能够推动社会结构的优化和公共服务均等化,为共同富裕的实现奠定坚实的基础。

二、细化实施路径,多措并举促改革

党的二十大报告就如何扎实推进共同富裕提出了具体路径,包括完善分配制度,实施就业优先战略,以及健全覆盖全民、统筹城乡、公平统一、安全规范、可持续的多层次社会保障体系等。这些路径也是浙江"扩中""提低"的着力点。浙江提出了"促就业、激活力、拓渠道、优分配、强能力、重帮扶、减负担、扬新风"八条具体实施路径,并坚持把保障和促进就业作为根本前提,把深化收入分配制度改革作为关键突破,把增强发展能力作为核心基础,把强化兜底保障作为有效支撑,把减轻群众负担作为重要内容。这些路径既涵盖了就业、收入分配等核心问题，也涉及社会保障、社会风气等多个方面，形成了一套全面而细致的改革"组合拳"。

"促就业"是"扩中""提低"的根本前提。通过优化就业环境、提高就业质量、拓展就业渠道等措施，努力促进高质量充分就业。"激活力"也是改革的重要一环。深化市场化改革、放宽市场准入、优化营商环境等措施，激发了市场活力和社会创造力，为"扩中""提低"提供了强大的动力。"拓渠道"注重拓宽居民增收渠道，通过发展多元经济、培育新兴产业、支持创新创业等措施，为居民提供更多增收机会。同时，"优分配"也是改革的关键环节。通过完善收入分配制度、提高劳动报酬在初次分配中的比重、加大再分配调节力度等措施，努力优化收入分配结构，缩小收入差距。"强能力""重帮扶""减负担""扬新风"等路径也是"扩中""提低"改革的重要组成部分。通过加强教育培训、提升居民素质和能力水平，努力增强居民的发展能力；通过加大帮扶力度、完善社会保障体系，努力保障低收入群体的基本生活；通过减轻居民负担、提高公共服务水平，努力提升居民的生活品质和幸福感；通过弘扬新风正气、倡导文明风尚，努力营造良好的社会风气和文化氛围。这些路径的实施促进了社会结构的系统性优化，加快了缩小城乡差距和地区差距的进程。

三、强化精准施策，聚力识别重点群体

"扩中""提低"的难点在于精准识别对象群体，并针对性地施策。为了解决这个问题，浙江探索划定了七类"扩中"群体和两类"提低"群体。其中，七类"扩中"群体包括技术工人、科研人员、中小企业主和个体工商户、高校毕业生、高素质农民、新就业形态从业人员、进城农民工；两类"提低"群体则包括低收入农户和困难群体。在此基础上，充分

发挥数字化优势，探索构建"全面覆盖＋精准画像"基础数据库，以精准识别和摸清"扩中""提低"重点对象底数。公开资料显示，该数据库以第七次人口普查数据为基础、以"一证一码"（身份证＋统一社会信用代码）为主线，覆盖居民工作、收支等信息，实现了统计监测从"平均数"到"个体数"的细化。2022年4月，该数据库正式在全省推广应用。

在精准识别重点群体的同时，浙江进一步强化了精准施策。首先，制定针对不同群体的个性化扶持政策。例如，针对技术工人，推出了技能提升补贴、高技能人才奖励等政策；针对低收入农户，实施了产业帮扶、就业援助、社会保障兜底等措施。其次，强化动态监测与调整。利用精准画像数据库，对重点群体的收入变化、就业状况等进行了动态监测。一旦发现政策效果不佳或目标群体需求发生变化，及时进行调整和优化，确保政策的针对性和有效性。再次，强化技能培训与就业指导。针对高校毕业生、新就业形态从业人员等群体，浙江加大了职业技能培训和就业指导的力度，建立了线上线下相结合的职业培训体系，提供多样化的培训课程，其内容包括数字经济、智能制造、现代服务业等新兴领域技能培训，帮助就业群体提升就业竞争力，拓宽就业渠道，实现更高质量的就业。最后，不断完善社会保障体系。对于低收入农户和困难群体，除了提供直接的经济补助外，浙江还注重构建更加完善的社会保障体系，包括提高最低生活保障标准、加强医疗保障、实施教育救助等，确保其基本生活无忧，同时积极探索"造血式"扶贫模式，通过产业帮扶、就业带动等方式，增强其自我发展能力（见表5-1）。公开数据显示，2023年浙江省低收入农户人均可支配收入增长13.4%，增速比农村居民人均可支配收入高6.1个百分点，首次突破2万元。这些成效的取得离不开浙江省对重点群体的精准识别和精准施策。

表 5-1 浙江"扩中""提低"群体类别及相关举措与成效

"扩中""提低"群体	举措与成效
技术工人	完善工资制度,推动企业建立健全反映劳动力市场供求关系和企业经济效益的工资决定及正常增长机制,确保技术工人薪酬水平稳步提升。改革工资结构,设置体现技术技能价值的工资单元,鼓励企业建立高技能人才技能津贴制度,提高技术工人的工资待遇。印发《台州市技术工人职业发展通道设置指引》《台州市技术工人薪酬分配指引》等,使技能等级与薪酬挂钩,促进技术工人收入增长
科研人员	开展收入倍增行动,加强科研成果转化激励。通过改革薪酬制度、实施股权激励、完善晋升体系等措施,激发科研人员的创新活力和增收潜力。同时,加强科研成果的转化和应用,让科研人员从科研成果中获得更多的经济收益
中小企业主和个体工商户	实施一系列减负降本政策,包括降低税费负担、优化营商环境、提供金融支持等。这些政策有助于减轻中小企业主和个体工商户的经营压力,提高其盈利能力和市场竞争力
高校毕业生	实施就业创业扶持计划和职业发展指导服务。通过提供就业创业指导、职业培训和实习机会等,帮助高校毕业生顺利融入劳动力市场并实现收入增长
高素质农民、新就业形态从业人员、进城农民工	加强农业现代化建设和农村产业发展,提高了农民的收入水平。同时,针对新就业形态从业人员的特点和需求,完善了相关劳动保障政策和服务体系,保障了其合法权益
低收入农户和困难群体	通过实施产业扶贫、教育扶贫、健康扶贫等措施,帮助低收入农户和困难群体提高收入水平和生活质量。同时,加强社会保障体系建设,完善最低生活保障制度、医疗救助制度等,为低收入农户和困难群体提供基本生活保障

资料来源:作者根据相关资料整理。

四、创新机制,推动改革落地见效

为了确保"扩中""提低"改革的落地见效,浙江在创新机制方面进行了积极探索和实践。首先,建立了跨部门协同机制。由于"扩中""提低"涉及多个部门和领域的政策协调和资源整合,浙江建立了多部门协同工作机制,统筹推进改革。这一机制确保了各部门之间的政策衔接和协同配合，形成了推进改革的强大合力。其次，注重发挥市场在资源配置中的决定性作用。在"扩中""提低"的过程中，充分发挥市场的决定性作用，通过优化市场环境、放宽市场准入、加强市场监管等措施，激发了市场的活力和创造力。同时，注重政府的引导作用，通过制定相关政策、提供公共服务等方式，为市场的健康发展提供了有力保障。再次，浙江还注重发挥社会力量的作用，在推进"扩中""提低"的过程中，积极引导和鼓励社会力量参与其中。通过政府购买服务、社会捐赠、志愿服务等方式，汇聚了社会各界的资源和力量，共同推进改革。最后，浙江还注重改革成果的评估和反馈。为了确保改革的顺利实施和取得预期成效，建立了科学的评估体系和反馈机制。通过对改革成果的定期评估和反馈，浙江能够及时发现问题、调整策略、完善政策，确保改革始终沿着正确的方向前进。

第三节　浙江推动"扩中""提低"的成效、问题与思路

一、浙江推动"扩中""提低"的成效

居民收入体系初步构建。近年来，浙江聚力推进"扩中""提低"计划，初步形成涵盖工资性收入、经营性收入、财产性收入和转移性收入等的多元化收入结构。2023年，浙江省人均居民存款达到14.73万元，拥有千万元以上高净值家庭的涵盖人数约355万人，占全省人口的比例（5.3%）居全国各省份（不含港澳台）之首。2023年，浙江全体居民人均

可支配收入为 63830 元，比全国平均水平（39218 元）高 24612 元，在全国各省份（不含港澳台）中位居第三，仅次于上海和北京。其中，居民人均工资性收入为 35769 元，同比增长 4.7%；人均经营净收入为 10664 元，同比增长 7.9%；人均财产净收入为 7783 元，同比增长 5.2%；人均转移净收入为 9615 元，同比增长 8.7%[①]。

创富生产主体培育壮大。近年来，浙江持续激发各类市场主体活力和创造力，实现创富企业主体日益壮大，为居民财富积累提供了动力源泉。数据显示，浙江市场经营主体已达 1040 万户，相当于平均约 13 个浙江人中就有 2 个老板，民营企业 500 强数量更是连续 25 年居全国首位。2023年，浙江非金融企业存款余额为 80036 亿元，同比增长 10.7%，反映出浙江非金融企业强劲的市场竞争实力和盈利能力。2023 年末，浙江拥有上市公司 702 家，累计融资 19626 亿元，这些上市公司通过股票发行、再融资等方式筹集资金，用于扩大生产、研发创新等，进一步推动了企业财富的积累。

财富调节机制稳步建立。浙江在财富积累的同时，也注重财富的合理分配与调节，稳步建立了一系列财富调节机制。在社会保障支撑方面，持续推动社会保险、社会救助、社会福利、社会优抚和住房保障等制度共同完善。截至 2023 年底，全省已实现失业保险、工伤保险省级统筹，低保对象人均标准也实现市域同标。在转移支付方面，注重加大对县（市、区）转移支付调节力度，提高精准性，重点加大对山区海岛县、薄弱环节、重点人群基本公共服务投入倾斜支持力度。2023 年，山区 26 县 GDP均实现破百亿元。在强化第三次分配方面，大力发展慈善事业。截至 2023年底，全省共有慈善组织 2066 家，慈善信托累计备案 580 单，资金总规模

---

① 注：由于四舍五入原因，人均工资性收入、人均经营净收入、人均财产净收入、人均转移净收入加总后为 63831 元，不完全等同于人均可支配收入 63830 元。

达 19.02 亿元，位居全国第一。

二、面临的主要问题

第一，居民财富水平存在差距。居民财富水平存在差距问题是浙江省当前面临的突出问题。一是不同地区间财富积累差异较大。2023 年，杭州、宁波两地 GDP 占全省比重达 44.2%，近年来占比均超四成。两地住户存款、非金融企业存款占全省比重也分别达到 38.7% 和 60.1%。二是不同群体间收入水平差异较大。私营单位和非私营单位就业人员收入差异明显，网红与普通劳动者之间的财富分化问题也日益凸显。

第二，财富积累路径不丰富。浙江居民财富积累主要依赖传统的储蓄积累、地产收益和代际转移，路径相对单一。一是储蓄仍是主要方式。居民倾向于将收入存入银行，而不是寻找更多元化的投资渠道。2023 年，浙江住户本外币存款余额达到 97640 亿元，较上年增长 18.7%。二是财产性收入比重还比较低。三是金融投资比例不高。虽然浙江居民有一定的股市投资，但其他金融保值增值产品还不多，这种单一的投资模式使得居民在面对市场波动时风险较高。

第三，财富调节机制不完善。尽管浙江在财富调节方面已经取得了一定进展，但仍存在一些不容忽视的问题。一是税收制度在缩小贫富差距方面的作用有待加强。二是社会保障体系对于低收入群体的保障力度有待提升。三是慈善组织等第三次分配力量在财富调节中的作用相对有限。

第四，财富积累方式不规范。在财富积累方式上，浙江也存在一些不公平与不规范的现象。如招商引资中存在一些不规范现象、部分行业存在垄断与不正当竞争行为、部分个人或企业利用政策漏洞和监管空白进行非法获利等。

三、下一步思路举措

党的二十大报告首次提出要"规范财富积累机制",党的二十届三中全会再次予以强调。为更好在推进共同富裕中先行示范,浙江推动"扩中""提低"应重点聚焦规范财富积累机制,加快推动收入分配制度改革,争取打造样板示范。

加快澄清"一个认识",实现更健康财富增长。规范财富积累机制,首要任务是澄清相关认识误区。一是明确规范导向。要明确规范不是限制,也不是搞财富平均化,而是抑制以畸形机制"致富""暴富",促进实现居民财富正常、合法增长。二是加强宣传教育。通过各类媒体和平台,宣传规范财富积累机制的重要性和必要性,引导社会各界树立正确的财富观,明确勤劳致富、合法积累是根本途径。三是强化社会共识。通过举办论坛、研讨会等活动,邀请专家学者、企业家、社会组织代表等共同参与,就规范财富积累机制进行深入探讨,形成社会共识。

探索拓展"三个途径",促进形成更多元增长模式。创新拓展财富积累的合法合规有效途径,加快丰富财富多元化增长的机会渠道。一是推动金融产品创新和服务升级。开发更多符合市场需求的金融产品和服务,包括但不限于低风险理财产品、指数基金、养老金融产品等。同时,加强对金融市场的监管,保障投资者的合法权益。二是促进更高质量就业。加大对实体经济的支持力度,特别是先进制造业、战略性新兴产业和现代服务业等领域。通过政策扶持、资金引导等方式,促进产业转型升级和企业创新发展,为居民创造更多就业机会和财富增长机会。三是鼓励创新创业。营造良好的创新创业生态环境,提供政策、资金、技术等方面的支持。鼓励科研人员、大学毕业生、返乡农民工等群体投身创新创业实践，通过创新创业实现个人价值和社会价值的双重提升。

重点主攻"三次分配"，形成更合理收入分配格局。收入分配体制改革是社会利益结构的一场深刻变革。要聚力推动初次分配、再分配、第三次分配制度协同改革，力争取得整体好效果。一是完善初次分配"压舱石"制度。把提高劳动报酬在初次分配中的比重作为重中之重，深入实施"扩中""提低"行动，探索制定并执行工资合理增长机制。多渠道增加城乡居民财产性收入，健全完善农村宅基地、集体经营性建设用地等出租、出让收益分配制度和城镇居民房屋出售、出租制度。二是强化再分配"调节器"功能。加大税收、社会保障和转移支付等调节力度，进一步缩小行业、地区、城乡收入分配差距。适时考虑争取开展个人所得税、消费税、财产税、遗产税等制度改革试点。适时推动城乡基本医疗保险省级统筹，完善大病保险和医疗救助制度。建立健全山区海岛县产业转型和生态产品价值实现的财政激励机制，强化普惠民生的兜底保障。三是构建第三次分配"活化剂"机制。鼓励支持有意愿有能力的企业、社会组织和个人积极参与公益慈善事业，落实企业和个人公益性捐赠税收优惠政策，率先探索构建"记录一生、追踪一生、回报一生"的慈善激励机制。积极营造助人为乐、博施济众的慈善文化，建立强制性信息披露机制。

聚力强化"三类监管"，营造更公平创富环境。大力强化对财产性收入、经营性收入违规分配源头的约束和监管，着力营造公平、公正、公开的财富积累环境。一是强化招商引资监管。严格落实国务院办公厅发布的《关于规范招商引资行为促进招商引资高质量发展若干措施的通知》，确保招商引资行为合规、高效。同时，加强对招商引资项目的审查和监督，确保优惠政策真正用于促进经济发展。二是强化行业竞争监管。坚决遏制以垄断、不正当竞争等行为获取收入，全面落实《公平竞争审查条例》和《浙江省优化营商环境条例》。对土地、资本、矿产、数据等公共资源交易进行重点监管，确保市场公平竞争。同时，率先探索构建网红经济监管机制，规范网红经济行为。三是强化非法投机获利监管。建立健全社会信用体系，加大对内幕交易、逃税漏税等违法违规行为的惩戒力度。同时，加强对个人和企业的宣传教育，共同维护公平、公正、公开的财富积累环境。

第四节　典型案例

一、台州市技术工人"扩中"集成改革

在浙江省"扩中""提低"改革中，台州市技术工人"扩中"集成改革是一个典型的成功案例。台州市是浙江的制造业大市，拥有大量的技术工人。然而，长期以来，技术工人的技能等级与收入水平不匹配，不少人徘徊在中等收入群体门槛外。为了解决这个问题，台州市着手进行技术工人"扩中"集成改革。

改革的核心是建立技能人才股权激励机制。台州市鼓励企业建立技能人才股权激励机制，让技术工人分享企业发展成果。通过这一机制，技术工人的收入与企业的发展紧密相连，他们的积极性和创造力得到了极大的激发。同时，台州市还加强了职业技能培训和教育。通过提高职业技能培训的质量和扩大其覆盖面，台州市帮助技术工人提升了技能水平和职业素养。这不仅提高了他们的市场竞争力，也为他们实现收入增长提供了有力

的支撑。在改革的推动下,台州市的技术工人群体实现了显著的增收。以杰克科技为例,该公司实施了技能人才股权激励机制后,已有 157 名技术工人享受到了配股分红。这一机制的建立不仅激发了技术工人的工作热情和创新精神,也为他们带来了实实在在的经济收益。

台州市技术工人"扩中"集成改革是浙江"扩中""提低"改革的一个缩影。通过精准施策、分类推进、创新机制等措施,浙江正在努力实现中等收入群体规模的扩大和低收入群体的增收,为共同富裕目标的实现奠定坚实的基础。

二、台州市黄岩区创新推动"扩中家庭"增收致富

(一)黄岩区"扩中家庭"主要类别

工资收入是黄岩区居民人均可支配收入最主要的构成部分,按照国家统计局以三口之家家庭年收入为 10 万~50 万元定义中等收入群体,结合实际,黄岩区将家庭年可支配收入为 20 万~60 万元作为中等收入家庭的测量标准。同时,为实现增加中等收入家庭数量的目标,提升政策精准度,将"扩中家庭"拓展至如下四类家庭。一是经营类"扩中家庭",主要指从事工商业经营的"扩中家庭",可以在国家法律和政策允许的范围内,经营工业、手工业、建筑业、交通运输业、商业、饮食业、修理业及其他行业。二是就业类"扩中家庭",主要指以劳动就业收入为主的"扩中家庭",家庭成员大多从事脑力劳动,主要靠工资及薪金谋生,一般受过良好教育,具有专业知识和较强的职业能力及相应的家庭消费能力。三是农户类"扩中家庭",主要指新型农业经营主体、乡村新业态从业人员、农村蓝领工匠等"扩中"群体。四是托底类"扩中家庭",主要指虽然收

入略高于低保线，但由于某些原因，如家庭成员患重大疾病或其他突发事件，经济状况仍然处于困境的家庭。

（二）黄岩区"扩中家庭"发展基础

一是经济实力稳定增长。黄岩区连续 12 年位列全国综合实力百强区。2023 年，黄岩区 GDP 为 637.7 亿元，同比增长 5.3%；工业增加值同比增长 2.4%；服务业增加值同比增长 8.4%；社会消费品零售总额同比增长 6.8%；一般公共预算收入突破 50 亿元大关，同比增长 22.1%；城镇和农村居民人均可支配收入分别达 73548 元和 41229 元，同比增长 4% 和 6.3%。

二是数字场景加速创新。迭代开发"e 家富"应用，归集相关部门信息，定义数字家庭谱系、构建家庭经济画像，筛选出"扩中家庭"，对"扩中家庭"不同需求实施精准财金政策支持，为财金助力推动"扩中家庭"增收致富提供基础支撑，该项目已成为浙江试点项目。创新打造"瓜果天下"应用场景，通过与浙江省公共数据平台、财政大脑对接，汇集农业保险、财政补贴以及特色产业数据库，精准采集了 5 万多户新型农业经营主体信息，为外出果农、种植基地提供信息指导、资源对接、服务保障等多元化服务，帮助果农避险增收，带动果农共同富裕。

三是政策体系逐步完善。认真落实国家、浙江省、台州市促进民营经济发展等一揽子政策，研究出台制造业、商贸业等领域多项政策措施，兑现各类奖补资金 3.3 亿元，为企业减负 13 亿元，企业用气、用电、用热价格持续下降。金融"活水"精准滴灌实体经济和广袤农村，创新推出"共富系列"家庭型信贷产品，提供普惠贷、教育贷、医疗贷、安居贷、经营贷等服务。小微企业贷款平均利率持续降低，"支农支小"政府性融资担保户数和余额分别实现两位数增长。

四是公共服务持续优化。《黄岩区 2024 年政府工作报告》显示，

2023年黄岩区创成7所省级现代化学校，年度教育现代化发展水平、中考各项主要指标连续两年进入全市"第一方阵"。健康黄岩大步迈进，区医疗卫生中心及康养中心建成投用，黄岩中医院喜迁新址，永宁医院主体项目完工，黄岩区被评为省中医药综合改革先行区。入选全国新时代"枫桥经验"指数百强样本县，南城"三化十二制"预防化解纠纷工作法入选全省新时代"枫桥式工作法"。"智治永宁·智慧调解"场景功能获全省推广。创成省级食品安全示范区。深入开展风险隐患"大排查大起底大整治"专项行动，护航亚运维稳安保攻坚战取得圆满胜利，实现平安黄岩"十六连创"。

（三）黄岩区"扩中家庭"增收致富突出解决的短板问题

一是群体画像不精准。目前我国中等收入家庭衡量办法是一个"绝对标准"，即将固定的收入区间作为唯一的尺度，但单一的识别标准存在很多问题。一方面，家庭收入结构具有复杂性特征，家庭收入结构越复杂，收入数据的误差越大，由于居民自身对工资性收入和财产性收入没有明晰的计量，且出于谨慎和不愿露富的考量，依靠调研很难获取精准的家庭收入数据。另一方面，社会群体具有多样化特征，家庭类型、属地、年龄等存在的差异会导致其支出结构差异，"扩中家庭"的识别标准应当予以区分。因此，以年收入作为一刀切的划分标准，忽略了财产、支出等其他因素，不能够客观、全面、真实地反映家庭经济状况，也造成了金融要素服务对象不明的状况。

二是增收渠道不多元。目前，财政、金融针对"扩中家庭"增收致富途径仍然较为单一，政府性融资担保增信等辅助措施不够全面，"扩中"政策与金融支持联动性不强，缺少帮助居民了解可投资正规金融产品的渠道，缺乏帮助中等收入家庭实现安全稳定的投资回报的机制。"扩中"金融产品不够丰富，安全稳健的理财产品种类单一，缺少教育类、经营类、共富类等贷款产品。农村家庭增收致富渠道相对较少，财产积累的收入来源不足，大量资源不能有效转化为资产，集体资产增收路径不畅，农民权益价值实现机制尚未健全。近年来，金融支持家庭增收致富的措施越来越多，力度逐步增强，惠及面有所扩大，但受限于银行等金融机构贷款规模管控，以及银行与"扩中家庭"之间信息不对称，且申请流程复杂、放款周期过长等普遍情况，"扩中家庭"融资难、融资贵、融资慢等问题依然存在。

三是发展资金不充足。资金来源于财政和金融两个主动脉，但传统的财政和金融政策独立性较强，单独运行不能够充分释放财政政策的乘数效应，效力不足，不能够很好地满足"扩中家庭"融资需求。居民家庭财经素养不高，缺少相关的宣传培训，金融机构宣传服务站等覆盖面不足，家庭存贷款、结算、投资理财等金融知识不足。风险管控体系建设不完全，全员风险防控意识以及人人关心风险、人人防范风险、事事考虑成本与效益的理念没有完全建立，政府、家庭对资金安全保障缺乏信心。

四是就业创业不顺畅。对于黄岩区"扩中家庭"而言，就业创业问题是一个显著的短板。在就业方面，由于教育背景和技能的局限性，"扩中家庭"的成员可能难以胜任高薪技术岗位，从而限制了其职业发展和收入增长。此外，就业信息的不对称和招聘过程中存在的歧视问题也可能阻碍他们获得更好的工作机会。在创业领域，"扩中家庭"面临的挑战更为复杂。首先，资金是创业的关键要素，但"扩中家庭"往往缺乏足够的启动资金。即便他们能够通过贷款或筹资获得初步启动资金，后续的资金流也可能难以保证。其次，"扩中家庭"在市场洞察、商业策划和营销方面可能缺乏必要的经验和知识，增加了创业失败的风险。此外，创业需要的社会资源和人脉网络,对于"扩中家庭"来说,也是一项不小的挑战。

五是分配机制不完善。分配机制是影响"扩中家庭"增收致富的重要因素之一。黄岩区初次分配及再分配制度还不完善。在初次分配中,劳动报酬未能与经济总量和企业利润同步提高,导致"扩中家庭"的实际购买力受到限制,影响生活质量的提高。同时,税收和社会保障等再分配手段未能充分发挥作用,收入差距存在进一步扩大趋势。此外,目前黄岩区慈善事业以应急、救贫为主,大都聚焦在扶贫赈灾、扶老助残、恤幼济困、助学助医等领域,无法满足新时代慈善事业发展的需要,应该加快开放更多新领域,使慈善事业有更多增长点和更多热点。

六是兜底保障不坚实。对于许多"扩中家庭"来说,坚实的社会保障网是抵御经济风险、维持生活稳定的重要依托。虽然近年来黄岩区社会保障体系持续完善,但在覆盖范围、待遇水平、管理服务以及可持续性等方面仍有进一步提升和优化空间。首先,社会保障体系的覆盖范围仍需进一步扩大,尽管黄岩区的社会保障体系已经覆盖了大部分人口,但仍有部分人群,尤其是非正式就业和自雇人员,可能没有被完全纳入保障范围,导致其在面临经济风险时可能缺乏必要的保障。其次,社会保障的待遇水平有待提高,随着生活成本的上涨和经济环境的变化,现有的社会保障待遇可能无法满足一些"扩中家庭"的基本生活需求。特别是在医疗、养老等关键领域,提高社会保障待遇水平对于确保这些家庭的生活稳定至关重要。再次,社会保障体系的管理和服务也需要进一步优化,例如,简化办理流程、提高服务效率、加强信息化建设等,都有助于提升"扩中家庭"对于社会保障体系的满意度和信任度。最后,提升社会保障体系的可持续性是一个长期挑战,随着人口老龄化的加剧和社保缴费基数的增长,社会保障基金的支付压力也在不断增加。因此,如何确保社会保障体系的财务可持续性,同时满足"扩中家庭"的保障需求,是黄岩区社会保障体系重点要突破的问题。

（四）黄岩区"扩中家庭"增收致富的对策举措

一是强化数字赋能，推动精准施策。打造共富数字化系统，强化大数据应用，为家庭共同富裕提供数据引擎。完善"扩中家庭"数据系统，借助数字化改革，提升"扩中家庭"动态名单库精准度，优化金融服务。科学建立"扩中家庭"识别标准，依托"e家富"平台，形成标准化"扩中家庭"数据库。

二是强化产权改革，促进多元增收。深化农村集体产权制度改革，推进农村闲置资源盘活，增强村级集体经济"造血"功能。建立生态产品价值质量认证体系，加大绿色金融支持力度，探索生态产品资产证券化路径。大力发展财富管理业务，完善城乡财富管理服务布局，提升财产净收入增长幅度。

三是加强财金协同，推进精准助富。强化财金协同助富的顶层设计，构建财金协同助力"扩中家庭"奔富政策体系。加快建立长效机制，增强金融机构服务"扩中家庭"意愿和能力，创新"家庭资产池"增信融资新模式。

四是畅通就业渠道，着力扩岗提质。实施定制化的职业技能提升计划，创新就业模式，拓宽就业渠道。完善就业服务体系，提高就业匹配效率。实施精准帮扶，助力就业困难群体，提供就业援助和经济支持。

五是完善分配机制，促进共富均衡。建立合理的工资增长机制，确保劳动者收入与经济增长同步。深化税收制度改革，降低中等收入家庭税负，提高其税后收入。完善再分配机制，通过社会保障、转移支付等手段，缩小收入分配差距，促进社会公平正义。

六是完善救助体系，有效兜底保障。完善社会救助制度，建立动态调整机制和跨部门协同工作机制。做好临时救助工作，建立应急响应机制，拓宽救助范围。鼓励社会参与，提高社会对困难家庭救助工作的关注度，促进多方合作共同开展救助项目。

三、绍兴新昌县探索科技人员创富"扩中"新路径

（一）基本情况

新昌县，位于浙江东部，隶属于绍兴市，是典型的山区县，总面积约为 1213 平方千米，2023 年末户籍总人口为 42.65 万人。尽管资源有限，但新昌县走出了一条独特的"小县大科技"之路。近年来，新昌县以科技创新为核心，聚焦科技人员创富和扩大中等收入群体规模（"扩中"），成为浙江乃至全国共同富裕示范区建设中的亮点。

（二）主要做法

1. 深化薪酬制度改革

健全工资合理增长机制，完善企业薪酬调查和工资指导信息发布制度。在高新技术企业中全面推行科技人员协议薪酬制度，将薪酬分成固定工资、绩效工资以及专项奖励三部分，其中固定工资实行最低指导工资制度，按岗位、学历与职称相结合的原则确定，科技人员固定工资高于一般员工 10% 以上；绩效工资根据科技人员所创绩效分档次给予发放；专项奖励根据项目成果转化收益予以确定。据统计，该制度实施一年后，新昌县科技人员总人数由 2020 年的 5498 人增长至 2021 年的约 6700 人，人均年收入由 13.1 万元增长至 14.4 万元。这一数据直观地反映了薪酬制度改革对科技人员收入的积极影响。

2. 深化股权激励改革

首先是让"智力"变"资产"。通过"揭榜挂帅",充分激发科技人员积极性,加强关键领域技术攻关,以技术成果入股公司获得股权激励。如2021年浙江新和成股份有限公司(以下简称新和成)对科研人员实施股权激励,人均奖励股份12.4万股。其次是让"人才"变"股东"。引导上市公司扩大科研人员、高技能人才和其他优秀员工的持股范围和持股份额,并将员工持股计划推广到拟上市企业、股改企业和一般企业,让更多员工享受财富增值和利润分红。例如,浙江锦正科技有限公司(以下简称锦正科技)推行全员持股,每年给予职工6%保底分红,如有亏损由企业全额承担。截至2023年底,锦正科技股权激励已超7000人,按三口之家计算,有近2.1万新昌人共享股权收益,占全县总人口的1/20。

3. 深化进阶管理改革

推行科技人员"准员工"计划,在新昌技师学院与企业开展匹配性高职学生实践式培训,让科技人员早适应、引得进、留得住。推广实施科技人员晋升"双通道"制度,引导企业建立管理职务和专业职级并行的晋升机制,工资待遇就高不就低,如浙江捷昌线性驱动股份有限公司科技人员的最高薪酬标准与公司副总持平。推广实施科技人员培训"全保障"制度,支持企业设立专项资金用于开展全员培训,实现员工学历和技能提升,如浙江医药股份有限公司、新和成等企业,每年在人才培养方面投入费用均达1500万元以上。

(三)经验启示

新昌县在科技人员创富和"扩中"方面的探索与实践,为全国乃至全球追求共同富裕的地区提供了深刻的经验启示。

1. "有为政府"与"有效市场"的深度融合是关键

新昌县政府的积极作为与市场的有效运作相结合,共同推动了科技创新。政府通过制定科学合理的政策体系,如薪酬制度改革、股权激励等,为市场创造了良好的创新环境,激发了科技人员的创新活力,促进了科技成果的快速转化和应用。市场则通过自身的调节机制,实现了资源的优化配置和高效利用。

这种"有为政府"与"有效市场"的深度融合模式,既发挥了政府在宏观调控和公共服务方面的优势,又充分激发了市场的活力和创造力,为其他地区提供了可借鉴的经验。因此,在推动共同富裕的过程中,政府应发挥积极作用,与市场形成合力,共同推动经济的高质量发展。

2. 注重长远规划与持续投入是保障

新昌县在推动科技人员创富和"扩中"的过程中,始终坚持长远规划,注重持续投入。政府通过制定长期发展战略和规划,明确了区域经济的发展方向和路径,为科技创新和人才培养提供了稳定的政策支持和资金保障。这种长远规划和持续投入的策略,为区域的持续发展奠定了坚实基础。政府加大对科技创新和人才培养的投入力度,通过设立专项资金、提供优惠政策等方式,支持企业开展科技创新活动,培养高素质的科技人才。这种持续投入不仅促进了科技创新和人才培养的良性循环,也为区域的长期发展提供了有力支撑。

这种注重长远规划和持续投入的发展模式,有助于实现经济的可持续发展和社会的长期稳定。因此,在实现共同富裕的道路上,应注重长远规划,持续投入于科技创新和人才培养等领域。通过制定科学合理的规划和政策体系,为经济的长期发展提供坚实支撑和保障。

3. 强化社会责任与共享发展理念是根本

新昌县在推动经济发展的同时，始终注重强化企业的社会责任和共享发展理念。政府引导企业关注社会弱势群体的利益诉求，积极履行社会责任，通过实施一系列扶贫帮困政策和社会保障措施，确保全县人民都能分享到发展的成果。这种以人民为中心的发展理念，体现了共享发展的核心价值。企业也积极响应政府的号召，注重将社会责任融入自身的发展战略中。通过开展公益活动、提供就业机会等方式，企业为社会作出了积极贡献，同时也提升了自身的品牌形象和社会影响力。企业的积极行动不仅促进了社会的和谐发展，也为自身的可持续发展奠定了良好基础。

这种以共享发展理念为根本原则的发展模式，有助于实现社会的和谐稳定和持续繁荣，也为其他地区提供了可借鉴的经验和启示。因此，在实现共同富裕的过程中，应注重强化企业的社会责任和共享发展理念。通过政府的引导和企业的积极响应，共同推动社会的发展和进步，确保全体人民都能享受到发展的红利和福祉。

4. 创新驱动与产业升级是核心动力

新昌县在推动科技人员创富和"扩中"的过程中，始终坚持创新驱动与产业升级的核心战略。政府通过鼓励科技创新，支持企业加大研发投入力度，推动技术升级和产品创新，提升了区域经济的整体竞争力。企业作为创新的主体，积极响应政府的创新驱动发展战略，加大科技研发投入力度，引进和培养高素质的科技人才，不断推出具有自主知识产权的新技术和新产品，推动了产业的持续升级和经济的快速发展。

因此，在实现共同富裕的过程中，应注重发挥创新驱动与产业升级的核心动力作用。政府应加大对科技创新和产业升级的支持力度，鼓励企业加大研发投入力度，推动产业技术升级和产品创新。同时，企业也应积极响应政府的创新驱动发展战略，注重技术创新和人才培养，不断提升自身的核心竞争力，为区域的经济发展和社会进步作出积极贡献。

四、绍兴嵊州市"小吃富民"特色产业引领缩小收入差距

特色产业作为推动地区经济发展的重要力量，在引领共同富裕方面发挥着重要作用，不仅能够为居民提供更多的收入来源，还能通过其独特的产业模式和创新经营策略，增强当地经济的整体活力。近年来，嵊州市以小吃产业为引擎，创新推动小吃产业升级与品牌化、标准化、数字化转型，打造形成地方小吃创富增收新模式，为其他地方提供了可借鉴的经验。

（一）嵊州"小吃富民"特色做法经验

嵊州小吃具有独特的风味和深厚的文化底蕴，创制发展出以"小笼包""炒年糕""榨面"为代表的百余种小吃美食，成为当地一张金名片。近年来，嵊州小吃已从以前零散的路边小摊、夫妻档口，发展到如今近3万家门店，遍布全国各地，从业者超过10万人，年产值110亿元左右，成为富民增收的重要产业。

1. 注重以政策与服务体系构建引领产业健康发展

嵊州市政府以前瞻性的顶层设计，出台了一系列扶持政策，为小吃产业的发展提供了强有力的政策保障与方向指引。《嵊州小吃产业三年行动方案（2023—2025）》《关于扶持小吃产业发展、助推富乐嵊州的若干政策意见》《嵊州市地方小吃"创富增收"模式探索共同富裕示范区试点实施方案》等文件的发布，明确了小吃产业的发展蓝图，且嵊州市每年安排

3000 万元以上小吃专项扶持资金促进小吃产业持续健康发展，为产业升级与品牌打造奠定了坚实的物质基础。此外，嵊州市成立小吃产业发展服务中心与小吃行业协会，构建了从管理到服务的全方位支持体系，为小吃行业从业者提供了从技能培训到市场拓展的全方位指导与服务，极大地提升了行业凝聚力与竞争力。

2. 注重以标准化建设提升产品品质

嵊州小吃的标准化建设是其品质提升与品牌打造的关键。通过实施"大嵊归来"全国统标工程，对小吃门店实行分类管理，将其细分为标准店、品牌店、旗舰店三种类型，针对准入门槛、经营环境以及全套服务流程均制定了严格而细致的标准，确保了顾客体验的一致性与满意度。同时，推出包括《嵊州小吃 小笼包传统制作规范》在内的 6 项团体标准，不仅保护了传统工艺，也为产业的规模化、标准化发展铺平了道路，有效提升了小吃的整体品质与市场竞争力。截至 2023 年底，绍兴鲁迅故居、嵊州越剧小镇、同济大学等场地均已开设嵊州小吃店铺。

3. 注重以产业链整合与产业升级增强发展动力

嵊州小吃产业的成功发展，离不开对产业链的全面升级与整合。通过建设高标准小吃产业园区，构建小吃产业"促一接二连三"体系，撬动形成原材料种养、生产加工、门店和线上销售、物流配送、营销推广等大产业发展格局，推动了从原材料种植、加工、物流到销售的全链条优化，实现了小吃产业由单一的手工作坊向现代化、集约化转变。这一过程不仅提升了产业效率，更带动了上下游多个相关行业的发展，形成了产业协同效应，为地方经济的全面发展注入了强劲动力。2023 年，嵊州小吃产业带动全市一二三产业产值超 100 亿元。

4.注重以品牌建设与文化传播塑强价值内核

嵊州小吃品牌矩阵的构建，是其市场影响力扩大的核心。实施"区域公共品牌＋国营旗舰品牌＋企业个性品牌"多层次品牌策略，积极争取注册嵊州小吃集体商标，以国有企业、协会等为主体构建国营旗舰品牌，鼓励支持原材料生产企业、小吃经营企业、方便（冷冻）食品加工销售企业等培育打造企业自主品牌，既强化了嵊州小吃的整体形象，又保持了品牌的多样性与活力。同时，深入挖掘与传播小吃背后的文化故事，通过举办小吃制作技艺比赛、小吃故事征集等活动，增强了其与消费者的情感连接，提升了品牌的文化价值与市场认知度。

5.注重以利益共享形成全民共创合力

嵊州小吃产业建立创新利益联结机制，实现了经济成果的广泛共享。瞄准"扩中""提低"重点群体，通过培育小吃生产加工企业，带动进城农民工、低收入农户等就业；鼓励个体创业和强化开展小吃培训，培养出一批小吃企业和个体开店的小吃从业者。这种机制不仅提高了农民工、低收入农户等群体的工资性收入，还通过鼓励小吃创业和培训，增加了经营性收入。同时，通过发展小吃产业，拉动小吃原材料供应规模全面提升，提高农民种养积极性，以此带动高素质农民增收。此外，加大对小吃直播电商等的培训和政策扶持力度，吸引和带动一批自由职业者、高校毕业生等从事小吃直播、冷链物流等行业，带动新就业形态从业人员增收，进一步扩大了受益群体。公开资料显示，截至 2023 年底，已累计培养小吃中、高级技工和专业人才 8900 余人，推荐就业 7500 余人。

（二）发展特色产业助力缩小收入差距建议举措

浙江地方特色产业丰富多样，涵盖多个领域，如义乌小商品与慈溪小家电等，已成为地方经济的鲜明标识。以龙泉青瓷和金华火腿等为代表的传统工艺品与特色食品，不仅是地域文化的瑰宝，也是推动经济多元化发展的重要驱动力。此外，以塘栖枇杷、仙居杨梅等为代表的特色农产品，正逐步成为新的经济增长点。在此基础上，研究如何借鉴嵊州"小吃富民"经验，有效促进地方特色产业更好带动地区经济的整体发展和民众收入的实质性增长，具有重要意义。

1. 聚焦政策优化，构建特色产业战略引导体系

一是制定专项政策。建议省级层面制定出台特色产业高质量发展助力共同富裕指导意见，结合浙江"七山一水二分田"的地理特征与数字经济先发优势，明确特色产业如绿色农业、数字经济、智能制造、文化旅游等领域的产业定位、发展方向，并围绕品牌塑造、要素配置、政策扶持等方面提出具体要求。地方政府可在此框架下，充分挖掘区域特色资源，细化编制符合本地实际的特色产业规划，绘制清晰的发展蓝图、核心任务与保障机制。

二是健全政企沟通机制。探索建立"浙商智囊团"，团队成员不仅限于企业家与学者，还应纳入海外浙商代表，利用其全球视野，为特色产业国际化发展提供智力支持。利用浙江成熟的互联网平台资源，如钉钉等，创建线上政企互动平台，实现政策咨询、问题反馈等服务的即时响应，提高沟通效率。

三是完善服务生态系统。发挥阿里巴巴等电商巨头的辐射作用，探索合作建立特色产业电子商务孵化器，为中小企业提供电商平台入驻、运营

培训等一站式服务。设立"浙江特色产业法律服务中心",专注于解决特色产业在国际贸易、知识产权保护等方面的法律问题,为特色产业"走出去"保驾护航。

2. 聚焦标准升级,构建高品质保障体系

一是实施标准化体系创新优化工程。在杭州、宁波、台州等城市率先成立特色产业标准化研究中心,针对丝绸、茶叶、杨梅等标志性产业,开展国际标准比对研究,制定并推广具有浙江特色的高标准体系。利用数字化手段建立标准数据库,便于企业查询与自我评估。支持有条件的县(市、区)积极倡导并推动制定涵盖产品规格、服务质量、安全生产等多方面内容的行业标准。

二是构建精细化品质管理体系。与头部电商平台合作开设"浙江精品"专区,利用其大数据分析能力,建立产品追溯与质量评价系统。同时,在绍兴、湖州等地开展试点,将区块链技术应用于黄酒、丝绸制品等全链条追溯系统,实现从原料采购到终端消费的全程透明化,为品牌信誉和价值的累积奠定坚实基础。

三是激励先进科技的推广与应用。借助本轮大规模设备更新和消费品以旧换新契机,探索设立特色产业技术改造基金,对主动引进先进技术和设备的企业给予资金补贴。探索举办"浙江特色产业科技创新大赛",激发企业创新活力。建立技术咨询服务机制,为特色产业企业提供定制化技术诊断和改进建议,协助企业精准识别技术升级的痛点与机遇,加快技术创新步伐。

3. 聚焦产业链整合,构建高效协同体系

一是优化与延伸产业链。借鉴嵊州小吃全产业链打造经验,对有条件的地方特色产业，应着重于推动产业链的系统性优化与拓展，鼓励上下游企业间建立稳定的合作关系，确保从原材料供应、生产加工、产品设计直至市场销售等各个环节的无缝对接与高效运作。例如，在金华、台州等地推动汽摩配、塑料模具等特色产业的产业链整合，形成集研发设计、精密制造、检测认证于一体的产业链集群，通过政府引导与市场机制，促进企业间的战略合作。

二是促进产业集聚与高效发展。依托地理优势和资源禀赋，结合"特色小镇"发展模式，因地制宜打造一批特色产业小镇，如杭州云栖小镇、乌镇互联网小镇等，强化区域品牌与文化特色，提升产业集聚区的文化软实力。强化园区基础设施和公共服务平台（如技术研发中心、物流配送中心等）建设，通过集中化布局实现规模经济效应，降低生产成本，提升资源利用效率。

三是深化产学研用协同创新。探索建立浙江特色产业创新联盟，支持特色产业企业与浙江大学、浙江工业大学等高等院校以及研究机构深度对接，共同研发新产品、新技术和新工艺，形成"研发—转化—应用—反馈—再研发"的闭环创新体系。鼓励企业参与共建研发中心、实验室、实习实训基地等，通过项目合作、联合研发、技术转让等形式，加速科技成果的产业化进程，不断提升特色产业的技术含量和附加值。

4. 聚焦品牌强化，构建市场拓展体系

一是打造特色区域品牌标识。组织专家团队深入挖掘地域文化资源与产业特色，探索打造"一县一品"区域品牌标识。支持国家地理标志产品、非物质文化遗产等参与国内外品牌评选与认证，提升品牌权威性与国际影响力。

二是构建多元化宣传矩阵。整合"抖音""快手"等新媒体平台资源，开展"浙里好物"系列直播带货活动，结合线下体验店、快闪店等新型营销方式，在 11 个地市举办"浙江特色产业周"活动。结合"智慧城市"建设，利用大数据分析消费者偏好，个性化推送浙江特色品牌信息，提升营销精准度。

三是强化培养客户忠诚度。建立全省统一的特色产业客户服务热线与在线服务平台，创新推出会员积分兑换、节日专属优惠等忠诚度计划，增强用户黏性。支持地方和企业联合创建品牌粉丝社群，定期举办"粉丝节"活动，鼓励用户生成内容（UGC），形成口碑传播。

5. 聚焦共享机制，构建全民参与体系

一是创新利益联结机制。借鉴嵊州小吃的联农带贫机制，探索建立特色产业与农户、小微企业、社区等多元主体的深度利益联结机制，如利润分红、股份合作、订单农业等，确保发展成果惠及更广泛群体。探索在丽水、衢州等地举办"浙江省乡村特色产业节"，展示农村特色产业成果，鼓励城乡互动，拓宽农产品销售渠道。

二是强化社会保障与公共服务配套。支持地方建立"特色产业服务中心"，提供就业培训、法律咨询、创业指导等一站式服务。同时，完善医疗、教育等基础设施，提升从业者幸福感。利用"最多跑一次"改革成果，简化特色产业企业与从业者的政务服务流程，提高服务效率。

三是促进信息透明与公众参与决策。搭建"浙江特色产业云平台"，实时发布特色产业政策、招商信息、项目进展等，设置公众意见箱与在线论坛，鼓励公众参与特色产业的规划与监督。鼓励有条件的地区和企业联合举办"特色产业开放日"，让公众近距离了解产业发展现状，增强认同感与参与感。结合"数字化治理"优势，利用大数据分析公众对特色产业发展规划、项目选择等的意见，提升决策科学性。

第六章

革命老区推动共同富裕的实践研究

　　革命老区是党和人民军队的根，是中国人民选择中国共产党的历史见证。党的十八大以来，党中央、国务院高度重视革命老区的发展。2021 年国务院将浙西南革命老区列为全国 12 个重点革命老区之一，纳入国家政策支持范畴。本章将深入探讨浙江革命老区的发展实践、成效、存在的问题，分析国内重点革命老区发展经验，特别聚焦浙西南革命老区的振兴发展提出对策建议。

第一节　浙江革命老区的范围及特征

一、浙江革命老区范围

浙江省革命老区包括土地革命战争时期闽浙赣革命根据地和抗日战争时期的浙东、闽浙抗日根据地现属浙江行政区的部分。按照现在的行政区划，由省人民政府命名为革命老区的有 32 个县（市、区）（见表 6-1）、713 个老区乡（镇）。

表 6-1　　　　　浙江 32 个革命老区县（市、区）名录

杭州市	淳安县
宁波市	鄞州区、余姚市、慈溪市、镇海区
温州市	平阳县、苍南县、乐清市、文成县、泰顺县、永嘉县、瑞安市、瓯海区
湖州市	长兴县、安吉县
绍兴市	诸暨市、上虞区
金华市	武义县、义乌市、永康市
衢州市	开化县
台州市	仙居县、玉环市
丽水市	遂昌县、松阳县、庆元县、云和县、景宁县、青田县、缙云县、丽水市、龙泉市

资料来源：作者根据网络公开信息整理。

二、浙江革命老区主要特征

从地理位置和人口看，区位偏远、人口偏少。浙江革命老区多数地处浙闽赣皖交界，位置相对偏远。例如，浙西南地区的革命老区县（市、区）数量为 14 个，占全省革命老区县（市、区）比重约为 43.8%；其中，遂昌县、龙泉市、庆元县、景宁县、泰顺县、苍南县与福建省宁德市、南平市毗邻。截至 2022 年末，32 个革命老区县（市、区）常住人口为 2322.1 万人，占全省的比重为 35.3%；地域总面积为 5.2 万平方千米，约占全省二分之一；人口密度为 445.4 人 / 平方千米，远低于全省人口密度（622.8 人 / 平方千米）。

从资源条件看，生态和能源资源丰富。浙江革命老区生态旅游资源丰富，是国家级和省级自然保护区、森林公园、地质公园、湿地公园的集聚地。截至 2023 年底，全省 11 个国家重点生态功能县（市、区）中有 9 个位于革命老区，占全省的 81.8%；全国红色旅游经典景区有 4 个，占全省的 40%（见表 6-2）；省级红色旅游教育基地有 13 个，占全省的 36.1%（见表 6-3）；国家 5A 级旅游景区有 6 个，占全省比重为 30%（见表 6-4）；国家级地质公园有 3 个，占全省比重为 50%（见表 6-5）；国家级湿地公园有 5 个，占全省比重为 38.5%（表 6-6）。同时，一些革命老区县（市、区）蕴藏着较为丰富和重要的能源资源。例如，丽水市是水利部 2006 年命名的"中国水电第一市"，全市可开发水电资源 327.8 万千瓦，约占全省可开发量的 40%。

表 6-2　　　　　　浙江省全国红色旅游经典景区名录

序号	名称
1	嘉兴市南湖风景名胜区（中共一大旧址）
2	绍兴市鲁迅故居及纪念馆
3	台州市解放一江山岛战役纪念地

序号	名称
4	温州市浙南（平阳）抗日根据地旧址
5	宁波市浙东（四明山）抗日根据地旧址
6	浙西南革命根据地旧址群（丽水市厦河中共浙江省委机关旧址，龙泉市披云山苏维埃旧址，松阳县安岱后苏维埃旧址，遂昌县王村口苏维埃旧址；衢州市开化县中共浙皖特委旧址，中共闽浙赣省委旧址；温州市泰顺县中共浙闽边临时省委成立旧址）
7	湖州市新四军苏浙军区旧址群（长兴县新四军苏浙军区旧址、新四军苏浙军区一纵队司令部旧址、新四军苏浙公学旧址，安吉县反顽自卫战指挥部旧址）
8	温州市永嘉县中国工农红军第十三军军部旧址群
9	杭州市富阳区侵浙日军投降仪式旧址
10	温州市洞头先锋女子民兵连纪念馆

资料来源：作者根据《关于印发全国红色旅游经典景区名录的通知》整理。

表 6-3　　　　　　　　　浙江省红色旅游教育基地名录

批次	名称
第一批（3个）	嘉兴南湖旅游区、宁波余姚市梁弄镇横坎头村、台州三门县亭旁起义红色遗址群
第二批（3个）	义乌"望道信仰"景区、遂昌王村口、平阳中共浙江省一大纪念园
第三批（9个）	杭州市萧山区衙前农民运动史迹群、温州市永嘉县中国工农红军第十三军军部旧址、温州市洞头区东海先锋女子民兵连纪念馆、湖州市长兴县新四军苏浙军区旧址群、湖州市安吉县天荒坪镇余村村、绍兴市鲁迅故里、衢州市开化县浙西革命斗争纪念馆、台州市大陈岛红色垦荒旧址、杭州市淳安县枫树岭镇下姜村
第四批（10个）	杭州市建德市千鹤妇女精神教育基地、宁波市北仑区张人亚党章学堂、温州市泰顺县中共浙闽边临时省委成立旧址、嘉兴市桐乡市茅盾纪念馆、绍兴市诸暨市俞秀松纪念馆、金华市婺城区毛主席视察双龙电站纪念馆、衢州市常山县西源革命纪念馆、舟山市普陀区蚂蚁岛精神红色教育基地、台州市温岭市坞根镇红色旅游教育基地、丽水市龙泉市住龙红色小镇
第五批（6个）	杭州市富阳区抗日战争胜利浙江受降纪念馆、宁波市奉化区松岙红色旅游基地、湖州市烈士陵园（钱壮飞纪念馆）（吴兴区）、嘉兴市海盐县核电科技馆、衢州市红色千里岗景区（衢江区）、丽水市松阳县安岱后——浙西南红色教育中心
第六批（5个）	温州革命历史(烈士)纪念馆（鹿城区）、绍兴周恩来纪念馆（越城区）、宁波市镇海口海防历史纪念馆、台州市中共黄岩首届县委旧址、金华市银坑工农红军挺进师活动旧址（婺城区）

资料来源：作者根据网络公开信息整理。

表 6-4 浙江省国家 5A 级旅游景区名录

地区（数量）	名称
杭州市（3个）	西湖风景名胜区、西溪湿地旅游区、千岛湖风景名胜区（淳安县）
宁波市（2个）	天一阁·月湖景区（海曙区）、奉化溪口—滕头旅游景区
温州市（2个）	雁荡山风景名胜区（乐清市）、刘伯温故里景区（文成县）
湖州市（1个）	南浔古镇景区
嘉兴市（3个）	西塘古镇旅游景区、乌镇景区、南湖旅游区
绍兴市（1个）	鲁迅故里·沈园景区
金华市（1个）	东阳横店影视城景区
衢州市（2个）	江郎山·廿八都旅游区（江山市）、开化根宫佛国文化旅游区
舟山市（1个）	普陀山风景名胜区
台州市（3个）	天台山景区、神仙居景区（仙居县）、台州府城文化旅游区（临海市）
丽水市（1个）	缙云仙都景区

资料来源：作者根据网络公开信息整理。

表 6-5 浙江省国家级地质公园名录

序号	名称
1	浙江常山国家地质公园
2	浙江临海国家地质公园
3	浙江雁荡山国家地质公园
4	浙江新昌硅化木国家地质公园
5	浙江仙居神仙居地质公园
6	浙江缙云仙都地质公园

资料来源：作者根据网络公开信息整理。

表 6-6 浙江省国家级湿地公园名录

地区（数量）	名称
杭州市（1个）	浙江杭州西溪国家湿地公园
宁波市（1个）	浙江杭州湾国家湿地公园

地区（数量）	名称
湖州市（2个）	浙江长兴仙山湖国家湿地公园、浙江德清下渚湖国家湿地公园
嘉兴市（1个）	浙江嘉兴运河湾国家湿地公园
绍兴市（2个）	浙江诸暨白塔湖国家湿地公园、浙江绍兴鉴湖国家湿地公园
金华市（1个）	浙江浦江浦阳江国家湿地公园
衢州市（1个）	浙江衢州乌溪江国家湿地公园
台州市（2个）	浙江玉环漩门湾国家湿地公园、浙江天台始丰溪国家湿地公园
丽水市（2个）	浙江丽水九龙国家湿地公园（莲都区）、浙江云和梯田国家湿地公园

资料来源：作者根据网络公开信息整理。

第二节　浙江革命老区的实践与成效

一、主要做法

（一）健全革命老区政策体系，加大扶持力度

浙江针对革命老区的发展需求，制定了一系列优惠政策和扶持措施。

第一，强化顶层设计，浙江省人民政府印发《关于新时代支持浙西南等革命老区振兴发展的实施意见》，聚焦革命老区振兴发展的痛点、难点、堵点，明确革命老区振兴发展的总体要求、重点任务和保障举措。

第二，强化政策支持，省级有关部门针对每个革命老区县（市、区）的发展基础、特色优势和主导产业，"一县一策"为革命老区县（市、区）量身定制发展方案和政策工具箱。同时，按照"小切口、大牵引"的思路，在基础设施建设、特色产业发展、资源要素保障、科技人才支撑等方

面研究制定了 27 项专项支持政策，形成政策合力。加大对革命老区重大项目的支持力度，降低项目准入门槛。健全财政优先保障机制，把革命老区县（市、区）作为财政转移支付的重点，对革命老区县（市、区）的民生支出等转移支付比例在 80% 以上。

第三，强化组团帮扶，组织省级部门、金融机构、省属高校、省属企业、民营企业等结成帮扶团组，每个团组约由 20 个单位组成，发挥各自职能优势、资源优势、渠道优势，"一县一团"结对帮扶革命老区县（市、区）、乡村振兴重点帮促村和低收入农户。推动中国建筑集团有限公司、中国交通建设集团有限公司、华润集团有限公司、国家能源投资集团有限责任公司、中国铁建股份有限公司、中国长江三峡集团有限公司、中国电力建设集团有限公司 7 家央企与文成县、泰顺县、龙泉市、云和县、庆元县、松阳县、景宁县 7 个革命老区县（市、区）开展"一对一"结对合作，充分发挥央企综合优势，超常规对革命老区基础设施、公共服务、产业平台和城镇化发展布局进行大投入大优化。

（二）创新推动红绿融合，增强内生发展动力

浙江充分利用革命老区的生态资源和红色文化资源，发展特色生态农业、生态旅游、红色旅游等产业，通过培育龙头企业、建设产业园区、推广先进技术等措施，提升产业附加值和市场竞争力，带动当地群众增收致富。

第一，大力发展红色文化旅游业，加强革命史实研究和革命文物价值挖掘，高水平打造红色旅游景点景区，策划推出一批革命老区红色旅游"浙里红"精品路线。例如，丽水市编制发布《丽水市红色旅游发展专项规划》，打造莲都区厦河中共浙江省委机关旧址、龙泉住溪苏维埃政府旧址、遂昌王村口中国工农红军挺进师旧址、松阳安岱后苏维埃政府旧址等

红色旅游经典景区和"星火燎原"之旅、"浙西南红色剑瓷文化"之旅等红色旅游经典线路。平阳革命根据地旧址群入选国家级党史学习教育基地和全国"建党百年红色旅游百条精品线路"。

第二，拓宽生态产品价值实现途径，加快打通"两山"转化通道，发布全国首部省级生态系统生产总值（GEP）核算标准，革命老区县（市、区）全面完成 GEP 核算。推动革命老区县（市、区）建设"两山合作社"，推进闲置宅基地、林业碳汇、农村土地经营权等生态资源资产交易。

第三，持续深化山海协作和省级团组结对帮扶。推动 29 个经济强县结对帮扶 14 个浙西南革命老区县（市、区），加快推进山海协作"产业飞地"等一批共建平台建设，实施产业链山海协作，引进一批标志性的产业合作项目。推动由省级部门、省属企业、高等院校等组成的 14 个新型帮共体加大帮扶力度，"一县一团、一村一组、一户一策"助推革命老区振兴发展。

（三）完善革命老区基础设施，提升公共服务水平

浙江注重改善革命老区的基础设施条件，加大投入力度，推动交通、水利、能源、信息等基础设施建设。同时，提升教育、医疗、文化等公共服务水平，满足群众的基本需求，提高生活品质。

第一，加快推进交通基础设施建设。建成通车衢宁铁路、金台铁路，加快推进杭温铁路、衢丽铁路、景文高速、瑞苍高速等一批重大交通基础设施项目建设，积极推进温福高铁、温武吉铁路、义龙庆高速公路、文青高速公路、庆景青公路等项目前期工作，着力打通革命老区对外交通大动脉。加快推进一批普通国省道和"四好农村路"建设，提升基础设施互联互通水平。

第二，加快推进能源基础设施建设。大力推进革命老区清洁能源发展，加快建设苍南三澳核电一期工程以及苍南 1#、2#、4# 海上风电场等，加快在革命老区规划布局抽水蓄能电站，全省三分之一抽水蓄能电站选址布局在浙西南革命老区。

第三，加快推进水利基础设施建设。加快推进丽水市滩坑引水工程、青田县小溪水利枢纽工程、缙云县好溪流域综合治理工程、庆元县兰溪桥水库扩建工程、松阳县松古平原水系综合治理工程、苍南县海塘安澜工程（南片海塘）等水利基础设施项目建设，提升革命老区水资源配置效率和防洪抗灾能力。推进幸福河湖建设，实施"百江千河万溪水美"工程，开展瓯江流域水生态修复与保护。

第四，支持革命老区高质量建设 5G 网络，推动工业互联网、物联网等基础设施建设。

第五，提升公共服务水平。在革命老区打造优质普通高中、职业教育学校、二甲以上综合医院等一批标配工程，提升革命老区城市风貌品位和人才吸引力。

二、取得成效

一是浙西南革命老区上升为全国重点革命老区。近年来，浙江聚力守护红色根脉、赓续红色基因，大力推进革命老区建设，革命老区地位取得突破性提升。2021 年，浙西南革命老区同赣南等原中央苏区和陕甘宁、左右江、大别山等革命老区一道被国务院列入 12 个全国重点革命老区，丽水市被列为全国 20 个革命老区重点城市之一，丽水全域被纳入国家革命老区政策支持范畴。

二是经济社会发展水平位居全国革命老区前列。以 12 个全国革命老区样本城市为例，从人均 GDP 来看，丽水市 2022 年人均 GDP 达到 7.28 万元，排名第二；从常住人口城镇化率来看，丽水市 2022 年常住人口城镇化率达到 63.5%，排名第二；从人均可支配收入来看，丽水市 2022 年居民人均可支配收入、城镇居民人均可支配收入和农村居民人均可支配收入均领跑 12 个全国革命老区样本城市，均排名第一（见表 6-7）。

表 6-7　　　　　2022 年全国革命老区样本城市发展指标对比（部分）

序号	样本城市	GDP（亿元）	人均GDP（万元）	常住人口城镇化率（%）	居民人均可支配收入（万元）	城镇居民人均可支配收入（万元）	农村居民人均可支配收入（万元）
1	福建龙岩	3314.50	11.32	63.60	3.54	4.60	2.44
2	江西赣州	4523.60	5.04	56.35	—	4.22	1.59
3	江西吉安	2750.30	6.22	53.41	3.18	4.50	1.96
4	浙江丽水	1930.90	7.28	63.50	4.45	5.58	2.85
5	广西桂林	2435.80	—	—	3.12	4.20	2.01
6	贵州遵义	4401.30	—	—	—	4.13	1.73
7	陕西延安	2231.93	—	—	2.97	4.09	1.52
8	四川泸州	2601.50	—	—	3.12	4.30	2.00
9	安徽六安	2004.60	5.24	60.04	3.32	4.46	1.90
10	山东临沂	5778.50	4.58	50.50	—	3.89	1.72
11	山西吕梁	2418.90	6.10	58.41	—	3.42	1.25
12	广东梅州	1318.20	3.40	53.28	2.74	3.39	2.03
丽水排名		第十一	第二	第二	第一	第一	第一

资料来源：作者根据网络公开数据整理。

三是形成了一系列革命老区振兴发展特色经验。强化政策支撑，浙江省人民政府印发《关于新时代支持浙西南等革命老区振兴发展的实施意见》等政策文件，为每个革命老区县（市、区）量身定制出台"一县一策"以及专项支持政策。创新推动"红绿"融合,打造了一批红色旅游景点景区。

三、存在问题

通过研究分析、数据比对发现,浙江革命老区建设和政策争取方面存在以下三个短板。

从经济发展水平看,与先进地区还有距离。根据浙江省 2023 年统计年鉴数据计算,2022 年浙江 32 个革命老区县(市、区)GDP 为 24041.8 亿元,占全省比重为 31%,人均 GDP 为 10.35 万元,低于全省的 11.88 万元。特别是浙西南革命老区 GDP 为 3692.5 亿元,占全省比重仅为 4.8%,人均 GDP 为 6.53 万元,仅为全省人均 GDP 的 55%。城镇居民人均可支配收入低于全省平均水平的县(市、区)有 20 个,占比达 62.5%;其中,低于全国平均水平的县(市、区)有 3 个。农村居民人均可支配收入低于全省平均水平的县(市、区)有 18 个,占比达 56.3%。例如,丽水市 2022 年 GDP 达到 1930.9 亿元,在 12 个全国革命老区样本城市中排名第十一。

从政策争取看,享受国家政策红利较少。与赣南中央苏区和陕甘宁、川陕等知名革命老区相比,浙江省革命老区被纳入国家政策支持范畴的时间较晚,享受到的政策红利更少。例如,2022 年中央对全国各省份(不含港澳台)的革命老区转移支付资金为 225 亿元,而浙江省获得 8715 万元,占比仅为 0.39%。

从对口合作看,存在靠内部解决误区。长期以来,浙江给外部的印象都是先发地区、对口支援的输出地。例如,2022 年 5 月,国家发展改革委印发《革命老区重点城市对口合作工作方案》,浙江省宁波市、金华市、杭州市分别与黄冈市、巴中市、恩施州结对，丽水市被安排与宁波市结对，未能享受外省资源要素输入（见表6-8）。此外，《国务院关于新时代支持革命老区振兴发展的意见》明确"鼓励浙西南革命老区融入长江三角洲区域一体化发展"，但现实情况是浙西南革命老区与上海等长三角核心城市的合作对接还不够紧密，建议对前者进一步加强对口帮扶。

表6-8　　　　　　　　革命老区重点城市对口合作工作方案

赣州市（赣闽粤原中央苏区）—深圳市	百色市（左右江革命老区）—深圳市
吉安市（赣闽粤原中央苏区）—东莞市	巴中市（川陕革命老区）—金华市
龙岩市（赣闽粤原中央苏区）—广州市	郴州市（湘赣边革命老区）—佛山市
三明市（赣闽粤原中央苏区）—上海市	张家界市（湘鄂渝黔革命老区）—南京市
梅州市（赣闽粤原中央苏区）—广州市	恩施州（湘鄂渝黔革命老区）—杭州市
延安市（陕甘宁革命老区）—无锡市	遵义市（湘鄂渝黔革命老区）—珠海市
庆阳市（陕甘宁革命老区）—天津市	长治市（太行革命老区）—北京市
六安市（大别山革命老区）—上海市	汕尾市（海陆丰革命老区）—深圳市
信阳市（大别山革命老区）—苏州市	临沂市（沂蒙革命老区）—济南市
黄冈市（大别山革命老区）—宁波市	丽水市（浙西南革命老区）—宁波市

资料来源：作者根据网络公开信息整理。

综上所述，浙江革命老区发展不平衡不充分问题仍然存在，与江西、福建等周边省份相比，在革命老区政策、项目争取的力度、整合度上还远远不够。究其原因，主要有以下三点。

一是缺少专职机构，统筹力不足。良好的工作机制可以更好地推进革命老区的发展。目前，浙江革命老区被纳入国字号政策体系范畴时间短、影响力不够，省级层面缺少能够实现上下沟通的革命老区工作专职机构，未能较好地统筹政策研究跟踪、与国家部委对接等革命老区发展相关事项。

二是缺少制度体系，指向力不足。浙江把推动革命老区发展纳入山区 26 县高质量发展工作体系中，缺少针对革命老区振兴发展的完善制度体系。

三是缺少政策研究，谋划力不足。首先，国家支持革命老区政策导向正逐步从区域普惠性的"条条支持"转向具体平台、重大项目的"块块支持"，浙西南革命老区以往上报的部分项目较少从地方行动、国家意义或小切口、大撬动的维度去思考、谋划、包装。其次，项目体量匹配度不足。一般涉及国家重大项目的金额动辄几十亿元、上百亿元甚至上千亿元，浙西南革命老区项目库往往体量小、分散且成熟度不足，即使项目申报下来，地方配套也很吃力。最后，项目统筹缺乏深度。例如，浙西南百万级人口集聚平台、生态产品价值实现重大平台、浙西南连接浙闽粤城市群大通道等，在项目包装和对上争取方面都缺乏主动性。

第三节　江西、福建等革命老区发展的特色经验

赣南、闽西等原中央苏区一直以来是国家支持革命老区振兴发展的"策源地"，得到部际联席会议、国家部委对口支援、西部大开发等三大核心政策支持。总体来看，江西、福建两省在抢抓国家支持革命老区振兴发展政策机遇方面，有三方面典型经验做法，值得学习借鉴。

一、高规格设立专职机构，统筹推进老区发展

在省级层面，江西省成立由省委主要领导担任组长的赣南等原中央苏区振兴发展工作领导小组，并设立省赣南等原中央苏区振兴发展工作办公

室，统筹老区苏区规划编制、政策制定、项目推进等工作；福建省成立省级革命老区扶建领导小组，由分管副省长担任组长。在市级层面，江西赣州市成立赣南苏区振兴发展工作办公室，为副厅级独立单位；福建龙岩市成立苏区振兴发展服务中心，为正处级独立单位。两者主要职能是统筹推进落实《国务院关于新时代支持革命老区振兴发展的意见》、深化对口支援、向上争资争项等苏区振兴发展工作。在县级层面，赣南等地之前有单独的苏区办作为独立机构，后因机构改革，相关职能已划入发展改革局内设科室。

二、高层次开展对口支援，部省联动争取支持

2012 年 11 月 25 日，国务院批复文件同意建立由国家发展改革委牵头的支持赣南等原中央苏区振兴发展部际联席会议制度，明确由中共中央组织部、国家发展改革委等 32 个中央国家机关和有关单位，以及江西、广东、福建三省政府为联席会议成员单位。近年来，江西、福建等地利用政策窗口，依托部省联动机制，充分争取国家部委支持。以江西省赣州市为例，十年来，国家发展改革委牵头召开了多次部际联席会议，研究协调涉及赣州优势产业、民生事业、基础设施和人才教育等重要事项，为赣南苏区振兴发展注入了强劲动力。同时，江西、福建等地充分发挥国家部委对口支援"直通车"优势，完善援县促市、挂职干部定期回访等上下联动机制，有力促进地方发展。例如，江西省赣州市争取到多个国家部委支持（见表 6-9），2022 年争取政策性开发性基金、政府专项债、中央预算内投资等份额排全省第一；再如，近 10 家中央国家机关和有关单位分 5 轮 10 年对口支援福建省龙岩市，龙岩新机场、龙龙高铁、赣龙厦高铁等一批重大基础设施项目取得重大突破。

表 6-9 中央国家机关及有关单位对口支援赣州工作表

赣州市					
章贡区	国务院国资委	国家药监局	定南县	原银保监会①	中国进出口银行
南康区	证监会	中国民航局	金南县	商务部	中国开发银行
赣县区	科技部	自然资源部	宁都县	水利部	人力资源社会保障部
瑞金市	财政部	新华社	于都县	国家卫生健康委	国家粮储局
龙南市	工业和信息化部	海关总署	兴国县	民政部	国家烟草专卖局
信丰县	农业农村部	国家能源局	会昌县	审计署	市场监管总局
大余县	国家广电总局	中国科学院	寻乌县	中央宣传部	国家统计局
上犹县	教育部	全国工商联	石城县	司法部	国家乡村振兴局
崇义县	生态环境部	国家体育总局	安远县	交通运输部	供销总社

资料来源：作者根据网络公开信息整理。

三、高频率向上对接沟通，精准衔接政策规划

江西、福建两省时刻关注革命老区最新政策动向，调动各级相关部门加强系统研究分析，特别是在重大政策规划方面，多次主动向上对接，建设性提出国家政策中没有明确的对革命老区发展的重要建议。2022年3月，经国务院批复，国家发展改革委先后印发《赣州革命老区高质量发展示范区建设方案》《闽西革命老区高质量发展示范区建设方案》，标志着赣州、闽西（福建省三明市、龙岩市）革命老区高质量发展示范区建设上升为国家重大区域发展战略。此外，江西、福建两省革命老区重点地区还建立了干部"上挂"国家部委机制，为争取革命老区政策搭建渠道。

---

① 2023年3月，中共中央、国务院印发《党和国家机构改革方案》（以下简称改革方案），组建国家金融监督管理总局，将中国证券监督管理委员会调整为国务院直属机构。根据改革方案，国家金融监督管理总局在中国银保监会基础上组建，统一负责除证券业之外的金融业监管。不再保留中国银保监会。

第四节 促进浙江革命老区高质量发展的对策建议

浙江革命老区特别是浙西南革命老区，是浙江实现"两个先行"奋斗目标的重点、难点地区。国家对革命老区发展的重视，为地方推动革命老区发展打开了一扇政策"窗口"，要充分利用好这一"窗口"，增强推动革命老区振兴发展的责任感、紧迫感，用足用好国家革命老区"政策宝库"，加快推进革命老区振兴发展，打造"全国革命老区共同富裕示范区"。

一、强化统筹力，构建长效工作机制

从省级层面高度重视革命老区特别是浙西南革命老区工作，将革命老区振兴发展作为全省重点工作，着力构建长效工作机制。一是建立组织领导机制。可探索成立由分管副省长担任组长的浙西南革命老区工作领导小组，由省发展改革委牵头抓总。联动温州五县，在市、县层面建立相应领导小组和联席会议制度，明确工作职责分工，完善部门协同、上下联动、跨区域合作交流常态化工作机制。二是建立日常工作机制。建议设立浙西南革命老区（丽水）工作办公室，主要负责统筹协调革命老区振兴发展重大事项，拟定革命老区振兴发展重大政策，研究提出专项规划、年度计划建议，推动浙西南革命老区地方政策体系与国家政策体系相衔接，加快推进革命老区全面振兴发展，为全国革命老区扎实推动共同富裕提供先行示范。三是建立综合考评机制。可参考赣州经验，由"老区办"会同相关部门，围绕国家、省级部门历年的专项资金、重要事项、重大项目、重大平台的政策支持，梳理好"争资争项"目标清单，完善相应的考评机制，以考评激励先进。

二、强化贯通力，做好上下沟通衔接

建立与国家部委沟通衔接机制，掌握国家政策最新动态，获取国家部委倾斜支持。一是建立与国家部委工作对接机制。借鉴国务院办公厅印发的《新时代中央国家机关及有关单位对口支援赣南等原中央苏区工作方案》，积极争取建立国家部委与浙西南革命老区对口支援机制，以及重大事项部省联席会议制度，参照建立"1 个县 +2 个国家部委及有关单位"对接工作机制。二是密切对接国家高端智库，与浙江相关研究机构联动编制相关文件。三是加强与央企合作对接。加强浙西南革命老区与央企合作对接，建立推进、考核等闭环机制，形成省、市、县闭环合力。

三、强化穿透力，推动政策精准落地

推动革命老区振兴发展是一项系统工程，国家层面出台了一系列支持革命老区发展的政策，每一条政策背后都蕴含着巨大的政策红利。为此，要做好政策深度研究分析工作。

一是加强对国家革命老区政策研究。全面梳理国家已出台的支持革命老区的相关政策，集成省级部门、地市资源，集中开展对国家政策的研究，找出浙江可以对接、衔接和争取的重大政策事项。

二是建立动态项目研究谋划包装机制。梳理国家政策获取相关事项，加大对革命老区项目谋划包装力度，建立"省级指导、地方主体、智库协力"项目包装机制，争取更多项目获得国家支持。

三是建立重大事项精准对接机制。针对革命老区振兴发展牵一发而动全身的事项，加强重大事项研究、对接和争取。例如，在科创方面，借鉴赣州、闽西提升区域科创能力的经验，争取国家科技成果转移转化示范区、国家重点实验室、国家创新型城市、双创示范基地等重大支持，主动融入长三角区域创新共同体，助推打造浙西南科创中心。

四、强化合作力，携手共进合作共赢

浙江革命老区发展，需要加强与国家其他革命老区的联系，在相互交流中携手共进、合作共赢。

一是谋划设立浙闽边革命老区区域合作示范区。争取国家支持设立浙闽边革命老区区域合作示范区，推动浙闽边区域更高质量一体化协同发展。

二是建立省际边界地区革命老区互访交流机制。以浙江、江西、福建等省份的省际边界地区为重点，建立革命老区互访交流机制，争取在生态修复、产业发展、飞地建设、红色研学、教育医疗、基层党建等领域开展合作交流。

三是谋划联合组建革命老区共同富裕研究机构。推动建立支持全国革命老区振兴发展的数字平台，谋划实施刘英粟裕广场、万象山初心公园等一批重大红色项目。

四是寻求更多方面力量支持浙江革命老区发展。积极探访与浙西南革命老区有深厚渊源的老红军或革命家属后代，强化国家层面呼吁支持的力度，在提升浙西南革命老区红色知名度的同时，争取更多要素资源导入。

第五节　缙云县革命老区重点县城建设研究

缙云县是山区 26 县之一，也是浙江唯一的全国革命老区重点县城，其在推动共同富裕特别是乡村共富方面的有益探索，对于其他山区县、革命老区同样具有参考意义。

一、从四个维度认识缙云县革命老区

第一，从历史背景与地位来看，缙云县为浙江丽水市辖县，拥有丰富的红色革命历史。早在辛亥革命时期，缙云就是浙江革命的重要地区。大革命时期，缙云县多地相继建立了中共党组织，缙云县成为革命斗争的前沿阵地。土地革命战争时期，缙云建立了苏维埃政府，组建了地方革命武装，成为红十三军的策源地和游击中心区域之一。抗日战争和解放战争时期，缙云党组织进一步发展壮大，为全国的解放事业作出了巨大贡献。

第二，从主要革命老区分布来看，缙云县多个乡镇被认定为革命老区，这些地区在中国革命历史上具有重要地位。主要革命老区包括大源镇、新建镇、壶镇镇、大洋镇、三溪乡等。这些乡镇不仅拥有丰富的红色旅游资源，还见证了缙云人民在革命斗争中的英勇事迹。其中，大源镇位于缙云县东北部，是最早的红色革命老区之一。新建镇位于缙云县南部，是抗日根据地的重要枢纽。壶镇镇位于缙云县东北部，是抗日游击队的重要活动区域。大洋镇和三溪乡分别位于缙云县的东南部和东部，也是重要的红色革命老区。

第三，从红色旅游资源来看，缙云县的红色旅游资源丰富多样，包括革命烈士陵园、革命纪念馆、革命旧址等。这些景点不仅记录了缙云人民在革命历史时期所作出的巨大贡献和付出的巨大牺牲，也是进行爱国主义教育和革命传统教育的重要场所。

第四，从"红绿"融合发展现状来看，近年来，缙云县积极推进"红色浙西南、绿色新丽水"的生动实践，将红色资源与绿色发展相结合，推动革命老区振兴。通过系统开展革命遗址普查、打造丽金台温边境革命纪念馆、推动"党建＋旅游＋红色教育"精品线路的开发等方式，将红色资源转化为经济价值和社会效益。同时，依托优良的生态环境和丰富的农业资源，大力发展乡村旅游和生态农业，形成多元化、复合型的旅游产品体系。

二、缙云县革命老区重点县城建设面临的主要问题

（一）红色资源开发和利用不足

"红绿金"融合深度不够，红色旅游点位处于点状开发利用的松散状态，缺少整合开发、立体开发。旅游业态不够丰富，旅游产业发展尚不完善，体验感强的周边产品不多，农特产品附加值不高，未能充分发挥各种资源要素的互补作用，难以形成规模效益和带动效应。许多红色旅游点位地理位置偏僻，周围道路狭窄或未经修整，通行不便，周边配套的餐饮、住宿等设施普遍较为简单，未能营造红色文化旅游氛围。景区内部的旅游公共服务体系与基础配套设施尚难满足全域化、大众化、品质化的需求。

（二）红色资源保护力度有待加大

革命遗址（旧址）多数建立在农村偏远地区，经过多年发展，部分地

区经济发展水平依然总体滞后，基础设施建设不完善，且干部群众对红色资源的保护意识淡薄，许多革命遗址（旧址）在乡村建设中被毁坏或改作他用，导致部分红色资源永久性灭失。此外，部分红色资源因长期缺乏管理维护而受损严重，有的被完全改变了原有面貌，部分点位甚至仅存一块纪念碑石，缺失红色文化建筑应有的红色氛围，极大影响了其文化教育价值。

（三）中心城区首位度、城乡一体化水平有待提升

中心城区能级有待进一步提升，集聚产业、人口和要素的能力较弱，市政配套设施老旧，市政园林绿化、路面养护、配套设施由于资金短缺难以满足维护和管理需求，垃圾分类处理能力不高，污水管网系统建设不完善，燃气管道配套建设尚未实现城区全覆盖，停车配套设施有待完善，市政道路设施维护管理专业人才匮乏。城乡统筹发展不充分不平衡，空间资源利用不够高效，城镇规划建设水平有待提升，个性和特色彰显不足。美丽乡村建设韵味和特色有待增强，乡村发展的优质资源导入不足，城乡融合发展水平有待提升，农村发展活力有待进一步激发。

（四）优质公共服务供给不均衡

优质公共服务供给与日益多元的社会需求不相匹配，基层健康医疗服务、养老服务、社区综合服务设施等服务点和基础设施布局不合理、使用不方便，"重建设、轻管理""有设施、无服务"问题突出，缺乏个性化专业化服务。城乡、区域间公共服务发展不平衡，农村地区发展相对落后，协调发展压力较大。

三、亟须重点突破方向与举措建议

（一）聚力成为新时代红色基因传承县域样板

传承弘扬红色基因，率先打造老区红色价值转化标杆。

一要保护、挖掘利用和传承弘扬文化精髓。推动浙西南革命精神弘扬践行走深走实，实施革命遗址保护工程，绘制革命文物数字地图，打造红色革命文物保护利用示范点。通过书法、诵读、绘画等形式组织红色文化主题活动，将红色元素融入城市公共空间，打造红色建筑和村社。

二要创新推动红色资源价值转化。大力发展红色旅游，将"东乡""南乡"等区块红色旅游资源串点成线，优化红色旅游线路，打响缙云红色旅游品牌。推进"红绿"融合发展，开发乡村红色旅游，实施红色乡村振兴计划，丰富红色研学、节庆演艺等旅游新业态，打造"红绿"融合示范乡镇和示范村。

三要弘扬黄帝文化与优秀传统文化。擦亮"黄帝缙云"金名片，办好祭祀轩辕黄帝大典，扩大缙云作为黄帝文化中心的影响力。开展文化基因解码，建立缙云文化基因库，推进文化遗址保护，结合老城有机更新打造传统文化地标，推动非遗项目的传承与发展。

（二）聚力成为革命老区高质量发展县域样板

实施创新驱动引领和工业强县战略，率先打造老区高质量发展标杆。

一要建设高能级科创平台。推进县内外"3+N"创新动力体系建设，提升县科技创新中心能级，建设"科创飞地"，加强与高等院校、科研院所合作，推动创新资源集聚。

二要强化企业创新主体培育。深入实施"千企攀高"计划，培育创新领军企业，力争在国家级科技企业孵化器等领域实现突破。建立五级企业自主创新研发体系，鼓励企业加大科技投入力度。

三要构建完善创新创业生态。推动科技体制改革，优化科技资源配置，落实税收优惠和财政支持政策，完善创业孵化服务链，加大知识产权保护和运用力度。

四要强化人才引领驱动。迭代升级人才科技新政，完善人才工作体系，强化人才"引育用留"全链条服务，培养全梯度人才链，推动企业技术人才、技能人才、管理人才三才并举。

五要培育现代化产业集群。发展智能短途交通、机械装备、智能家电等主导产业，补足产业链薄弱环节，提升产业竞争力，打造特色产业集群。做强多层次企业梯队，实施"雄鹰行动""凤凰行动""雏鹰行动"等行动计划，培育"隐形冠军"企业，建立健全中小微企业梯队培育机制，形成大企业带动中小企业发展的融通发展新格局。

（三）聚力成为革命老区双向开放县域样板

深化对外开放合作，率先打造老区双向开放标杆。

一要深化山海协作工程。强化"飞地"等产业平台建设，推动基础设施、教育、科技等领域深度交流，做好东西部协作和革命老区对口合作工作。

二要深度融入长三角一体化。积极引进长三角中心城市优质企业，搭建科创合作平台，拓展长三角旅游市场，推进品牌农产品进入长三角"菜篮子"工程。稳步推动制度型开放，鼓励企业"走出去"，依托中德（长兴）国际产业合作园建设，推进对外文化交流和经贸合作。

三要建设现代化交通基础设施。推进高铁、高速公路项目，构建多元化、立体化交通圈，完善城区和乡村路网，提升交通基础设施水平。

（四）聚力成为革命老区高品质生活县域样板

优化城乡环境，加快绿色发展，着力提升民生福祉，率先打造老区品质生活标杆。

一要促进绿色低碳循环发展。加快能源结构调整，发展新能源，推进循环化园区建设，支持低碳新兴产业发展。拓宽生态价值转换通道，推进生态产品价值实现机制改革，完善 GEP 核算标准体系，健全自然资源资产产权制度和生态产品市场交易体系，探索建设区域生态产品交易中心。

二要推进城乡融合发展。优化城镇空间格局，推进城乡绿色开放空间建设，实施"三大革命"提质扩面工程，推进未来乡村创建工程。发展特色种植业，推进红色文化资源和历史文化名村保护利用，实施乡村有机更新工程，建设"四好农村路"。推进小型水源工程和天然气管网建设，提升乡村风貌。

三要支持就业创业增收。巩固"无欠薪"县创建成果，推进就业创业平台建设，支持多渠道灵活就业，促进重点群体就业创业，鼓励创业带动就业。深化收入分配制度改革，构建完善社会保障体系，拓宽居民财产性收入渠道，缩小城乡居民收入差距，推动农村集体产权制度改革。

四要持续增进民生福祉。深入实施教育提质行动，抓好学前教育、义务教育、职业教育等协同发展，创成全国义务教育优质均衡县和学前教育普及普惠县，推动高中教育和职业教育内涵提升。加快"健康缙云"建设，推进公立医院改革，加强重点专科建设，提升基层医疗服务能力，推进普惠托育服务体系建设。提升养老托育能力，建立完善农村留守儿童和困境儿童关爱服务体系，优化婴幼儿托育服务，推进乡镇居家养老服务中心功能升级。

第七章

中心城市推动共同富裕的实践研究

——以杭州市为例

在浙江被赋予高质量发展建设共同富裕示范区使命之际，杭州市作为省会城市，主动作为，奋力争当浙江高质量发展建设共同富裕示范区城市范例，积极探索具有普遍意义的中心城市型共同富裕和现代化路径。本章深入剖析了杭州市在推动共同富裕进程中的举措成效与实践经验，并对城市迈向共同富裕提出未来展望，为全国乃至全球城市促进共同富裕提供经验借鉴。

第一节　杭州市推动共同富裕的实践与成效

2021 年 5 月以来，杭州市深入贯彻落实共同富裕的新部署新要求，不断夯实共同富裕的"四梁八柱"，按照找跑道、定目标、建体系、抓改革的总体要求，形成了以"四横""四纵"为核心的高质量发展建设共同富裕示范区系统架构图，明确了标志性成果 19 项、"1+7+N"重点工作 74 项和"1+5+N"重大改革 50 项，构建了"统筹抓总、横向协同、纵向联动"的工作机制，不断完善共同富裕的话语体系和工作体系。同时，全力当好缩小"三大差距"的探路者、领跑者、带动者。三年来，杭州市在浙江高质量发展建设共同富裕示范区工作考核评价中持续保持领先。2023 年，杭州全市居民人均可支配收入为 73797 元，同比增长 5.0%，位列全国城市第六。城乡居民收入倍差缩小至 1.67，自 2013 年以来已连续 11 年呈缩小态势，收入分配格局不断优化；连续 17 年荣获中国"最具幸福感城市"称号。

一、以高质量发展筑牢共同富裕新基础

三年来，杭州市全面贯彻党的二十大精神和习近平总书记考察浙江重要讲话精神，强力推进省委、省政府三个"一号工程"和"十项重大工程"，形成了一批"奋进新时代、建设新天堂"的标志性成果，经济总量、

城市能级等实现跃升，进一步夯实了共同富裕的物质基础。2023 年，杭州市实现 GDP 20059 亿元、同比增长 5.6%，成为继全国 7 个城市之后新的一个经济总量突破 2 万亿元的城市，经济总量排名全国第八。城区人口突破千万，实现从特大城市到超大城市的大跨越。2023 年，杭州城区总人口突破千万、达到 1002.1 万人，成为全国 10 个超大城市之一。在《世界城市名册》中的排名跃居全球第七十三、创历史新高。连续 13 年入选"外籍人才眼中最具吸引力的中国城市"。截至 2023 年末，上市公司首破 300家、人才总量超过 300 万人。

（一）经济韧性和活力不断增强

产业结构不断优化，出台平台经济、人工智能等产业政策，组建杭州数据交易所，数字经济核心产业增加值达 5675 亿元、占 GDP 比重达28.3%。"中国软件名城"复评全国第二。加快发展先进制造业集群，出台高端装备、新材料、绿色能源、合成生物等专项政策，2023 年规上工业增加值实现 4355 亿元、同比增长 2.4%。入围全国中小企业数字化转型试点城市，获首批"浙江制造天工鼎"。2023 年，在册市场经营主体 187.5万户、同比增长 11.7%。推出"总部经济新政 22 条"，认定首批总部企业468 家，服务业增加值 14045 亿元、同比增长 7.2%。

（二）创新驱动能力持续提升

杭州市把科技创新摆在高质量发展全局的核心位置，全力推动科技创新深化实现新突破。以城西科创大走廊为主平台，高能级科创载体提能升级，中国科学院杭州医学所获批直属所。2023 年，首家国家实验室挂牌运行，新增全国重点实验室 7 家、总量达 18 家，承担国家、省重点研发项目 278 项，实施市重大科技创新项目 100 项，连续 3 年获省"科技创新鼎"，在国家创新型城市创新能力评价中居全国第五。完善科技成果转化全链条服务，杭州技术转移转化中心启动运行，承办全国颠覆性技术创新大赛总决赛，技术交易额突破 1500 亿元。2023 年，有效发明专利拥有量达 15.3 万件、居全国省会城市第一。实施科技企业"双倍增"计划，新认定国家高新技术企业 3195 家、总量超 1.5 万家，新增国家级孵化器 8 家、总数达 65 家。2023 年，全市财政科技支出同比增长 16.9%、市本级新增财力的 17.7% 用于科技投入，实现了"两个 15%"目标，全社会研发投入强度预计达 3.9%。

（三）营商环境建设走在前列

成功入选国家首批营商环境创新试点城市，在开办企业、知识产权、政府采购、"互联网 + 监管"等领域走在全国前列，在国家营商环境评价中名列前茅，18 项指标均被评为"全国标杆"，连续五年入围得分和最佳口碑省会城市及副省级城市前十，被确定为世界银行营商环境评估备选样本城市。制定并实施《杭州市优化营商环境条例》，推出新一批营商环境国家试点改革举措 150 项，率先实现 279 个事项凭营业执照"一照通办"，入选首批国家知识产权保护示范区建设城市，杭州国际商事法庭挂牌成立。全面落实促进民营经济高质量发展政策，制定杭州"举措清单"185 项，建立企业参与涉企政策制定刚性机制，深化"千名干部助千企"活动。探索推进全省首批政务服务增值化改革试点，创新打造"亲清在线·政策超市"。完成国企新一轮改革第一阶段任务，2023 年市属国企营收同比增长 29.1%、利润总额同比增长 8.5%、资产总额同比增长 13.4%。2023 年，杭州民营经济增加值占 GDP 的比重为 61.2%；年末私营企业 87.0 万家，占企业总量的 90.6%；规模以上工业民营企业 6132 家，占规模以上工业企业数的 88.5%，实现增加值 2552 亿元，占规模以上工业增加值的 58.6%；民间投资占固定资产投资总额的 51.9%，比上年提高 1.2 个百分点。"中国民营企业 500 强"数量连续 21 年居全国城市首位。

二、以高水平均衡引领共同富裕新实践

缩小"三大差距"，是浙江高质量发展建设共同富裕示范区的主攻方向。杭州市总面积 1.68 万平方千米，区域经济发展不平衡，城乡社会结构多元，其共同富裕实践在我国城市体系中具有典型意义。杭州市"东强西弱"问题突出，临安、桐庐、淳安、建德四地占杭州市面积超 72%，而人口仅占杭州市人口数量的 15%，GDP 之和占杭州市 GDP 的比重不足 10%，其人口密度、经济密度与区域面积不相匹配。近年来，杭州大力实施规划共绘、设施共建、产业共兴、环境共保、品质共享，推动西部县（市、区）与主城区加快发展、协调发展，努力当好缩小"三大差距"探路者、领跑者、带动者。

（一）持续推进强村富民，不断缩小城乡差距

聚焦强村富民的总体目标，创新开展缩小城乡差距专项行动，实施产业振兴、迭代升级帮扶机制、公共服务城乡统筹、城乡交通互联互通、资源要素保障五方面 15 个专项行动方案。特别是强化强村富民集成改革，聚焦短板弱项，打出山区 4 县高质量发展改革组合拳，建立健全涵盖产业、交通、要素等方面的政策体系，形成强村公司带动、桐庐乡贤回归、"建德师傅"培育等农业农村发展新动能，创新耕地保护机制，促进"种楼"和"种田"利益分享，打造"诗路文化·三江两岸"水上黄金旅游线，以旅游西进打造串联全市域的共富带，以超常规举措推动城乡区域协

调发展，系统增强杭州西部县（市、区）内生发展动力。2023 年，杭州市农村集体经济总收入为 197 亿元，经营性收入为 154 亿元，集体经济年经营性收入 50 万元以上行政村占比为 96.6%。

（二）强化市域统筹协作，不断缩小地区差距

做大做强跨区域高能级创新平台体系，在滨富合作区成功经验的基础上，建立高新区（滨江）萧山特别合作园，持续推动先进制造大项目和产业链关键制造环节跨区域落地，率先构建形成市域内闭环的"研发总部＋合作园核心制造＋周边配套制造"的先进制造业集群生态。强化协作帮扶，创新帮扶结对联合体，全方位促进山区 4 县高质量发展。2010 年至 2023 年底，杭州各协作组累计向杭州西部县（市、区）提供协作资金超过 49 亿元，实施协作项目 1908 个，实施产业转移项目 732 个，完成投资额 488.42 亿元。上述项目的实施，有力地完善了杭州西部山区 4 县的基础设施建设，促进了城乡资源要素有序流动，优化了产业布局功能，加快了当地的经济社会发展，城乡区域差距不断缩小，城乡面貌发生巨大变化。全力打造四个"1 小时交通圈"，三大交通枢纽全面落地，杭州西站、萧山机场三期建成投用，京杭运河二通道杭州段顺利贯通，地铁运营里程位居全国第五，除临安外实现县县通高铁，实现了各县（市、区）高速公路全覆盖，城市快速路累计通车里程位居全国前列。

（三）大力推进"扩中""提低"改革，不断缩小收入差距

聚焦"扩中""提低"九大群体，实施八大专项行动，以精准画像促重点群体就业增收，建立"一人一档"人力资源库，不断推动形成以中等收入群体为主体的"橄榄型"社会结构。2023 年，杭州市农村居民人均可支配收入同比增长 6.6%，高于城镇居民 2 个百分点；低收入农户人均可支

配收入为 25520 元，同比增长 11.7%。健全完善社会保障制度，建立健全大社保市域统筹体系，2023 年实现全市统一为 350 元 /（人·月），实现与低保、低边认定和补贴、特困标准、困境儿童补贴标准的统一，全市最低生活保障月标准达 1259 元，位居全省第一。企业职工养老保险顺利实现全国统筹，企退人员基本养老金实现连续 19 年增长，在全国范围内率先启动个人养老金先行试点。推动开展慈善信托全省试点，在全国范围内首个金融系统慈善信托基金项目落户杭州。

三、以高品质生活绘就共同富裕新画卷

杭州围绕人的全生命周期多元化需求，着眼人民群众最关心、最期盼、最具获得感的民生领域，大力推动公共服务优质均衡，构建多层次的共富联合体，迭代升级为民办实事长效机制，全力"打造共享幸福的新天堂"。

（一）加快完善"一老一小"服务体系

突出围绕人的全生命周期需求，高水平建设"老年友好型城市"和"儿童友好型城市"。在"老年友好型城市"建设方面，优化完善"身边—家边—周边"15 分钟居家养老服务圈，不断完善大社区养老体系，试点打造"幸福邻里坊"，探索开展家庭养老床位建设，全力推进居家养老服务用房配建，建设形成可复制、可推广的"家院互融、原居安养"养老服务新模式。杭州家庭养老床位建设入选民政部、财政部居家和社区养老服务改革试点工作优秀案例，医养康养结合经验获国务院领导批示肯定。截至2023 年底，全市共拥有各类养老机构 250 家、城乡社区居家养老服务中心2722 家。在"儿童友好型城市建设"方面，入选全国首批婴幼儿照护服务示范城市，构建起家庭照护、社区统筹、社会兴办、单位自建和幼儿园办

托等"5+X"多元化办托体系。国内首创建立婴幼儿成长驿站,率全国之先出台《杭州市婴幼儿照护服务设施配建办法》。截至2023年底,全市共有婴幼儿照护服务机构1356家,托位5.4万个,其中每千人托位数4.4个,居全国城市前列。

（二）推动教育医疗健康资源优质共建共享

深化"教共体"建设,实施名校集团化战略,杭州第十四中学青山湖学校、杭州高级中学临平新城学校、杭州第二中学富春学校、杭州学军中学桐庐学校落地推进;选派100余名中小学优秀骨干教师下沉山区4县（市、区）,开展为期2年的教育对口服务活动。连续3年获评全国健康城市建设样板市,深化医联体和县域医共体内涵建设,10家市级医院托管26家县级医院。健康杭州强化推进,牵头成立杭州都市圈健康城市联盟,全市居民健康素养水平超过40%,被评为全国健康城市建设样板市、健康中国年度标志城市。

（三）开拓嵌入式服务设施建设新路径

创新开展产业园区嵌入式幼儿园（含托育）建设,通过对各城区人口流入数量、产业园区员工子女入园需求的动态分析,建成一批公建公营、民建公营和民建民营等建设方式相结合的普惠幼儿园和托育机构。截至2023年底,建成嵌入式幼儿园（含托育）试点5家。聚力破解人均体育设施面积不足问题,开展嵌入式体育场地设施建设专项行动,出台《杭州市嵌入式体育场地设施建设导则（试行）》《杭州市嵌入式体育场地设施建设三年行动计划（2022—2024）》,累计建成各类场地设施4341片,面积147.4万平方米。

四、以高标准治理保障共同富裕稳步前行

三年来，为强化"物质富裕"与"精神富有"两手抓，奋力勇攀社会主义先进文明高峰，杭州重点围绕社会治理、文化治理和生态治理三大领域，着力推动建设中国数字治理第一城，打造全域文化繁荣、全民精神富有的一流历史文化名城，绘就现代版富春山居图，实现社会治理现代化水平、文化软实力大幅提升，新时代美丽杭州建设取得显著成效。

（一）社会数字化治理水平全面提升

持续推进城市大脑 2.0 建设，杭州城市大脑被评为省数字化改革"最强大脑"，其承担的"浙医互认""关键小事智能速办"应用成为全省数字化改革标志性应用成果，法治政府数字化转型被列为第二批全国法治政府建设示范项目。政务服务数字化水平在国务院办公厅综合评价中位居全国第一，首席数据官、数字专员等创新做法获全国推广。加快"大综合一体化"行政执法改革，191 个镇街全部实现"一支队伍管执法"。创新社会治理共同体，如西湖区建立"民呼我为·西湖码"数字应用，用户使用微信、支付宝等 App 一键扫码即可反映诉求，实现综治快响、矛盾快处、问题快办。临安区创新发展新时代"枫桥经验"，设立线上"共享法庭"为百姓提供远程调解、在线诉讼等服务。"共享法庭"相关工作先后得到时任浙江省委领导、时任最高人民法院领导的批示肯定，还得到《人民日报》、新华社等中央媒体的关注报道，并入选最高人民法院发布的《新时代人民法庭建设案例选编（一）》。

（二）文化软实力不断增强

大力推进新时代精神文明建设，巩固提升"礼让斑马线""孝心车

位""红十字'救'在身边"等"金名片"知名度,实现新时代文明实践中心市域全覆盖。强化千年文脉传承保护,深挖西湖、良渚、大运河三大世界文化遗产内涵,推进大运河国家文化公园等项目建设,以西湖龙井、径山茶宴为代表的"中国传统制茶技艺及其相关习俗"入选联合国《人类非物质文化遗产代表作名录》。重塑中国西部国际博览会百年品牌,成功举办中国国际茶叶博览会、中国国际动漫节、中国动漫节、杭州文化创意产业博览会、宋韵文化节等文化盛会。世界旅游联盟总部落成启用。实施文旅深度融合工程,打响"人间天堂·最忆杭州"城市文化品牌。2023年,实现文化及相关产业增加值3211亿元,同比增长11.3%。

(三)美丽中国建设谱写杭州新篇章

深入践行"绿水青山就是金山银山"理念,着力推动国家生态文明示范区、美丽杭州建设等谋划布局,不断夯实绿色生态本底,厚植生态文明之都特色优势,连续8年获评美丽浙江考核优秀,入选首批国家碳达峰试点城市。萧山区被命名为全国生态文明建设示范区、桐庐县被命名为全国"绿水青山就是金山银山"实践创新基地。推进全国首个现代化国际大城市减污降碳协同创新试点,深化蓝天碧水净土清废行动,2023年全市$PM_{2.5}$平均浓度为28微克/米^3,空气优良率达89.6%,市控以上断面水质Ⅲ类以上比例达100%,首获省"五水共治"大禹鼎金鼎、"无废城市"建设清源杯。生态系统承载力有效提升,实施湿地保护三年行动,高水平推进西湖西溪一体化保护提升工程,加强千岛湖良好水体综合保护,提升湘湖、梦溪水乡综合保护和利用水平,加强钱塘江、苕溪、大运河等流域治理与水生态修复保护,在淳安特别生态功能区严格落实全国首部生态特区条例《杭州市淳安特别生态功能区条例》。获得第五届世界生物圈保护区大会举办权,高分通过国际湿地城市创建评估,省级生态文明建设示范区实现全覆盖。

五、高效能改革助力共同富裕加速行

杭州强化高效能改革攻坚，积极探索构建整体智治、高效协同的制度创新体系，坚定不移以改革理念和创新思维谋划推进各项工作，着力建设变革型组织，提高塑造变革能力，争取更多更好地总结提炼出一系列具有杭州特色、可复制、可推广的先进经验。

（一）探索建立健全共富型制度政策体系

杭州建立了以《杭州争当浙江高质量发展建设共同富裕示范区城市范例的行动计划（2021—2025年）》为核心的共同富裕制度政策体系，打出《杭州市"一老一小"整体解决方案》《杭州市高中学校基本建设攻坚行动工作方案（2022—2025年）》等政策组合拳，积极探索推动发展型制度政策加快向共富型制度政策跃升转变。

（二）探索构建共同富裕推进机制

三年来，杭州聚焦制度体系重塑，初步构建塑造了工作联动、赛马激励、大成集智、舆论引导四大共同富裕推进机制，进一步激发共同富裕内生动力。建立"统筹抓总、横向协同、纵向联动"工作联动机制，建立三级例会、督查督办及评估评价工作体系，实现省、市、县三级贯通，同时增强市委社会建设委员会统筹协调能力。坚持"小切口、大牵引"，开设理论课题、试点案例和重点攻坚3个比拼赛道，打造基层实践创新—部门总结提炼—全市复制推广的推进模式。2021—2023年，杭州累计入选省级最佳实践18个、省级试点9个。

（三）探索实施共富基本单元建设运营改革

聚焦探索可持续运营机制，积极引入社会资本参与未来社区投资建设和后期运营，形成自我造血机制，在全省率先出台《杭州市城镇未来社区验收办法（试行）》《杭州市未来乡村试点创建评价指标体系（试行）》《杭州市未来乡村建设指南》等。截至2023年底，杭州累计开展省市未来社区创建项目300个（其中省级252个），覆盖社区单元总面积超过100平方千米，受益居民数超260万人，累计建成并通过验收项目143个（其中省级135个），共有479个服务场景上榜全省共同富裕现代化基本单元"一老一小"服务场景名单。在全省11个地级市中，杭州未来社区创建数量和建成数量均位居第一。杭州共同富裕现代化基本单元建设取得了阶段性成果，未来社区建设工作已经由试点创建迈向全域推广。

第二节　杭州市推动共同富裕的开创性探索实践与启示

共同富裕是开创性事业，是系统性变革重塑，没有先例可循，没有现成模式，唯有实践求索，敢试敢闯、敢为人先，才有可能真正蹚出一条新路。杭州争当浙江高质量发展建设共同富裕示范区城市范例的实践，是忠实践行"八八战略"以来的杭州成果积累，其所坚持的思路、理念和做法等，为全国、全省进一步推进共同富裕提供了具有重要参考价值的理论基础和实践指引。

一、坚持党的全面领导是推进共同富裕的根本保证

共同富裕是一个系统性工程。古今中外的实践都已证明，依靠市场机制调节，贫富差距只会加大，难以实现共同富裕。从杭州实践中可以发现，在推进共同富裕进程中发挥党和政府的领导作用，建立有计划、有组织地弥补市场在协调发展中失灵的机制至关重要。这表明，坚持党的领导是促进实现共同富裕的重大原则问题，决不能有丝毫动摇。两年来，杭州始终把党的领导贯穿到争当浙江高质量发展建设共同富裕示范区城市范例的全过程、各领域、各环节，尤其是在高质量发展、协调发展、共享发展等方面和乡村振兴、居民就业、社会保障、民生改善以及社会治理等领域，发挥了至关重要的作用。例如，在党建统领高质量发展方面，杭州制定出台了《关于深化全市域党建联盟助力争当高质量发展建设共同富裕城市范例的指导意见（试行）》，持续强化党建工作在推进共同富裕重大任务、重要改革中的统领作用。在党建统领强村富民方面，杭州不仅出台《关于高质量发展打造共同富裕乡村范例的实施意见》，还专门召开党建统领助跑共富暨强村富民集成改革推进会，出台方案引导全市 13 个县（市、区）联合相关部门分类施策，要求把党的全面领导贯穿强村富民、共同富裕全过程，全面推进党建联建机制系统化、制度化、规范化。在党建统领社区治理方面，全面加强党对老旧小区改造和未来社区建设的领导，出台了《关于以党建引领高质量推进老旧小区改造提升的指导意见》，明确以旧改项目党组织为圆心，凝聚各方力量，旧改工作越做越顺。杭州发布了《党建统领未来社区工作规范指引（试行）》和全省首个市级未来社区验收办法——《杭州市城镇未来社区验收办法（试行）》，首次将党建考核纳入评分标准，旨在将党建工作贯穿到未来社区建设全过程，逐步打造"党建统领、多跨融合、数智赋

能、共建共享"的治理新格局。从把"支部建在小区上",全面推进小区党建,到"老旧小区改造到哪里,党组织就建在哪里",再到加强社区功能型党支部和团组织的建设,打通了社区建设和治理"最后一公里",社区治理和旧改取得了"看得见、摸得着"的成效。

杭州坚持党的全面领导,以党建工作一体化引领发展建设一体化、基层治理一体化,结合实际组建多种类型的党建联盟等实践经验,为全省乃至全国其他地区破解推进共同富裕发展、服务、治理等存在的难点问题提供了有效路径借鉴。

二、以高水平创新促进高质量发展是推进共同富裕的基础支撑

城市的共同富裕是建立在城市高水平发展基础上的。没有高水平创新就没有高质量的发展,更没有高度共享的成果。习近平总书记强调"在高质量发展中促进共同富裕"[1],指明了高质量发展是促进共同富裕的基础。高质量发展是解决逐步实现共同富裕一切问题的基础和关键,实现共同富裕必须依靠高质量发展。在杭州争当浙江高质量发展建设共同富裕示范区城市范例过程中,以高水平创新促进高质量发展是杭州范例的典型特征。杭州始终准确把握共同富裕与高质量发展的辩证关系,清醒认识要以高水平创新撬动高质量发展,突出强化科技自立自强,持续加大研发和创新投入力度。2022 年,杭州研究与试验发展(R&D)经费支出占 GDP 比重达 3.86%,居副省级城市前列。同时,强化国字号平台和高水平成果建设,积极争创综合性国家科学中心,实现生产效率持续提高,科技创新实力大幅提升。2022 年,杭州在国家创新型城市创新能力评价中位列全国第三,为建设世界一流的社会主义现代化国际大都市

---

[1] 习近平:《扎实推动共同富裕》,《求是》,2021 年第 20 期。

提供强大科技支撑。

杭州一心一意谋发展，在大力推进高质量发展中做强共同富裕物质基础的实践经验，是在实践、认识、再实践、再认识的反复探索中掌握共同富裕的规律。这既表明实现共同富裕是一个长远目标，需要一个过程，不可能一蹴而就，唯有主动出击、积极应对，才能化危为机、善作善成，同时也表明以高质量发展做大"蛋糕"是实现共同富裕的最强基石。同时，杭州以高水平创新促进高质量发展进而推进共同富裕的实践经验也为全省乃至全国其他地区处理高质量发展与共同富裕关系、培育经济发展新动能助力共同富裕提供了模式和路径参考。

三、统筹运用系统论和重点论是推进共同富裕的基本方法

共同富裕是一场全方位、系统性的社会变革，涉及经济社会发展的各个方面，是一项政治性、政策性、专业性都很强的复杂性工作和开创性事业。推动共同富裕，既不能"眉毛胡子一把抓"，也不能无的放矢。杭州县与县、县与区以及区域内部之间差异较大，这也使杭州共同富裕建设的复杂性不断增强。在争当浙江高质量发展建设共同富裕示范区城市范例过程中，杭州既牢固树立"一盘棋"的系统思维，把推动共同富裕作为一个整体加以谋划、推进和实施；又紧紧围绕主要矛盾和中心任务，着力突破重点领域和关键环节。例如，在构建系统工作推进机制方面，杭州以系统性思维整体推进共同富裕的组织领导、政策制定、资源配置、改革导向、绩效评价等工作，建立杭州争当浙江高质量发展建设共同富裕示范区城市范例领导小组常态化会议推进机制，形成了以"四横""四纵"为核心的高质量发展建设共同富裕示范区系统架构图，构建了"统筹抓总、横向协同、纵向联动"的工作机制。在重点任务突破方面，杭州强化推动两

点论与重点论相统一，聚焦关键领域突破，《杭州争当浙江高质量发展建设共同富裕示范区城市范例的行动计划（2021—2025 年）》提出推进七方面"先行示范"、打造七个"省域范例"任务要求，并在市委十三届二次全会上提出率先探索五条具有普遍意义的共同富裕和现代化路径，从十个方面作为切入点，推动打造形成了一批具有"杭州辨识度"的共富标志性成果。

杭州善用系统论和重点论推进共同富裕的实践，充分体现出了全局性、整体性和突出性、重点性相结合的特点，启示我们推进共同富裕牵一发而动全身，既要坚持和运用系统思维，全面推进政治、经济、社会、文化、生态等各方面的互动协同，同时也要强化重点突破和示范引领，注意区分层次、分类指导，把顶层设计、总体目标和重点任务结合起来，做到"立治有体、施治有序、重点突出"，才能形成强大合力，加快实现共同富裕。

四、制度性改革创新是推进共同富裕的内生动力

共同富裕是一场以缩小地区差距、城乡差距、收入差距为标志的深刻社会变革，需要充分发挥各方各面的优势和力量，找到落脚点，蹚出新路子。没有改革就没有真正的变革。从杭州案例看，改革自始至终是推动共同富裕建设向前发展的关键手段。在争当浙江高质量发展建设共同富裕示范区城市范例过程中，杭州突出改革创新，把缩小"三大差距"作为主攻方向，以数字化改革为牵引，探索一系列制度创新，形成了一批推动共同富裕的新模式新路径。聚力缩小地区差距，杭州强化推进东西协作，全面推动城区与山区 4 县（市）产业共兴、飞地共创、项目共引等"10 个共"协作帮扶，同时深化县（市、区）协作、联乡结村、镇街结对帮扶机制。

聚力缩小城乡差距，杭州深化新时代乡村集成改革，启动实施闲置农房激活计划，加快建设未来乡村，实施一批"产业大脑＋未来农场"项目，探索形成具有杭州特色的数字乡村、未来乡村建设模式。聚力缩小收入差距，杭州实施就业保障提质、"双创"生态优化、农民增资增收、分配机制完善、人力资源开发、兜底帮扶提质、公共服务减负和社会氛围营造八大行动，同时建立统筹协调、组织推进、督导检查和社会评价的闭环管理推进机制，着眼全局、统分结合，多管齐下、同向发力，确保共同富裕蓝图落地见效。杭州持续、逐步缩小地区差距、城乡差距、收入差距，着力提高了发展的平衡性和协调性，切实让发展成果更多更公平地惠及全体人民。

杭州以缩小地区差距、城乡差距、收入差距为三大主攻方向，探索形成推进共同富裕的新机制、新模式等实践，充分发挥了数字化改革的牵引撬动作用，特别是从开展共同富裕机制性创新探索，到推动政策制度落地见效，有效破除了共同富裕部分相关领域的体制机制障碍，极大激发了共同富裕的动力、活力和效能。

五、以人民为中心是推进共同富裕的出发点和落脚点

实现共同富裕的城市一定是人民群众共建、共创、共享的城市，人民群众是共同富裕的出发点和落脚点，更是共同富裕的共同创造者。实现共同富裕的根本前提是要共同创造、共同建设、共同奋斗，并且在共建中实现全民共享。只有人人参与、人人尽力，才能真正实现人人享有。杭州争当浙江高质量发展建设共同富裕示范区城市范例，始终坚持人民至上、群众所盼，把增进人民群众福祉作为促进共同富裕的出发点和落脚点，同时强化全社会共同参与，着力形成推动共同富裕的强大合力。

在以人为本推动美丽城镇建设方面，杭州紧紧围绕"功能便民环境美、共享乐民生活美、兴业富民产业美、魅力亲民人文美、善治为民治理美"的"五美"目标，强化以人民为中心的工作重心和目标，积极拓宽美丽城镇的发展和服务边界。在公共服务普及普惠方面，杭州高水平建设"一老一小"友好型社会，做实做细"老有所养""学有所教""病有所医"等，着力改善制度性缺陷，补齐短板和协同推进相关配套改革，绘就群众看得见、摸得着、真实可感的幸福图景。在居民幸福共同体建设方面，杭州以高水平打造共富城市基本单元为抓手，在全省率先建立大专班工作机制，率先形成未来社区建设和城乡风貌整治提升的顶层设计、政策方案，形成可持续、可复制、可推广的杭州未来社区建设模式。在强化企业参与共建方面，推进共同富裕示范区城市范例建设的两年来，越来越多的杭州企业主动作为，在促进经济稳定增长、增加就业、改善民生等方面发挥积极作用，为杭州迈向共同富裕提供更多助力。

杭州坚持"共富路上一个都不能少"的做法启示我们，人民是共同富裕的实践主体，围绕促进共同富裕所实施的工作重点必须始终坚持以人民为中心，要围绕人民群众最关心的领域，强化先富带后富、先富帮后富，把持续推进城乡基本公共服务均等化、加快城乡社区现代化建设、优化农村软硬环境等作为促进共同富裕最重要最具体的出发点和落脚点，同时强化共同参与、共建共享，不断增强人民获得感、幸福感、安全感，满足人民对美好生活的向往。

六、人与自然和谐共生是推进共同富裕的基本要求

坚持生态文明下的共同富裕是很高境界的共同富裕，它体现了富裕的更高层次和可持续水平。共同富裕，不仅在于让广大人民群众的"口

袋""脑袋"富起来，更需要让我们赖以生存的生态环境美起来。在杭州争当浙江高质量发展建设共同富裕示范区城市范例过程中，坚持把良好的生态环境作为最普惠的民生福祉，实现全市生态文明共建共享氛围浓郁。

在美丽杭州建设方面，杭州以钱塘江、富春江、新安江为轴线，联动运河、苕溪，串联山水资源，统筹自然水系、山体、湿地、绿地等生态资源，在多中心、多组团、多节点之间构建绿色开敞空间和生态安全屏障。同时，持续开展湿地保护修复工程，着力完善湿地保护制度。在助力全面绿色转型方面，杭州通过抓好能源、交通等6大重点领域绿色低碳转型，深化各类低碳（零碳）示范创建，倡导绿色低碳生活方式，助力有序推进碳达峰、碳中和。在生态环境数字化方面，杭州市按照"一张图"理念，率先构建"生态智卫"大场景，建成空气卫士、秀水卫士、督察在线、环保智管服等应用场景，实现生态环境底数清、风险清、动态清、能监测、能预警、能处置。两年来，生态共富，大美杭州，已从一个点辐射到全区域，形成了一批可复制、可推广的生态"共富"案例，在生态文明方面起到了很好的综合引领、示范标杆作用。

杭州探路生态共富，坚持共同富裕的"绿色"底色等实践，不仅对浙江高质量发展建设共同富裕示范区举足轻重，对全国推进共同富裕也具有重要的示范借鉴价值。这也启示我们，共同富裕和生态文明建设是中国式现代化的"鸟之两翼"，两者互为一体、相互促进，在推动共同富裕过程中，要坚持一张蓝图绘到底，把生态文明建设纳入经济社会发展全局，顺着"绿水青山就是金山银山"的路子走下去。

第三节　杭州市推动共同富裕先行的未来展望

迈向共同富裕是一项久久为功的开创性任务，等不得、急不得、慢不得。2024 年是浙江高质量发展建设共同富裕示范区三周年，是第一个五年目标承上启下的关键一年。当前和未来一个时期，杭州要持续深入学习贯彻党的二十大精神和习近平总书记关于推进共同富裕的重要论述，认真落实中央和省委决策部署，忠实践行"八八战略"，努力推动关键领域实现突破、政策体系加快完善、创新模式持续探索、重大改革迭代深化、群众感受普遍提升，走出一条具有普遍意义的共同富裕和现代化先行路径，为全省高质量发展建设共同富裕示范区贡献更大力量。

一、必须始终坚持打造有特色的范例

杭州的共同富裕是高水平、高质量、高标准、高要求的，这就要求杭州创造性、系统性落实示范区建设各项目标任务，率先探索破解新时代社会主要矛盾的有效途径，率先形成可复制、可推广的经验做法。杭州促进共同富裕的目标是清晰的，就是要高水平推进共同富裕幸福杭州建设，加快打造世界一流的社会主义现代化国际大都市，率先在全省和全国探索具有普遍意义和可复制、可推广的共同富裕和现代化路径。

这一目标的核心是要聚焦全域性、高质量、全面性三个方面形成杭州特色，打造范例模式。

一是走出一条大尺度空间全域共富的路子。杭州总面积 16596 平方千米，具备城乡、山海（杭州湾）等复杂特征，既有超大规模大都市区，又有偏远山区小县城，既有城市共富，又乡村振兴，既有现代引领，又有传统创新，这增加了实现共同富裕的难度，但也彰显了杭州共富范例的普遍性意义。如果考虑到占地五万平方千米的杭州都市圈，其全域共富的意义就更加重大。

二是走出一条高质量发展共富的路子。没有发展就没有共同富裕，没有高质量发展，也不会有持续的共同富裕。共同富裕最核心的支撑就是经济发展的质效，这要求杭州必须在推动高质量发展中做大共富"蛋糕"，持续优化营商环境，打造更多创新平台，培育更多市场主体，创造更多就业机会，促进一二三产业融合发展，积极探索创新创业促共富的新路径，为共同富裕插上科技创新的"翅膀"。

三是走出一条一体化联动全面共富的路子。一体化联动全面共富必须处理好发展与民生、物质与精神、核心与外围、生态与经济、城市与乡村、市内与市外等多对关系的平衡。从处理好杭州和杭州都市圈范围内居民的共同富裕、服务共享来看，在更大范围配置生产力、妥善处理好生产关系，将会是一项具有普遍意义的重大创新，考验着杭州的智慧。

二、必须始终坚持以创新驱动为引领

共同富裕最核心的动力在于高质量发展，在发展中平衡、共享，其核心基础是发展。按照《杭州争当浙江高质量发展建设共同富裕示范区城市范例的行动计划（2021—2025年）》确定的目标，到2025年，杭州人均GDP突破18万元，全员劳动生产率达到27万元/人，R&D经费投入强度达到4%，发明专利拥有量达到10万件，数字经济核心产业主营业务收入实现翻一番、超过2万亿元，这意味着杭州正向着世界级一流城市迈进。这也要求杭州必须以创新驱动发展战略为重点，加快形成更富活力、创新力、竞争力的高质量发展模式。

要达成这一愿景，必须在三方面实现大突破。一是在科技创新引领方面有大突破。要聚焦科技成果转化首选地、国家战略科技力量集聚地、全球科技创新策源地"三地"建设，着力强化城西科创大走廊和杭州高新区高标准、高质量发展，着力打造国家实验室和国家实验室基地群，着力争创综合性国家科学中心，着力打造全球人才蓄水池。二是在产业创新发展方面有大突破。要推动杭州数字经济核心产业发展，着力提升数字经济核心产业增加值比重，在未来产业和战略性新兴产业培育壮大方面实现大突破，超前部署发展人工智能、量子科技、元宇宙等未来产业。三是在民营经济创新方面有大突破。要全力支持民营经济高质量发展，持续做大做强民营企业，加快推动民营经济在科技创新和高质量发展上更进一步，在全球竞争中实现更大突破。

三、必须始终坚持全面深化改革探路

共同富裕本质上是一揽子的兼顾效率与公平的制度体系、政策体系。在中国特色社会主义基本制度框架下，各地的共同富裕基本制度是一致的，但政策体系和体制机制却各有千秋。杭州打造可复制、可推广的共富城市范例，必须在形成杭州独特的共富型体制机制和政策体系上走在前列。杭州以"杭向共富"为主品牌，深入打造共富新范式，形成了一批在全省、全国可复制推广的标志性成果，进一步提升"全国共富看浙江，浙江共富看杭州"的美誉度和影响力。这将是杭州共富城市范例久久为功的关键。

要在缩小"三大差距"中夯实共富基础，全力支持杭州西部县（市、区）加快发展，着力提升县城和中心镇承载力，切实深化强村富民集成改革，创新完善慈善信托项目运作机制，更好统筹城乡区域发展。要在深化公共服务优质共享中擦亮共富底色，加大"一老一小"、未来社区、未来乡村等有效做法的推广力度，重点支持杭州西部县（市、区）教育、医疗卫生、社会保障等领域的补短提升，坚持和完善为民办实事长效机制，切实把好事办好、实事办实。要在坚持不懈大抓落实中增强共富实效，既坚持全市"一盘棋"又积极鼓励基层首创，以共同富裕先行的实干实绩彰显中国式现代化城市范例的美好图景。

杭州共富城市范例的规律性、普遍性、科学性还需要进一步迭代创新完善，要进一步按照"三个一批"理念，更加聚焦民生福祉、更加聚焦群众"四感"，探索打造一批具有杭州辨识度、全国影响力、群众可感知的标志性成果，持续擦亮中国最具幸福感城市金字招牌。推出一批从发展型制度机制向共富型制度机制跃升的共富机制性制度性创新模式，谋划落地一批具有普遍意义的重大改革，找准共同富裕的新跑道、新抓手，聚焦破解共同富裕普遍性难题新题，在"扩中""提低"改革、财税政策体系完善、共同富裕联合体打造、金融赋能共富、公共服务优质共享等方面，实施一批"小切口、大牵引"的重大改革和重大抓手，为全省、全国共富改革铺开当好先行者、探路者。

四、必须始终坚持深化文化文明赋能

中国式现代化是一种全新的人类文明形态。共同富裕作为中国式现代化的目标要求，必须具有强大的开放性、包容性。杭州要打造城市共富的范例，就必须放在文明发展的开放型视角中去开拓探索。从文明视角看，杭州打造共同富裕城市范例，要坚持物质文明、政治文明、精神文明、社会文明和生态文明一起抓，加快建设一座全域文化繁荣、全民精神富有、生活幸福的一流历史文化名城，充分彰显城市共同富裕的独特韵味、别样精彩，为中国式现代化文明彰显提供鲜活城市样本。当前，尤其要突出推动物质文明和精神文明协调发展，争取作出更多新的贡献。一方面，要在数字文明上引领。要加快建设全球数字变革策源地，全力创建全球数字贸易中心，在数字文明的壮大发展、规则制度创新上引领突破。另一方面，要在新时代文明实践上引领。保护"红色根脉"，传承弘扬宋韵文化，全面展示杭州深厚文化底蕴。坚定不移深化新时代文明实践，擦亮杭州"最美现象"发源地、"好家风"、"礼让斑马线"、"孝心车位"等引领文明风尚"金名片"，打造家庭和睦、邻里和谐、社会和美的平安杭州。

第八章

山区海岛县共同富裕试点的实践研究

——以浙江省高质量发展建设共同富裕示范区第二批试点为例

共同富裕试点作为浙江高质量发展建设共同富裕示范区的重要实践，旨在通过探索创新、先行先试，形成可复制、可推广的经验做法，为全省乃至全国推动共同富裕提供示范和引领。本章选取了浙江省高质量发展建设共同富裕示范区第二批试点中的 3 个山区海岛县，重点对其中期实践进行深入剖析，以直观展现山区海岛县在共同富裕试点中的实践探索与经验积累，为其他地区提供借鉴和参考。

第一节 常山县以农业龙头企业带动共同富裕的实践与经验

常山县位于浙江西部，地处浙闽赣皖四省九地市中心地带，区域总面积 1099 平方千米，下辖 6 镇 5 乡 3 街道。2023 年，全县 GDP 同比增长 7.1%，实现农林牧渔业总产值 15.2 亿元，同比增长 6.9%，农村居民人均可支配收入 31266 元，同比增长 7.8%，城乡居民可支配收入比为 1.67：1。在推动共同富裕的实践中，通过农业龙头企业的带动作用，常山县走出了一条具有地方特色的共同富裕之路。

一、实践成效总体评价

自 2022 年 6 月被列入省级高质量发展建设共同富裕示范区第二批"机制创新类"试点以来，常山县高度重视，迅速行动，成立了由县委书记任组长、县长任第一副组长的农业龙头企业带动共同富裕试点工作领导小组。该小组以试点创建为主要抓手，聚焦缩小城乡差距的机制性、制度性创新，围绕共同富裕示范区县域典范建设目标，积极探索可复制、可推广的"常山模式"。

开展试点建设前，常山县农业规模化程度低，农业企业生产效益低、规模小、竞争力弱，主导产品市场占有率较低、深加工水平低，市场带动力、竞争力不足，带动群众增收能力有待提升。群众收入来源单一、收入分配不均，全县约有 10 万人直接或间接从事"两柚一茶"产业相关工作，但产业规模化程度低、成本高，收入来源主要依靠售卖生鲜产品，产业链短。获批成为试点后，常山县加快编制出台《常山县"一只果"产业高质量发展（2023—2025 年）行动方案》《常山县油茶产业高质量发展三年（2023—2025 年）行动方案》等配套政策，将土地、资金、能源、科技、人才等资源要素向重点企业、重点项目、重点环节倾斜，每年安排 1000万元财政资金作为"两柚一茶"产业发展专项资金，制定形成试点目标指标、重点工作、重点改革、预期成果四张工作推进清单，成就"双柚汁"网红名品。特别是宋柚汁的销售额在近三年呈现"爆发式"增长，从 2021年的 3500 万元攀升至 2023 年的 6 亿元。

总的来看，常山县试点主要目标指标基本完成或达到进度要求，各项试点任务稳步有效推进，民众了解、参与共同富裕试点建设的氛围浓厚，形成的良好社会效应正逐步显现，民众满意度提升，总体上取得优良的试点建设成效，并形成了一批实践成果和亮点经验。

二、亮点成果与经验

常山县试点建设以带动农民共富为核心宗旨，通过农业发展工业化构筑产业发展新优势，依托龙头企业打造品牌产品新优势，并借助政策引导形成发展合力。这一系列举措不仅打造出具有示范推广意义的典型案例，还探索形成了一系列农业龙头企业促进共同富裕的经验性做法，为现代农业助力共同富裕贡献了宝贵的经验启示。

（一）聚焦农业发展工业化，成功构建产业合作发展新模式

在传统农业向现代农业转变的关键时期，常山县立足胡柚这一特有水果，坚持系统思维，以工业化理念引领农业发展。通过大力培育"两柚一茶"主导产业，推动全果利用，实现了从鲜果销售到主打加工赛道的转变。具体做法如下。

一是提升鲜果供应品质。品质是农特产品的灵魂。常山县建立了胡柚数字化种苗繁育中心，深耕配方施肥、绿色防控等新技术，成功打造了胡柚良种地标。累计培育、更新了120万株优质种苗，良种覆盖率达到95%以上。同时，在浙江艾佳食品有限公司、浙江柚都生物科技有限公司等胡柚企业推广全球二维码迁移计划（GM2D）应用，将"常山胡柚"地理标志证明商标信息录入"浙食链"系统，为胡柚产品打造了独一无二的"原产地身份证"。

二是培育精深加工企业。常山县成功引进了浙江柚香谷投资管理股份有限公司，并培育了浙江天子股份有限公司、浙江艾佳果蔬开发有限责任公司2家农业产业化国家重点龙头企业、国家农产品加工示范企业。目前，有30余家精深加工企业，带动鲜果收购价增长70%。

三是打造全果利用产品矩阵。常山县创新了"胡柚＋香柚"的"双柚"产业合作发展模式，研发了饮、食、健、美、药、香、料、茶八大类近百款U系列产品。同时，培育并打响了"一份'常'礼"地域品牌，以"一份'常'礼、一片'柚'情"为主题，打造高端胡柚产品。宋柚汁、NFC胡柚汁等网红饮品火爆市场，引领了消费潮流。目前，以胡柚为核心的"双柚"产业总产值已突破40亿元。

四是强化创新支撑。常山县加强了产学研合作创新，成立了常山县胡柚研究院、衢枳壳研究中心，建立了常山胡柚精深加工技术体系，带动了胡柚产业的创新发展。同时，研究机构还与浙江大学、浙江中医药大学、

浙江省医科院、浙江省农业科学院等高等院校和科研机构开展了广泛的合作，共同研究胡柚的营养与健康价值、黄酮素提取、精油分类提取以及衢枳壳儿童药物开发等项目。

（二）聚焦产业跨界融合，成功打造了多元消费新场景

文化是农业品牌的引擎。近年来，常山县聚焦文化赋能，将胡柚文化融入城市建设和产业发展中，打造形成一批特色多元的消费新场景。一方面擦亮了常山县胡柚文化品牌。加大力度解码胡柚文化基因，促进胡柚产业向文创产业延伸。做大胡柚文化知识产权（IP），拍摄《胡柚娃》动漫电影，在戛纳国际电视节亮相推介。举办"赏花问柚"和"UU"音乐节等活动，唱响 ALL FOR YOU 城市主题曲，拍摄《伊路向东》《"食"万八千里》等纪录片向国内外推介。另一方面拓展了消费新场景。将胡柚元素融入城市空间，打造胡柚大道、胡柚广场、胡柚口袋公园，引入常山农业风情休闲中心、胡柚生态主题酒店等商业配套设施，建设香柚湾、漫柚溪谷等集农业观光、研学旅游、休闲康养于一体的农文旅综合体，年吸引游客超50万人次。

（三）聚焦要素支持体系化，出台了一批创新集成政策支持体系

产业发展离不开政策扶持。近年来，常山县聚焦"两柚一茶"特色主导产业，出台了一批重大扶持政策，有效提升了龙头企业竞争力，增强了共同富裕带动辐射能力。首先是密集出台一批产业支持政策。先后制定了《常山县"两柚一茶"产业高质量发展（2021—2025年）行动方案》《关于推进"共富果园"建设工作的实施意见（试行）》《关于加快乡村振兴产业高质量发展的若干政策意见（试行）》《关于推进土地大流转推动产业大提升的若干意见》等系列产业扶持政策，鼓励产业"链式"集聚，内育"龙

头"、外引"链主",为"两柚一茶"特色产业高质量发展构建全面系统政策支撑体系。其次是不断加大资金支持力度。2021—2023年,常山县累计投入"两柚一茶"全产业链发展专项资金超2亿元,主要用于土地流转、种植、精深加工、质量安全追溯、服务体系及品牌建设等各个环节。最后是创新强化金融支持。实体化运作"两山合作社",上线"生态云脑"应用,建立绿色金融信用体系,积极开展生态资源资产证券化探索和绿色保险产品创新,扩大信用贷款适用范围、提高信用贷款额度,降低贷款成本。目前,常山县已为经营主体发放生态贷超5亿元,带动176个村增加经营性收入近6000万元。

（四）聚焦规律性认识，总结了农业龙头企业促富的核心理念与实践启示

在试点建设过程中，常山县深刻认识到放大特色优势、坚持系统集成和政企协同的重要性。常山县立足县域地域特色和"柚油"资源禀赋，提出聚焦"两柚一茶"，以工业理念抓农业的发展策略，成功实现了巨大的社会效益和经济利益。

第一是发挥特色产业优势，把发展特色产业作为根本之策。常山县充分认识到共同富裕不仅要做大"蛋糕"，更要分好"蛋糕"。促进共同富裕，离不开产业做大做强。要实现产业做大做强，就必须立足特色优势基础。常山县以试点创建为抓手，通过大力发展"两柚一茶"特色产业，构筑了全链式发展体系，做到"一只果"全利用，并成功打造了具有影响力的产品品牌，实现了巨大的社会效益和经济利益。这一实践启示我们：山区农业要做大做强，必须走农业工业化发展道路，并注重培育和发展特色产业。

第二是坚持系统集成，把改革创新作为活力源泉。在推进各项工作的

过程中，常山县注重系统思维和创新打法。无论是"两柚一茶"产业培育、产品体系创新还是"两山合作社"改革，都不是零敲碎打，而是都采取了体系化推进的方式，并在实践中持续迭代创新。这一实践启示我们：要实现共同富裕目标，就必须强化系统思维、注重集成创新，并将改革和创新贯穿全过程。

第三是坚持政企协同，把"政府搭台、市场运作、企业唱戏、群众参与"作为制胜关键。经济体制改革的关键是处理好政府与市场关系，目标是更好发挥政府作用和使市场在资源配置中起决定性作用。在推进以农业龙头企业带动共同富裕试点过程中，常山县始终坚持政企协同的发展模式。一方面，为"两柚一茶"主导产业提供政策支持，促进企业做大做强；另一方面，构建了龙头企业、平台公司、村集体（强村公司）、农户之间的利益共同体机制。这一实践启示我们：在促进共同富裕的过程中，必须充分发挥政府的服务、引导、调节作用，并尊重市场规律、支持保障企业正常的生产经营活动。同时，还要建立鼓励群众参与的多方利益协同机制，在推动产业提质增效的同时带动农民致富增收。

三、存在问题及发展建议

（一）试点成果打造有待进一步提升，建议持续强化创新成果凝练

虽然在试点建设过程中，常山县的"擦亮'早上好'兴村品牌，打造山区共富样板模式"入选第二批省级最佳实践名单，但与浙江省内部分试点相比，常山县尚未入选省共同富裕创新模式名单。同时，常山县试点方向是农业龙头企业带动共同富裕，但试点成果缺乏农业龙头企业具体带动

富民增收的模式总结和路径创新，尚未构建形成长效的体制机制创新成果，创新工作成果仍有待进一步提升。

建议常山县持续聚焦、重点发力，加快打造更多可复制、可推广的标志性经验成果。一是聚焦"两柚一茶"产业高质量发展，重点围绕农业产业链创新链价值链融合提升、龙头企业培育与提质增效、品牌培育提升等方面，加快探索形成农业龙头企业产业能级持续提升、创新主体作用持续发挥、企业和产品品牌打造等经验成果。二是聚焦带动富民增收，重点围绕带动重点群体就业、创新创业带头人培育、促进农产品就地增值等方面，加快探索形成农业龙头企业带动就业、促进创业和赋能增值等经验成果。三是聚焦体制机制改革，重点围绕农村土地流转改革、资产租赁参股改革、劳务供给改革等方面，加快探索形成发展联片、品牌联享、利益联结等机制性经验成果。

（二）"两柚一茶"技术联合攻关能力有待进一步增强，建议强化创新共同体建设

虽然在试点建设过程中，常山县注重强化科技创新对"两柚一茶"产业的赋能支撑，但目前"两柚一茶"产业最具开发前景的生物医药类产品、日化产品和功能保健食品等产品开发仍处于起步阶段，缺乏精深加工的科创平台，全果综合利用率及全价值链开发技术水平亟待提升。

建议常山县进一步加强与高等院校和科研院所的科技协作，引进领军型创新人才，力争在引进带项目带成果的知名专家及其团队方面有所突破。一是聚焦强化院士专家工作站建设，着重在院士、专家的科技成果转化和推进常山胡柚精深加工上台阶方面下功夫、见成效。二是聚焦创新共同体建设，组建常山胡柚精深加工产业技术创新及服务联盟，推进科技创新与技术服务体制机制创新，切实将科技示范应用落到实处。

三是聚焦"人才飞地"建设，建立健全飞地研发新型模式，以"长三角智力"嫁接常山"两柚一茶"，构建"工作生活科研在外地，成果转化贡献为常山"的创新模式。

（三）土地要素创新改革有待进一步深化，建议加强保障、加速推进

常山县土地延包工作涉及面广、政策性强、时间紧，缺乏相关政策、资金、人员等保障，第二轮土地承包到期后再延长 30 年全县域试点还未铺开。此外，香柚扩面种植也面临土地资源要素紧缺问题，一定程度上限制了"两柚一茶"产业发展。

建议常山县进一步加快任务推进工作，积极探索"两柚一茶"拓展生产新方法新路径。一是聚焦土地承包延包，与财政部门对接落实改革经费，着手开展土地测量工作。二是聚焦域内"两柚一茶"种植土地拓展，加强与自然资源部门对接，结合第三次全国国土调查数据，深入摸底土地资源，提供香柚种植场地，并探索在衢州市其他县（市、区）建立"两柚一茶"种植基地。三是聚焦科技育苗，以规模化、智慧化为引领，大力提升"两柚一茶"基地化水平，着力提高种苗的精品率，努力助推"两柚一茶"产业扩面积、优品质、增效益。

第二节　龙游县以农民集聚转化助推共同富裕的实践与经验

龙游县地处钱塘江上游，是衢州市的东大门，县域总面积 1143 平方

千米，辖 6 镇 7 乡 2 街道，常住人口 36.7 万人。2023 年，龙游县 GDP 按可比价格计算，较上年增长 7.3%；农村居民人均可支配收入达到 34646 元，同比增长 8.1%；城乡居民收入倍差稳步缩小，2023 年缩小至 1.83，较 2022 年度缩小 0.04。自成为省共同富裕试点以来，龙游县坚持以县域农民集聚转化为突破口，通过实施一系列创新举措与总结实践经验，走出了一条独具特色的共同富裕新路径。

一、实践成效总体评价

集聚搬迁是群众解危除险、摆脱贫困、增收致富的重要抓手，也是实现乡村振兴和共同富裕的有力举措。2022 年，龙游县"县域农民集聚转化 助推共同富裕"入选省高质量发展建设共同富裕示范区第二批省级试点，制定出台《龙游县县域农民集聚转化助推共同富裕试点实施方案（2022—2024 年）》。自列入高质量发展建设共同富裕示范区试点以来，龙游县以"富得快"为牵引，通过"安置增富、就业领富、惠民保富、土地创富、数智促富"等主要举措，有效破解了山区农民人口分散、进城后就业难增收难等问题，走出了一条县域农民集聚转化、助推共同富裕的改革发展路径。

综合分析研判，龙游县坚持以人口集聚为抓手、整村搬迁为关键、优质公共服务为重要载体，在公积金贷款、"耕地管家"土地收益、数字平台赋能等方面取得改革突破，通过易地搬迁改革实现农民变市民"搬得好"，通过"两金""两换"等改革实现农民变市民"富得快"，通过"暖心十条"等服务实现农民变市民"稳得牢"，探索出了一条农业转移人口市民化的特色共富之路，试点建设取得了阶段性的积极进展。

二、亮点成果与经验

龙游县推进农民集聚转化的过程，深刻体现了加强顶层规划与推动政策创新对于实现社会和谐与推动经济发展的关键作用，同时，数字技术赋能也被证明是不可或缺的重要手段和方法。通过政策、技术等的不断迭代与优化，龙游县试点建设不仅成功解决了农民安置这一复杂的社会问题，还有效促进了城乡一体化发展，为实现共同富裕目标提供了有力支撑。

（一）注重顶层规划迭代创新，系统化绘制农民集聚转化蓝图

龙游县高标准制定顶层设计，强调政策的持续迭代和创新对于解决复杂社会问题的重要性。从下山脱贫易地搬迁 1.0 版，到国土整治易地搬迁 2.0 版，再到"小县大城共同富裕"农民集聚 3.0 版，龙游县展现了持续改进政策和适应社会发展变化的能力，确保政策始终与时代发展和社会需求保持同步。在推进差异化安置方面，龙游县不仅提供了公寓安置、迁建安置、兜底安置等多种安置方式，还创新性地推出了房票安置、物业费减免等优惠政策，实现了"零成本"购房的突破。此外，通过"宅基地置换""宅基地换养老"等创新方式，龙游县成功解决了低收入农户、老年人等特殊人群的住房和生活保障问题。在中心城区核心地段建设高质量农民安置小区，不仅以成本价大幅让利给老百姓，还为他们带来了可观的财产性增收，实现了政府与民众的共赢。为了进一步推动农民集聚转化，龙游县注重规划的前瞻性和可持续性，深入研究城乡发展趋势，科学预测未来人口流动和分布，确保规划能够适应长远发展的需要。同时，注重规划的灵活性和可调整性，根据实际情况及时调整和完善规划内容，确保政策

的针对性和有效性。

（二）注重政策集成与综合施策，体系化推进暖心惠民举措

龙游县注重政策系统合力，精准聚焦群众需求，制定"暖心十条"惠民利民政策，发挥政策集成效应，为农民提供全方位的保障和服务。特别是将公积金覆盖范围向农民延伸这一举措，不仅体现了政策的创新性和包容性，也为农民提供了更多的融资渠道和贷款优惠政策。在"暖心十条"1.0版本的基础上，龙游县持续加大政策优惠力度，推出2023年农业转移人口暖心政策（2.0版本），包括四项优先、五项免费、八项超市民待遇和十项优惠等。这些政策的实施不仅解决了"一城居"问题，还为进城新市民提供了更好的管理服务和生活保障。除了政策的持续创新和优化外，龙游县还积极创新政策试点。率先探索优化促进城乡人口集聚的"公农贷"政策，将农业转移人口纳入灵活就业人员范围，建立公积金制度试点。这一举措不仅推动了公积金制度向农村的扩面覆盖，还为集中安置农户提供了与市民同等待遇的公积金贷款优惠政策。这有助于帮助农业转移人口提高居住水平和生活质量，实现"住得起"的目标。

（三）注重数字技术赋能，智慧化推进农民集聚转化

龙游县在推进农民集聚转化的过程中，充分发挥数字技术的赋能作用。迭代升级"奔富通"数字化应用，开发面向集聚农户的"龙游通"服务专区，并上线了一系列便捷、高效的服务功能。这些功能不仅提高了政府的服务效率和管理水平，还为农民提供了更加便捷、全面的服务体验。"奔富通"数字化应用构建了包含"人、房、地、物、钱"等全要素的跨系统空间数据库。这一数据库为政府提供了跨部门、跨业务的智慧决策支持，使政府能够更加精准地制定和执行政策。同时，该应用还提供了无纸

化、全流程的服务体验，使农民能够更加方便地享受到各项暖心政策和服务。除了"奔富通"数字化应用外，龙游县还创新推出了"奔富码"。这一码制的创新不仅为农业转移人口提供了与城镇户籍人口同等的基本公共服务和社会保障权益的凭证，还为他们保留了在农村的合法权益。基于"奔富码"的应用服务端，农民可以实现普惠性和个性化公共资源的享受、政策的精准推送等全流程一站式服务。这使得他们能够更加便利、快捷、精准地享受到各项暖心政策和服务。

三、存在问题及发展建议

（一）农村人口集聚成效不明显，下一步需持续加大农民集聚转化力度

当前龙游县城镇人口规模相对较小，农村人口基数较大，2022 年全县城镇化率为 53.37%，低于全省 73.4%、全市 59.3% 的平均水平，且随着人口出生率的下降及人口老龄化的加剧，全县城镇常住人口增长乏力。同时，城乡人居环境差距不断缩小，交通条件便利，城镇集聚吸引力逐步减弱，经济条件好的农户或非农户不愿意退出宅基地，经济条件差的农户或以农业生产为主的农户存在"搬不起""住不下"等担忧，以致当前集聚搬迁成效不够显著，仍有上升空间。

建议龙游县继续以超常规手段推动"小县大城·共同富裕"农民集聚转化。一是加快推进"1+8"安置小区高标准建设。加强对农民集聚投入保障机制建设，确保安置小区及服务配套设施有序建设，加快推进安置小区谋划、融资、建设、安置、保障等全生命周期管理，在保证工程质量前提下，缩短工程周期。二是迭代升级配套政策体系。将政策和群众诉求精

准结合，下大力气把群众的诉求和利益摸清楚，分类施策、靶向发力，确保政府"干的事"精准对接群众"盼的事"。加强政策资源整合，放大政策效应。统筹好"钱、地、人"，加强体制机制创新，特别在全域土地综合整治、国资运作、政策突破等方面，不断强化资源要素保障。三是完善教育、养老、医疗等配套政策和公共服务体系。深化实施"暖心"政策等，切实满足就业、公共服务、居住条件等高频需求，让搬迁农民与城市居民享有同样的基本公共服务和社会保障，让搬迁农民"搬得出、住得下、富得起"。

（二）推动农业转移人口增收仍是难点，下一步需聚焦提升农业转移人口增收致富能力

乐业才能安居。解决好就业问题，才能确保搬迁群众稳得住、逐步能致富，防止返贫。当前，龙游县农业集聚人口增收还比较乏力，尚未实现安居与乐业并举。一方面，产业吸纳劳动力作用还有待增强，特别是生态工业在吸纳转移人口就业方面作用还有待进一步发挥；另一方面，集聚转化人口劳动力素质相对不高，难以满足部分高技术含量岗位要求。

建议龙游县进一步加强转移人口技能培训，创新发展特色产业，加快发挥生态工业在吸纳转移人口就业方面的作用，切实保障农户"搬得下、稳得住、富得起"。一是加强转移人口技能培训。完善"131"创业就业帮扶机制，实施农村转移劳动力职业技能提升"展翅行动"，针对农村转移劳动力等重点群体开展精准培训，持续擦亮"龙游保姆""龙游技工"等精品培训品牌，培育一批新蓝领、新工匠、新农人，提升劳动者整体素质和技能水平，不断提升"产业聚人、政策引人、城市留人"能力。二是因地制宜发展特色产业。开展"一村一品"专项行动，大力支持"一鸡一鱼

一茶一药一菜一盒故乡"等特色产业链发展，培育农业"+旅游""+文创""+电商"等新经济业态，持续深入推进旅游致富、农村电商等富民工程。推动"来料加工"创业园建设，拓宽就地就近就业渠道，实现从"输血"向"造血"的逐步转型。推行在老年公寓设置来料加工点，实现老有所为。三是提升生态工业吸纳转移人口就业能力。坚持把推动生态工业跨越式高质量发展作为增强经济建设主动力和缩小地区差距、推进共同富裕的突破口，加快构建现代化生态工业体系，将生态工业打造成为龙游县扩税增收、"扩中""提低"的重要增长极，在推动转移人口就业、培育中等收入群体、促进共同富裕等方面发挥更大作用。

（三）农民集聚转化特色做法在全省的显示度和标识度有待彰显，建议加大典型经验总结凝练和宣传推广力度

自2022年6月入选浙江高质量发展建设共同富裕示范区"改革探索类"第二批试点以来，龙游县县域农民集聚转化助推共同富裕取得了显著成效，经过一年多的探索实践，已形成了一批可复制、可推广的典型经验和做法，为做好农民集聚转化为新市民的后半篇文章积累了有用的经验，但龙游县对典型经验和做法提炼不足，总结宣传不够，龙游县农民集聚转化工作在全省的显示度和标识度还有待提升。

建议龙游县加大对特色做法、工作亮点、创新举措的推介力度，持续增强宣传实效。持续加大信息宣传工作力度，把典型经验宣传作为深化改革、创新管理的重要举措，特别是对于"公农贷""奔富通"等全省首创的做法，应创新宣传方式，丰富宣传载体，积极向《浙里共富》推荐龙游县典型经验相关文章，持续扩大龙游县县域农民集聚转化助推共同富裕影响力，为全省乃至全国农民集聚转化工作提供可复制、可推广的龙游经验、龙游模式。

第三节　嵊泗县全力打造高质量发展建设共同富裕示范区海岛样板县的实践与经验

嵊泗县又称嵊泗列岛，位于杭州湾以东、长江口东南，是浙江省最东部、舟山市最北部的一个海岛县，共有大小岛屿404个，县域总面积8824平方千米，其中海域面积8738平方千米，辖3镇4乡，2023年末常住人口为6.5万人。2023年，嵊泗县GDP比上年增长6.2%；全体居民人均可支配收入61432元，同比增长6.7%；城乡居民人均可支配收入比为1.45∶1，与2022年持平。嵊泗县是海岛县走高质量发展共同富裕特色之路的样板，自成为试点以来，通过一系列创新与实践，全力打造高质量发展建设共同富裕示范区的海岛样板县，积累了丰富的经验，走出了一条既符合海岛实际又具有示范意义的共同富裕新路径。

一、实践成效总体评价

自试点建设以来，嵊泗县对照《嵊泗县全力打造高质量发展建设共同富裕示范区海岛样板县实施方案（2022—2024年）》（以下简称《实施方案》），试点工作总体进展良好，取得了阶段性成效。各项指标基本达成目标，重点工作加紧落实，重点改革有序推进，预期成果按期达成。重点领域表现突出，试点示范效应显现，海岛产业全面发展，公共服务普惠度提升，基础设施持续改善，营商环境优化便利，人民群众增收、获得感增强。具体来看，首先是聚焦富民增收，打造海岛共富样板，实施71个"小岛你好"项目，打响4个主题岛屿品牌。创成国家级海洋牧场示范区，发展牡蛎、海马、对虾等多品种养殖，贻贝产量约占全国总产量的70%。

其次是聚焦文旅融合，打造海岛民宿样板，全县打造特色民宿超 1000 家，主题民宿占比超过 35%，带动旅游从业人员 2 万人以上，带动超过 550 名低收入渔农村居民实现增收，年收入增幅达 40% ~ 50%。最后是聚焦综合治理，打造海岛智治样板，创新实践马鞍列岛大综合一体化"1+X"片区监管模式，率先打造共富监测模型。

总体来看，嵊泗县聚焦县域综合类试点建设，紧扣共富特色之路主线，突出问题导向，大胆改革创新，坚持数字赋能，突出集成联动，在海洋经济、休闲文旅、"扩中""提低"、公共服务等领域提出了新思路、探索了新模式、总结了新经验，为海岛县实现共同富裕提供了先行先试的经验启示。

二、亮点成果与经验

嵊泗县在深入探索和实践海岛县共同富裕的过程中，始终坚持以人民为中心的发展思想，不断创新工作思路和方法，特别是在富民增收、文旅融合以及数智治理等方面取得了一系列令人瞩目的亮点成果，并积累了宝贵的经验。对其试点主要亮点成果与经验进行总结，旨在为未来海岛的发展与治理提供有益的参考和借鉴。

（一）突出富民增收，全力打造海岛共富样板

嵊泗县坚持把富民增收作为出发点和落脚点，全力打造海岛共富样板。通过树立海岛共富新标杆，打造"蓝海牧岛"共富工坊，依托党建联建机制，推动渔农村、水产加工企业等党组织结对共建，吸纳农村剩余劳动力，促进低收入农户就地就近就业，不仅提升了贻贝产业的标准化生产、品牌化经营和专业化组织程度，还通过工坊直播带货、线上展览等新

模式，拓宽了销售渠道，提高了产品知名度。特别是工坊采用贻贝"党建直播带货"模式，组织养殖户参加线上国际性会展，取得了显著成效，如在青岛国际渔业博览会上实现成交量 144 吨、成交额 37 万美元。同时，实施"小岛你好"海岛共富行动，按照"一岛一品、一岛一策"的发展定位，投资实施了一系列项目，突出金鸡山渔港休闲、嵊山渔旅休闲、枸杞贻贝产业、黄龙石文化体验等海岛优势，成功打响 4 个主题岛屿品牌。此外，通过增强基础保障，打造省级美丽乡村共同富裕示范带，建立偏远小岛"幸福驿家"，进一步推动了强村富民。集体经济收入较 2021 年增长 17.8%，显示出新时代"小岛迁、大岛建"工程的初步成效。金平"幸福驿家"的建成运行，使得 16 户 16 名小岛居民搬迁入住，其生活环境得到有效改善。

（二）突出文旅融合，全力打造海岛民宿样板

嵊泗县坚持把文旅融合作为关键突破路径，全力打造海岛县民宿样板。通过聚力打造特色民宿综合体，推动多元业态共驱发展，嵊泗县民宿业已成为推动文旅融合的重要力量。全县民宿数量达到 1026 家，床位数 19502 张，占全县游客接待总量的 75.1%。这些民宿不仅提供了优质的住宿服务，还通过强化政策引导、平台建设和协同发展，做好"民宿+"文章，积极开发"民宿+海鲜美食""民俗+健康运动""民俗+渔村电商""民俗+文创手作"等多元业态，发挥"一业驱多业"的溢出效应。同时，嵊泗县还注重构建民宿主数据库，强化精准治理与共同富裕支撑。通过科学设立民宿主群体信息动态跟踪监测体系，精准识别"扩中"重点对象，动态反映民宿主群体收入情况，为全省共同富裕基础数据库建设提供基础信息数据支撑。目前已建立了集数据查询、维护、分析、模型测算为一体的民宿主数据管理平台，并助力舟山市第五次全国经济普查民宿业

专项试点工作。此外，嵊泗县还创新建设花鸟岛婚姻登记基地，打造爱情主题与文旅融合典范。完成了一系列爱情主题打卡景点的建设，并成功举办了"我们结婚吧"主题活动暨浙江最美户外婚姻登记颁证基地启动仪式，吸引了多家知名媒体的传播报道。

（三）突出数智治理，全力打造海岛智治样板

嵊泗县坚持把数智治理作为驱动引擎，全力打造海岛智治样板。通过打造全域共同富裕群体监测平台，依托浙江省统计局"全面覆盖＋精准画像"数据库试点，使用隐私计算技术，完成了跨层级、跨部门的政府侧、社会侧敏感数据安全联合计算。这一平台的构建为嵊泗县提供了家庭幸福指数、发展指数、收入分层等6大模型的数据支持，以家庭共富为最小切口，建立了"码上诊断""码上政策""码上家人"等场景，深化建设家庭友好型社会。基于精准标签体系和政策体系智能化能力，该平台能够针对性串联"一件事"关联应用，使得办事服务"主动送上门、我为你解忧"。这一创新举措让群众可以足不出户完成与政策的匹配、事项的办理，实现政策在线了解、事项在线办理、家人代办等功能。同时，嵊泗县还创新实践了马鞍列岛大综合一体化"1+X"片区监管模式。在东部马鞍列岛国家海洋特别保护区的三个乡镇率先推行"1+X"片区监管模式，整合综合执法、交通、市场监管、文化旅游、卫生健康、海洋渔业、自然资源和规划7部门执法力量成立马鞍列岛综合行政执法队。这一监管模式的实施基本形成了"综合执法＋专业执法＋海洋执法"的行政执法体系，有效提升了海岛治理效能。通过数智治理的实践探索，嵊泗县为海岛县治理提供了新的思路和路径。

三、存在问题及发展建议

（一）产业支撑与创新成果有待强化，建议持续深化产业融合发展

嵊泗县在文旅融合发展上虽有所突破，但旅游产业淡旺季明显，且抗风险能力相对较弱。海洋经济产业链较短、附加值较低，且缺乏税源型企业和就业带动型企业，一定程度上带来县级财政困境，对上级转移支付收入依赖较大。例如，贻贝养殖业种苗品种单一、种苗受制于人、机械化程度低、精深加工能力不足，养殖产量占舟山市产量的70%，但产值贡献仅为30%。

对嵊泗县持续深化产业融合发展提出以下建议。一是持续深化渔业与二三产业的融合发展。重点围绕海产品精深加工、海洋渔业品牌建设、渔业与旅游业融合等方面，探索形成渔业产业升级、企业品牌打造、新业态培育等经验成果。引进现代化加工设备和技术，提升海产品的加工水平和品质；同时，加强与科研机构的合作，研发具有地方特色的海产品，提高市场竞争力。二是强化创新成果凝练。聚焦特色产业，如贻贝产业等，探索形成一批可复制、可推广的标志性经验，如特色海产品精深加工技术、渔业与旅游业融合的新模式等。通过举办渔业博览会、海产品展销会等活动，展示嵊泗县渔业的发展成果和创新经验，吸引更多的投资和合作机会。三是推动体制机制改革。特别是在海洋资源利用、渔业权流转等方面，探索形成新的发展模式和利益联结机制。建立渔业权交易平台，推动渔业权的流转和集约化经营；同时，加强与金融机构的合作，为渔业企业提供贷款等金融支持，促进其健康发展。

（二）公共服务与老龄化应对有待优化，建议创新养老服务与人才引进模式

嵊泗县公共服务共享性差，财政保障压力大，在教育、医疗、养老等方面存在明显资金缺口。例如，教育现代化水平仍然不高，优秀教师引不进、留不住、成长慢，跨区域教师支援周期短、更换频率高，对乡镇学校教育质量提升作用不明显。再如，医疗保障能力较为薄弱，未独立设置院前医疗急救站，无专职人员承担院前急救工作。县域内无医疗急救船只，无法满足离岛应急救援需求。海岛急救用血品种不全，急救用血存在"最后一公里"的瓶颈。

对嵊泗县创新养老服务与人才引进模式提出以下建议。一是创新养老服务模式。创建"民宿＋养老"、医养结合等新模式，并加快养老综合体建设，引进社会养老机构参与运营。通过政策扶持和资金引导，鼓励社会力量投资养老产业，提高养老服务的供给能力和质量。二是强化与周边优质医院、学校的合作。建立结对帮扶关系，推动人才双向培养，提升县域公共服务人才团队的整体素质。通过定期举办培训班、研讨会等活动，提高本地医护人员和教师的专业水平；同时，鼓励优秀人才到嵊泗县工作，为其提供良好的工作福利待遇和生活环境。三是聚焦人才引进与培育，特别是教育、医疗、养老等领域的专业人才。建立人才引进专项基金，为引进的人才提供住房、子女教育等方面的优惠政策；加强与高等院校和科研机构的合作，共同培养适应嵊泗县发展需求的专业人才。

（三）基础设施与要素保障有待加强，建议加快建设与改革创新

嵊泗县海上交通综合品质有待提升，陆上交通通而不畅，用地用海用能等指标受限制较多。例如，岛际交通采用以本岛为核心的发散式水路运

输方式，在旅游旺季，泗礁本岛至嵊山、枸杞、花鸟等东部乡镇"一票难求"，难以满足大流量、高频次客运需求。再如，能源水利设施保障压力大，水电网设施建设容量不足，部分岛屿的用水、用电、通信等基础设施仍难以满足高峰期的游客需求。

对嵊泗县加快基础设施建设与要素改革创新提出以下建议。一是加快海岛轮渡调配制度优化和基础设施建设进度。引入智能化调度系统，提高轮渡运输的效率和准确性；同时，加大投入力度，推进桥梁、港口等关键基础设施建设，提高交通便捷性和通达度。二是强化与大陆淡水管网的连接和海水淡化设施的建设与升级。建立海水淡化示范项目，推广先进的海水淡化技术和设备；同时，加强与周边地区的合作，共同构建区域水资源保障体系，确保海岛用水安全。三是深化土地、海域等要素的创新改革。探索建立土地流转市场，推动土地使用权的流转和集约化经营；同时，加强与海洋科研机构的合作，开展海域资源调查和评估工作，为海洋产业的发展提供科学依据。此外，还应聚焦科技育苗工作，提升特色产业的基地化水平，着力提高种苗的精品率，努力助推海洋产业扩面积、优品质、增效益。

第九章

共同富裕实践观察点促进共同富裕的实践研究

　　共同富裕实践观察点（以下简称观察点）是反映浙江共同富裕示范区建设进程、成效和问题的基层单位，是将亮点、趋势、举措转化为可复制、可推广经验和下一阶段重点工作、重大改革的重要载体。2023年6月，浙江省委社会建设委员会公布了首批60个观察点，包括村（社区），乡镇、街道（平台），企业，社会组织和公共服务机构五大类。本章按类别对60个观察点进行了分类研究分析，力求发掘在共同富裕建设中的创新做法和有效经验，同时分析其趋势性特征，关注存在的问题并提出下一步建议举措。

第一节 村（社区）类观察点的探索实践

浙江首批 60 个观察点中，村（社区）类观察点有 24 个，在各类观察点中所占比例最高。在探寻浙江省共同富裕的实践之路中，村（社区）类观察点无疑是至关重要的微观样本。作为连接城乡居民的桥梁和纽带，这些村（社区）不仅承载着基层治理的重任，更是共同富裕成果惠及群众的直接体现。观察研究发现，各村（社区）在探索增收致富路径、激发乡村振兴活力和凝聚共同富裕合力等方面，展现出了诸多富有成效的特色经验做法。这些经验做法不仅提升了居民收入水平，增强了村集体的经济实力，也为浙江乃至全国的共同富裕实践提供了经验和启示。

一、特色经验做法

观察发现，村（社区）类观察点在推进共同富裕实践中展现了丰富多样且富有成效的路径与举措，不仅在产业发展方面取得了突破，而且在社会治理与公共服务改善等方面也树立了典型标杆，为浙江乃至全国提供了具有借鉴价值的成功案例。这些成果有力地促进了当地经济结构优化、民生福祉增进以及乡村振兴战略的深入推进。

（一）特色产业链式融合发展增收致富

推进乡村振兴，产业发展是关键。近年来，各观察点积极实施农文旅融合、数字赋能农产品全产业链、以品牌提高特色产品价格等措施，加快特色产业的高质量发展，形成了一条条增收致富的特色产业链。乐清市清江镇北塘村依托丰富的农业资源和深厚的文化底蕴，构建了"生态农业＋休闲采摘＋观光旅游＋亲子研学"的多元产业模式，打造了集优质水果种植、非遗文化传承及研学旅行于一体的田园综合体项目，显著提高了集体经济效益和社会影响力。同时，通过数字赋能农产品全产业链，打造农业大脑等数字化平台，深化农产品加工，提升产品价值。舟山市定海区干览镇新建村充分利用其独特的"海岛＋乡村"双重地理特征，强化文旅融合赋能乡村海岛经济。不仅深挖本土传统文化资源，将漆画、渔民画、绳结等传统手工艺转化为市场接受度高的海岛文化衍生产品，带动了100多名村民实现灵活就业，有效增强了村民收入来源的多样性；而且积极盘活乡村闲置农房资源，引导休闲吧、茶文化和书香文化等多元产业发展。此外，新建村还建成全国艺术院校实习基地，累计接待超过8万人次的艺术采风人员，为村民带来了可观的经济效益，创收5000余万元。

（二）农创客激活乡村振兴共富活力

推动乡村发展，年轻人是主力，而且不能仅靠几只自然回归的"单雁"来引领，更需要"群雁"共舞发力。为激发乡村活力、吸引青年人才回流并促进共同富裕，不少观察点广泛推行农创客培养计划，设立创新创业平台，为有志于投身农村创业的年轻人提供政策扶持、资金支持以及专业培训等服务。同时，观察点还积极探索建立利益联结机制，鼓励村企合作、农户参与，助力农民从土地流转、民宿经营、产业分红等方面获得稳定收入。桐乡市崇福镇东安村创新推出了"共富大棚"模式，搭建起有利于农创客发展壮大的环境，提供财政补助、集体出资等多种筹资方式和推出"青创贷"产品及贷款贴息、创新农业保险产品和金融服务，以及给予新入驻孵化园的"农创客"大棚租金、土地租金、宿舍租金优惠等政策，完善公寓房、食堂、健身室、书吧等基础设施，提供"拎包入住"一站式服务，着力帮助农创客快速成长。松阳县四都乡陈家铺村面对日趋"空心化"和"老龄化"难题，积极开展"拯救老屋行动"，有效整合闲置资源，引入社会资本，对内通过房屋出租获取租金、以土地入股云夕 Mo+ 民宿获得分红、建立产业共同体收取管理费和服务费，对外通过产业飞地和投资光伏项目获得稳定回报，形成了以民宿旅游为主导的一二三产联动发展模式，极大增强了村庄造血功能，让"空心村"重新焕发生机。

（三）片区共建激发共富合力

多年来，浙江通过党建联盟不断做好先富带后富文章，实现村域的功能互补、抱团发展。在片区发展过程中，观察点通过党建联盟机制招引和培育优秀带头人，优化村委干部结构，强化制度建设和资源整合，形成上下协同、强弱互补的工作格局，以先富带动后富，有效推进了村域间的结对帮扶和抱团发展，实现了特色产业集群化协同发展。开化县华埠镇金星村始终把强化队伍建设摆在首位。截至 2023 年，村"两委"干部中，高中以上文化程度干部有十余人，现任村"两委"干部平均年龄比上届年轻 7.4 岁。积极带动周边村庄发展，组建"大金星共富联盟"，以"党建联盟＋利益联盟"为基础，最终实现"共兴共荣，共富共强"。积极拓展会务经济、培训经济，建成金星村乡村振兴综合体、钱江源党建治理馆，2023 年累计承接各类培训班 300 余批次。新昌县"下岩贝·金山上"片区结合各村特色，制定个性化发展线路，通过发展民宿、培训研学等特色产业提升人气客流量和经济附加值。其中，后岱山村借助绍兴市乡村振兴学院校外教学基地等平台打造茗香乡村振兴学院，开展青少年研学、农村实用人才培训等多类培训，以培训带动旅游业发展；金山村立足"出凡尘·入慢乡"发展定位，加大投资力度，建设梯田花海、露营基地、滑翔伞基地等旅游项目；下岩贝村以未来乡村综合体为中心，大力推进邻里中心、空中栈道、智慧停车场等配套设施建设。

（四）做好集聚搬迁后半篇文章

2003 年 12 月，时任浙江省委书记习近平赴泰顺调研时，对下山脱贫工作提出了"下得来、稳得住、富得起"的重要指示①。搬迁村的资源利用、搬迁后的社区服务、居民就业增收等问题是易地搬迁要解决的重点问题。为推动产业上山，积极对搬迁群众"闲置山林""闲置农房"等资产进行改革探索，引进农创客打造多种新业态，加快土地流转，促进搬迁村焕发活力，助力下山村民增收致富。为推动居民下山，重点围绕"稳得住、富得起"，积极与平台、企业合作，拓宽就业路径，提升基础设施整体效能，优化公共服务。泰顺县司前畲族镇峰门村围绕整村搬迁后农房和土地闲置的问题，鼓励党员干部带头实施一系列创新举措，旨在盘活山上老村的土地资源。面对亩产效益差的问题，由村"两委"班子牵头通过联合 2 个专业合作社、100 多名农民，对老村原有的猕猴桃、高山杨梅基地进行升级改造，实现亩产值达 1 万元以上，并与浙江蓝美技术股份有限公司、泰顺县农旺农业有限公司等签订底价包销协议，新发展蓝莓、芥菜种植基地，带动种植户户均年增收 2 万元以上。景宁县澄照乡下泥山村依托

① 《浙江泰顺县把组织优势转化为发展动能 带着"下山"农民奔共富》，《农民日报》，2024 年 8 月 2 日。

民族创业园，积极招引木制玩具、花架、宠物用品等企业入园，鼓励下山村民入企就业，为农户提供了更稳定的收入来源。澄照乡联合银行、企业等多方力量，面向搬迁村民推出一系列就业创业指南，在技能培训、稳定就业、信用贷款、自主创业等方面提供便捷服务。另外，通过"石榴红"共富工坊，为文化水平低、不方便进厂务工的群众提供儿童教育用具组装等来料加工业就业机会，打造五分钟"就业圈"。积极完善基础设施，建成朝夕空间、朝夕文化广场、室外灯光篮球场等配套设施，充分满足居民的日常休闲娱乐、文体活动等需求。

（五）多方协作打造社区现代化治理新体系

调研发现，多个村（社区）类观察点借助数字化手段，探索采取网格化管理策略，精细化了解民情民意，构建居民信息档案，精准施策提高治理效率。西湖区翠苑街道翠苑一区坚持"六个一"①，建立"民呼我为"闭环机制。创建民情夜谈、民情访谈、民情约谈的"民情三谈"制度，居民幸福指数不断升高。建成数字驾驶舱，搭建"呼应为"智治平台，开发"治理云""邻里云"等数字化应用场景，上线"翠苑一区未来社区"小程序，形成居民"我参与，我治理"的社区治理模式。柯城区信安街道斗潭社区积极建设数字场景，打造"未来社区IOC"数字驾驶舱，以数字地图形式清晰呈现网格周界划分、房屋坐标等情况，结合"邻礼通"应用，实现一屏智能化管理。同时，社区依托一体化智能化公共数据平台，调用归集公安、卫生健康、人力资源和社会保障等部门2200万条民情数据，建立"一屏统览、一键可查"的城市数据沙盘，打造线上民情档案数据库，并依托"邻礼通"设置"重点人群"模块，对空巢老人、低保户、未就业

---

① "六个一"即一双丈量民情的腿、一张拉近民心的嘴、一张汇集民智的桌子、一个发扬民主自治的空间、一个便民服务的平台、一个一心为民的团队。

群体、基础疾病人员等 20 类重点人群进行"红黄绿"分类赋色管理。调研发现，截至 2023 年 11 月，辖区民情档案覆盖率达 100%。

二、趋势性特征

2023 年，村（社区）类观察点在经济发展、人才结构、产业发展、社区治理等方面呈现出显著的趋势性特征。在经济发展方面，人均可支配收入和村集体经营性收入均实现显著增长，这主要得益于创新性的增收机制和集体资产的有效利用。在人才结构方面，尽管空心化问题仍然存在，但青年人才回流现象明显，显示出对乡村发展的积极预期。在产业发展方面，观察点正逐步从单一的经济增长模式转向多元化、融合式的发展路径，特别是农文旅产业的融合，为集体经济注入了新的活力。此外，社区治理日趋多元化和精细化，数字技术的应用和"三民工程"的实施，有效提升了治理效能和服务水平。这些趋势性特征共同反映了村（社区）类观察点迈向共同富裕的清晰路径。

（一）人均可支配收入总体超过全省平均水平

"扩中""提低"的重点难点在于提升农民收入，只有快速提高农民人均可支配收入，才能尽快缩小城乡差距，实质性推动共同富裕。调研发现，大多数观察点都探索完善了"资源变资产、资金变股金、农民变股东"机制，拓展"租金＋股金＋薪金"的增收致富渠道，由村集体组建强村公司和共富工坊，探索"龙头企业＋合作社＋农户"的产业发展模式，着力缩小收入差距。柯桥区漓渚镇棠棣村通过科技创新、数字化改造等方式迭代升级兰花产业，成立兰花博士专家工作站，建设并提档升级 4000 余平方米的兰花数字工厂，扶持发展直播电商 8 家，兰花销售额增幅超过 15%，村民足不出户也能把兰花卖出去，2023 年花木产业销售额超 4200 万元，农村居民人均可支配收入预估可达 13 万元。临安区高虹镇龙上村通过全面盘查摸底闲置资产资源，建立资产资源"清单式"列表，成立强村公司盘活村集体资产，并深入推进村民房屋使用权改革，通过租赁闲置房屋，直接带动村民增收。在农产品生产方面，充分发挥运营商平台作用，鼓励农户与运营商签订农产品统一收购协议，订单式生产农产品。调研发现，农户自家野笋由龙门品牌统一销售后，零售价同比大幅提高，显著带动村民增收。2023 年，龙上村农村居民人均可支配收入较 2022 年增长 20% 以上，超过全省平均水平。

（二）村集体经营性收入实现较大幅度增长

2024 年中央一号文件强调"强化农村改革创新""深化农村集体产权制度改革，促进新型农村集体经济健康发展，严格控制农村集体经营风险"。充分盘活农村土地等资源，加快抱团发展，发挥强村公司作用，是实现集体经济高质量发展的现实路径。调研发现，观察点逐步探索农文旅全产业链融合、从"一枝独秀"走向"抱团取暖"等模式举措，实现了集体经济的发展壮大。海曙区古林镇茂新村深挖"中国御史之乡"特色文化名片，重点建设中国（海曙）御史文化陈列馆、宁波家风文化馆。积极打造太空农业主题园，落地国家航天局宣传第四届"中国航天日"系列活动分会场。2023 年，茂新村经营性收入达到 300 万元，较 2022 年增长 142%。武义县大溪口乡溪口村原来是典型的经济薄弱村，产业结构较单一，以传统的农业种植业为主，且不成规模。近年来，武义县大溪口乡溪口村积极探索浙中山区克服资源匮乏瓶颈新经验，依托农科院优势资源，先后引进水果玉米、浙香银针、食用菌、花生等特色农产品，流转闲置用地，采用"菌粮轮作"设施栽培模式，形成一套规模化种植、标准化管理的种植体系，打造菌稻轮作"一田双收"的溪口模式，不断提升农产品"含金量"。2023 年，溪口村集体经营性收入突破 100 万元，较 2022 年增长近 100%。

（三）空心化严重但青年回流明显

实现农村共同富裕的一大阻碍是人才缺乏，近年来乡村人口外流仍然是主要趋势，尤其是偏远村、山区村的空心村、半空心村人口外流现象不可避免，年轻人回村就业创业比例低，懂经营、有技术的人才尤为紧缺。调研发现，很多观察点逐步加大经理人、农创客的引进培育力度，更加重视新农人的培训，青年回乡就业创业的比例大幅上升。桐乡市崇福镇东安村创新打造"共富大棚"创新载体，通过中国农产品加工业投资贸易洽谈会等会展平台，公开引入优秀农业经营主体，给予相关租金优惠等政策，与金融机构推出金融贷款和保险支持等服务。截至 2023 年底，引进农创客 80 余人，创新项目 51 个，带动百余名高校毕业生在园区就业。浦江县虞宅乡马岭村引进以陈青松为代表的浦江县青年联盟，打造廿玖间里青年创客基地，出台房屋租赁政策，农创客租房可享受 3 年免租金政策，累计引入大学生创客 87 名、非遗传承人 8 名，开创店铺 50 余家，促进回乡青年在家创业，带动就业人员 500 余人次。大力开展乡村人才培训，与浙大启真教育联合开设"乡村运营官"培训班。该培训班吸引了桐庐、建德、兰溪等周边县（市、区）相关人员来考察学习。

（四）社区治理向多元化方向发展

社区是共同富裕的基本单元，是老百姓感受共同富裕的重要载体，但由于社区不同主体之间缺少沟通，居民参与社区治理意识不强，居民与服务者之间没有形成良性互动机制，导致社区服务效率低下、服务对象不够精准。调研发现，观察点通过持续深化以"民情档案、民情沟通、为民服务"为主要内容的"三民工程"，依托数字一体化服务平台，着力破解管理难、治理难问题，为居民提供多元服务。西湖区翠苑街道翠苑一区通过建立"民呼我为"闭环机制，创新"民情三谈"制度，充分听取居民意见建议，及时解决居民困难，回应满意度达到 100%。对通过电话、网络平台、来函等正式途径反映的诉求，由专门负责民情信息收集的工作人员当天查阅。柯城区信安街道斗潭社区依托数字民情档案提升服务水平，积极打造一体化智能化公共数据平台，建立线上民情档案数据库，建立"一屏统览、一键可查"的城市数据沙盘。云和县白龙山街道大坪社区针对搬迁居民管理难问题，创新"街乡共治"模式，成立"街乡共治"服务中心，实现流出地山区乡镇政府和安置地城区街道办事处服务共治。创新公共服务事项办理模式，设立"乡事城办"综合服务窗口，选派素质高、业务强、基层工作经验丰富的工作人员入驻，进城群众不出社区便能轻松办理社保、医保等 40 多项事项。2021 年以来，乡事城办综合服务窗口累计为进城农民办理事项 1000 余件，群众满意率达 100%。

三、存在问题及发展建议

（一）存在问题

一是产业特色不够鲜明。观察发现，村（社区）文旅产业存在雷同现象，特色不够突出，农文旅融合内涵不足。淡旺季游客数量差别明显，文旅收入不稳定，农家乐民宿入住率不稳定、价格难以提高。此外，乡村文旅产业较为单一，部分旅游项目投入巨大但淡旺季差异明显、设备闲置现象普遍存在，亟须谋求新的可持续增长点，非物质文化遗产、生态环境、红色资源等缺乏知名度高的品牌 IP，可供体验的产品不够丰富，缺乏市场开发和宣传，进一步推动产业转型升级的动力不足。

二是人才缺口较大。受要素资源限制和城市虹吸效应影响，乡村空心化、老龄化严重。一方面，农业专业人才匮乏，人才外流较多，留才引才难，绝大多数观察点常住人口比户籍人口少近三分之一。另一方面，乡村经营类人才严重不足，与企业等结对力度需要加强，农村职业经理人等职位缺口较大，具备专业经营理念的复合型人才外流仍然严重，景点、民宿、特产等经营管理理念更新不够及时，价格提升空间较大。

三是基础设施建设滞后。基础设施差距是城乡差距的最主要体现之一。一方面，仍有很多乡村尚不在长三角城市群的"1 小时交通圈"范围内，道路有待进一步拓宽改造。很多乡村景点尚未建成游客集散中心，停车场、充电桩等设施布局滞后，游客自驾停车高度依赖路侧停车，"停车乱、难停车"的现象严重。景点配套的餐饮、住宿、休闲等基础设施建设也相对滞后，数字化水平有待提升，一定程度上影响游客体验，导致客源流失。另一方面，返乡回乡人才的配套服务和设施仍有欠缺，直播电商设备较为简陋，没有形成规模，供农创客休闲的礼堂书吧、健身休闲等场所不足。

四是社区运营资金缺乏长效机制。大部分社区尤其是搬迁安置小区的市政公用设施、"一老一小"服务场地、文体设施、管理人员等场地管理费用支出大，运行成本高，而目前社区收入主要靠物业费和财政补贴，由于居民素质参差不齐等问题，搬迁小区物业费收取也存在困难，自我造血和可持续运营能力较弱。

（二）下一步建议举措

一是做强村（社区）特色农文旅产业。做强顶层设计，完善工作体系，强化乡村干部对文旅融合内涵的理解，做好旅游规划引领错位发展，细化乡村旅游线路打磨，优化乡村产业布局。加快培育特色乡村文化产品，发掘乡村本土特色文化，将乡村民俗文化与现代要素、时尚元素和美学艺术相结合，打造具有农耕特质、民族特色、地域特点的乡村文化项目。做好"技术＋创意"文章，大力发展研学经济、体验经济和网红经济，整合农耕、渔牧、手工、采摘等旅游资源，让游客体验最纯正的乡村生产生活，打造农民"网红"，强化城乡互动和文化沟通。

二是高度重视人才培育。加快构建乡村人才"育引用留"全链条机制，常态化开展农业农村"双招双引"①，打造生产经营、经营管理、农业技术等领域的人才队伍。深入实施"两进两回"②，支持青年返乡就业创业，鼓励青年回乡应聘职业经理人。健全"高等院校＋企业＋基地"的人才培养机制，打造一批共富大棚、青创基地等众创空间。发挥乡贤作用，建立乡贤投资重大项目库，鼓励乡贤设立创业基金和慈善基金等。强化乡村人才要素保障，对农创客提供更多的政策支持，开发抵押贷和农信保等金融产品和服务模式。

三是大力完善基础设施。强化文旅基础设施建设，拓宽景区道路，完善道路亮化工程，规划布局游客中心、超市、停车场、厕所、新能源充电桩等。提升乡村信息基础设施建设水平，加强通信基站建设，利用物联网、大数据、区块链等技术，加快推动水利、公路、电力、冷链物流、农业生产加工等乡村基础设施网络化、数字化、智能化改造。大力建设乡村直播电商平台，布局乡村直播间，做好电商培训，培育一批乡村电商人才。

四是探索社区运营资金投入长效机制。强化对城乡社区的财政支持，统筹各级各部门相关资金，提高资金使用效率。强化社区造血功能，推进

---

① "双招双引"，即招商引资、招才引智。
② "两进两回"，即科技进乡村、资金进乡村、青年回农村、乡贤回农村。

社区公司化运作，成立强社公司等，盘活社区闲置资源，发展特色产业，向社区居民提供家门口创业就业机会，创新社区与社会组织、社会工作者、社区志愿者、社会慈善资源的联动机制。加强与企业合作，引导社会资本投入，成立社区基金等，促进社区可持续发展。

第二节 乡镇、街道（平台）类观察点的探索实践

浙江首批 60 个观察点中，乡镇、街道（平台）类观察点共有 11 个，数量仅次于村（社区）类观察点。相较村（社区）类观察点，乡镇、街道（平台）类观察点的层级更高，能够对接和统筹的资源更多，基层工作力量也更加充实，促进共同富裕的系统性、整体性和突破性更强。深入分析乡镇、街道（平台）类观察点在产业发展、资源配置、社会治理等方面的创新实践和面临的问题与挑战，揭示其在推进共同富裕过程中呈现的新趋势新特征，并提出下一步发展建议举措，为更好推动全省乃至全国乡镇、街道（平台）推动共同富裕提供经验借鉴。

一、特色经验做法

一年来，乡镇、街道（平台）类观察点在共同富裕进程中展现出显著的引领和推动作用，通过实施创新性的特色举措，如项目引领、文旅融合、乡贤贡献、绿色低碳发展及公共服务优化等，不仅促进了本地区的经济社会全面发展，还为其他地区提供了可借鉴的共富经验。

（一）重大项目带动强村富民增收

项目建设是乡村振兴战略实施的重要支柱与载体。在走访乡镇、街道（平台）过程中发现，部分乡镇始终坚持抓项目建设就是抓发展的理念，牢牢牵住项目建设这个"牛鼻子"，做好项目落地，让项目产生实际效益，助推乡村经济社会发展，从而促进共同富裕。桐庐县新合乡引坑村探索建设了新合索面非遗工坊，并引入社会资本，努力通过挖掘非遗项目、布局探索特色小吃等产业化路径，着力形成"标准化工厂 + 非遗工坊室 + 家庭非遗工坊"的"一根小索面拉动乡村大经济"山区乡镇发展模式，带动450余户1000余人从事索面加工制作、销售及其相关行业。镇海区新材料小镇聚焦"科产城人"融合项目建设，加速推进宁波东方理工大学（暂名）永久校区、甬江实验室等重大科创平台设施建设，不断优化科创企业孵化体系，围绕数字经济、新材料、科技服务等重点产业领域，加大高新技术企业引育力度，丰富高能级科创平台科研成果转化载体，不断完善区域内教育、医疗、住房、养老、托幼、文化、体育等方面硬件设施，推动创新链、产业链、服务链、人才链精准对接，形成科研院所、企业、社区等协同联动的生态系统。平湖市广陈镇强化项目支撑打造"农业硅谷"，先后引进多个先进新型农业产业合作项目，构建以优质种子种源、农业装备制造、农业生产服务为核心的特色产业矩阵。2023年，农业经济开发区总投资已累计达到51亿元，带动农民就近就业。

（二）文旅融合促进乡村共同富裕

党的二十大报告指出要"全面推进乡村振兴""推进文化和旅游深度融合发展"。文化和旅游产业发展是实现乡村振兴战略的重要途径，对乡村地区实现共同富裕具有重要的推动作用。调研发现，磐安县盘峰乡和嵊泗县花鸟乡大力推进文旅融合的做法亮点突出，尤其是在文旅品牌打造、高品质文旅产品谋划和新业态引进方面有良好的借鉴意义。磐安县盘峰乡强化文化 IP 赋能，以榉溪古村落保护为基底，深化南孔文化核心区建设，打造了"儒学盘峰"文化品牌，实施了"省级历史文化古村落保护与利用"修复项目、"老街区新业态"招商项目，并出台了相关古民居修缮标准和资金补助办法。调研发现，截至 2023 年底，榉溪村已引进蓝莲舫、杏坛书院、云开工坊、品其陶艺等十余个极具宋韵特色的文化业态。嵊泗县花鸟乡以定制旅游为抓手，创新"一岛一平台一公司"的发展模式，联合成立嵊泗县花鸟微度假旅游发展有限公司，委托专业团队负责"定制旅游"业务的整体运营，系统推进花鸟旅游市场的整岛开发。同时，围绕旅游产业全要素开发，高标准引入村口奶茶、微醺小酒馆、blue 咖啡馆、艺创空间等特色新业态，全面构建集风景、风味、风情于一体的海岛休闲产业链经济。2023 年 1—10 月，花鸟乡吸引游客超 5 万人次，同比增长30%；常住居民人均可支配收入增长 15% 左右。

（三）乡贤"地瓜经济"反哺发展

乡贤是推动乡村发展的宝贵资源，更是助力乡村振兴和共同富裕的重要力量。作者在苍南县南宋镇调研时发现，绝大多数乡贤叶落归根、反哺家乡的愿望强烈，渴望能为家乡发展尽一份力量。只需给乡贤提供一个发展平台，他们就有能力、有实力带动当地产业发展。苍南县南宋镇成立南宋商会，建立微信群和乡贤档案，打造乡贤联络站、乡贤会客厅、乡贤茶话室，精准开展"总部经济"招商引资模式，镇政府与乡贤共同投资 3200万元打造总部经济园，号召乡贤将企业总部迁回家乡，将优质项目落地家乡。同时，成立南宋镇共同富裕发展基金，引导乡贤结对帮扶低收入家庭，为其提供就业机会，探索"政府搭台＋乡贤助力＋民间众筹"发展模式，通过财政支持、乡贤捐赠、项目补助、贴息贷款等渠道，重点支持困难群众帮扶、基础设施建设、居住环境改善、农村富民工程等领域项目发展。目前，南宋镇成为全市唯一拥有两座亿元税收楼的山区镇，2023年人均税收居全市前列，带动了全镇超2000人从业就业。

（四）绿色低碳助力生态共富共赢

调研发现，永康市舟山镇、椒江区大陈镇立足生态资源禀赋，牢固树立"绿水青山就是金山银山"的理念，加快绿色低碳转型，在保护生态环境的同时促进富民增收，做法颇具特色、成效显著，相关经验值得借鉴。永康市舟山镇被誉为永康"绿肾"，是Ⅱ级饮用水源保护区，森林覆盖率达78%。该镇全域不发展工业，通过大力发展特色农业、积极探索水域占补指标交易机制、打造"共富工坊"、探索"飞地抱团"等方式拓宽共富渠道、解锁共富密码，破局水源保护地发展之困。该镇2023年带动5000余名果农增收，镇上共富工坊员工月均收入超过5000元。椒江区大陈镇发挥自身生态优势，抢抓"双碳"机遇，全面启动零碳岛建设，依托岛上成熟的风力发电系统，投运全国首个海岛"绿氢"示范工程，铺设全球首条柔性低频输电海底电缆，全面淘汰燃油车；积极推进生活生产全电化，每户每年可节省用能成本2000～3000元。深度对接碳汇专家院士团队，搭建双碳大陈数字化平台，率先开展海岛碳汇核算，致力打造生态优先、智慧支撑、协同发展、共富共赢的海岛碳中和示范区，为全国碳中和共富发展提供样板经验。

（五）服务共享增进民生福祉

共同富裕是全体人民的共同富裕而不是少数人、少数群体和地区的富裕，是基本公共服务普及、普惠基础上的共同富裕。公共服务的供给水平和均衡性、可及性水平，直接表征了共同富裕的实现水平。调研发现，长兴县吕山乡和镇海区新材料小镇在优化完善公共服务方面特色突出，具有可借鉴、可推广意义。

长兴县吕山乡全力优化公共服务，提档升级基础设施，9 个行政村均完成硬化道路建设，并推动"送气下乡""电桩下乡""乡村畅行""千兆进村"等落地。同时，全域推广共富驿站，以"15 分钟公共服务圈"建设为抓手，实现共富驿站村村通。其中，生活服务类驿站集"快递活村""乐业湖州"等功能于一体，民生服务类驿站集"舒心就医""万家颐养"等功能于一体，有效实现人流、物流、信息流、资金流四流合一。推动便民服务一站办理，共富驿站内"云诊室""云药房"等智能设施设备齐全，村民可享受在线问诊、线上开方审方等全过程诊疗服务。理发、助浴、阅读、快递寄收等民生小事服务配置完善，村民足不出村即可享受优质服务。镇海区新材料小镇也聚力提升人居生活品质，优化布局公共服务保障圈。持续做优湖滨未来社区、永旺未来乡村和科创策源特色产业风貌区三大省级共同富裕基本单元，不断完善"15 分钟公共服务圈"。一方面，注重提升"一老一小"服务质量，2023 年实现九如城综合养老服务中心按 5A 标准打造，新增 3A 养老服务中心 5 个，小镇"15 分钟公共服务圈"范围内中小学学位数量约 10000 个。另一方面，持续提升医疗服务水平，镇海区庄市街道社区卫生服务中心成功建设为浙江省社区医院，新建两个健康驿站。宁波市首批互联网智慧"甬爱 E 家"便民亭在小镇内投用，为居民提供饮水、充电、应急药品等"10+X"项基础便民服务。此外，持续完善"人才之家"功能，加快构建符合青年人才需求的交通体系，加速构建"城市公园 + 郊野公园 + 小游园 + 微绿地"的全域公园体系。

二、趋势性特征

与村（社区）类观察点相比，乡镇、街道（平台）类观察点激活资源、推动产业发展、用好青山绿水和数字化工具推动共同富裕的能力更强。从具体探索实践来看，11 个乡镇、街道（平台）观察点推进共同富裕展现出四大趋势性特征。

（一）集体经济向"抱团发展"转变

习近平总书记强调，"要把好乡村振兴战略的政治方向，坚持农村土地集体所有制性质，发展新型集体经济，走共同富裕道路"[①]。大力发展新型集体经济是提升农民收入、推动农村共同富裕的重要战略举措。长期以来，农村集体经济单打独斗多、抱团发展少，资源闲置多、统筹利用少，靠天吃饭多、稳定增收少。调研发现，越来越多乡镇把做大做强集体经济摆在重要位置，通过不断创新生产模式、经营模式和分配模式等，探索走出了一条持续壮大集体经济之路。余杭区径山镇创新打造"乡村新社区"，由核心村联动周边弱村建立"乡村新社区"，通过合作成立"乡村新社区"强村公司，让弱村搭上强村发展的快车，实现行政村资金、资产、资源从单打独斗、各自为战向协同联动、集团作战蝶变，增强了弱村发展集体经济的潜力。2023 年，村级集体经济经营性收入完成近 4000 万元，约为 2022 年的 1.5 倍。桐庐县新合乡创新"政府＋企业＋农户"联合体生产新模式，探索引入社会资本兴建索面工厂，通过强村公司与引进企业签订长期设备租赁协议，实现村集体经济稳定增收。2023 年，村集体经济收入超过 460 万元，同比增长近 10%。平湖市广陈镇创新探索资产入股、资源入股、资金入股三大增收模式，通过村集体、农户房屋等资产"租赁＋入股"，集体土地所

有权、农户土地经营权"流转＋入股"，村集体、农户直接众筹资金入股等方式参与公用码头、农创中心、产业配套等建设，获取"租金＋分红"，实现强村富民。2023 年，村集体经济收入为 6470.9 万元，同比增长 5%。

（二）产业向多元业态融合转变

产业振兴是乡村振兴的重中之重，习近平总书记指出，"要推动乡村产业振兴，紧紧围绕发展现代农业，围绕农村一二三产业融合发展，构建乡村产业体系，实现产业兴旺"①。构建现代乡村产业体系是乡镇实现共同富裕的重要支撑。调研发现，越来越多乡镇注重挖掘和结合特色资源，因地制宜发展农文旅融合等多元新业态新模式，真正把乡土的内容作出独特的市场竞争优势，从而拉长产业链条，增强市场竞争力和可持续发展能力。长兴县吕山乡依托湖羊产业优势，通过实施创新数字化养殖、多途径营销、全链条培育等措施，实现从种羊培育、肉羊养殖、湖羊深加工到湖羊美食、农文旅全产业链高质量发展，形成一二三产协同发展格局。2023 年吕山乡湖羊上下游产值约 4.6 亿元。平湖市广陈镇近年来以全要素、全产业链和全功能价值整合为切入点，构建具有"生态＋、旅游＋、科技＋、文化＋、体育＋"特征的现代农业产业体系，推进一二三产深度融合发展。例如，依托浙沪乡村马拉松赛事，探索发展"体育＋农业"新业态，通过主动接轨上海，以马拉松赛道为纽带、以特色农业产业为填充，进一步深化浙沪区域合作，打造一体化发展新名片。永康市舟山镇强化农业产业链延伸，打造"方山柿"文化旅游节，建设方山柿加工仓储中心项目，预计带动 5000 余名果农增收。同时，引入农业新资源，引进"红美人"、太秋甜柿、白玉蜗牛等农业品种和种养技术，预计农户每年收入增加额可达 8 万余元。

---

① 《人民日报署名文章：谱写农业农村改革发展新的华彩乐章——习近平总书记关于"三农"工作重要论述综述》，新华社，2021 年 9 月 22 日。

（三）驱动方式向数字驱动转变

近年来，数字技术的快速发展，使智慧农业成为加快实现农业现代化、推进乡村振兴的新方向，数字化技术也在加快驱动生产生活和治理方式变革。调研发现，越来越多乡镇坚持以数字化改革为牵引，加快推动数字化服务兴农，助力实现农业生产和基层治理数字化，赋能乡村全面振兴和农业农村现代化。平湖市广陈镇持续深化数字化改革，开发"一地创新，全省共享"的"种粮宝"应用，建成"浙农服"平台并成为"三位一体"改革省内唯一数字化平台，入选全省数字化改革重大应用"一本账 S1"目录，并在省内外推广应用。同时，建设数字乡村"大脑"，在农业经济开发区广泛运用数字化技术，累计培育未来农场 5 家、数字农业工厂 27 家。镇海区新材料小镇搭建小镇数字驾驶舱，通过大数据平台，打通企业、高等院校和人才之间的信息壁垒，从源头赋能，实现科技成果交易数字化。长兴县吕山乡龙溪村借助"数字长兴"及"浙里未来乡村"平台，形成"问题—资源—领办—落实"议事协商闭环，切实提升数字乡村治理水平，先后荣获全国村级议事协商创新实验试点村、省善治示范村等荣誉称号。

（四）发展理念向绿色低碳转变

党的二十大报告指出："推动经济社会发展绿色化、低碳化是实现高质量发展的关键环节。"实现高质量发展共同富裕，绿色低碳转型也是重要一环。调研发现，绿色低碳在乡村地区蓬勃兴起，这不仅顺应了生态价值转化的趋势、促进了乡村生产方式转型、满足了乡村群众对高品质生活的现实需要，同时也有力推动了绿色发展理念在乡村地区的落细落小落实。永康市舟山镇突出生态价值转化，积极探索水域占补指标交易机制，大力开展水域整治工程建设，实现新增水域面积 7512.45 平方米，指标收益达

450 万元，推动台门、前村、大桥等 8 个行政村实现"消薄"。平湖市广陈镇持续探索农业"负碳"新模式，以农开区氢光储充一体化新型智慧能源站为依托，打造"共富共享"低碳"微能源网"新型电力系统，形成集中能源托管的"低碳"运营模式，将清洁能源统一集中高效调配，使园区企业共享氢能、光伏、储能、充电桩建设红利，最终实现终端用能清洁化率100%。据测算，该模式每年能为园区企业节约用能成本 146 万元，实现减碳 170.6 吨。

三、存在问题及发展建议

（一）存在问题

一是人才培养与引育的力度有待加大。调研发现，人才缺乏是 11 个乡镇、街道（平台）普遍面临的问题。一方面，现有基层工作人员对观察指标的设计与年度变化敏感度不足，缺乏汇总分析能力。同时，基层工作人员对共同富裕工作经验总结站位高度不够，机制性制度性创新模式提炼不足。另一方面，本地年轻人越来越少，本地非遗传承人梯队断代问题尤为突出，传统非遗技艺亟待找到新的传承路径。同时，科技型农业、乡村旅游等产业发展对各类专业人才需求量大、要求高，但目前相关从业人员素质不高，专业技术人员配备不足，老龄农业劳动者对新技术、新品种接受较慢，综合劳动素质和技能还需继续提升。

二是特色资源、产品的产业化运作效率有待提升。组建强村公司是乡村对村级集体经济公司化改革的积极探索，但是强村公司运作受村集体资产管理制度限制，市场化运作的效率偏低，自我成长性偏弱。同时，销售渠道和品牌推广也是短板弱项，销售渠道除依靠亲朋介绍以及电话或上门预订的传统渠道外，主要依靠线下商超及政企单位食堂售卖，直播、电商销售等销售模式刚刚起步发展，线上销售市场还有待开发。在品牌推广方面，目前乡镇品牌构建尚处于起步阶段，品牌价值仍有待提升。

三是关键项目的空间要素支撑有待增强。乡镇建设用地不足是制约重大项目建设的最大障碍，特别是一些山区乡镇，普遍遇到项目没有建设用地的情况。乡贤在产业回归、资源回归时，普遍遇到项目无地可落等问题。部分企业因区域内无配套厂房而选择外迁，其中不乏高成长性企业，加剧"好项目缺土地、好企业缺空间"的困局。

四是乡贤返乡投资的政策支持有待强化。一方面，观察点目前还处于探索阶段，相关扶持政策较少，多由乡镇主动谋划、主动争取。另一方面，对于乡贤投资还缺乏完善的政策支持，乡贤对建设家乡的意愿和热情较高，而且大多不求利益回报，属于更高层次更优质招商引资，但目前还未出台政策对乡贤在名誉、待遇等方面予以肯定和鼓励。此外，农村集体产权制度改革有待发布相关政策措施以进一步明晰方向，产业主体与农业农村的利益联结还有待进一步深化和细化。

（二）发展建议

一是完善人才培育与引育机制。建立健全基层工作人员培训体系，定期开展观察指标解读、数据分析和报告撰写等能力提升培训，提高其业务素养和综合分析能力。推行"非遗传承人＋教育"模式，将非遗技艺引入学校课程，培养年轻一代对本土文化的热爱和传承意识。同时，设立专项基金和项目，鼓励和支持非遗技艺的创新与发展。引进高层次专业人才，通过政策优惠、待遇保障等方式吸引科技型农业、乡村旅游等领域专家和技术人员到乡村工作，同时加大对本地农民的技术培训力度，提高老龄农业劳动者的科技素质。

二是探索市场化运营销售新模式。深化村集体资产管理制度改革，可引入专业团队进行市场化运作，或者与其他企业进行合作，赋予强村公司更大市场化运营权限。同时，探索建立现代企业制度，增强自我成长能力。加大销售渠道建设和品牌推广力度，构建线上线下相结合的销售网络，积极利用电商平台、直播带货等方式拓展市场。打造乡镇公共品牌，加大品牌策划与宣传力度，提升品牌知名度和影响力。

三是建立重大项目要素保障机制。科学规划土地资源，加大建设用地流转力度，合理调整用地结构，优先保障重大产业和重大基础设施等项目的用地需求得到满足。探索实施点状供地、混合用地等新型用地政策，尤其是对于山区乡镇，灵活运用土地政策以解决项目落地难题。鼓励建设多层厂房、立体化仓储设施，提高土地使用效率，为高成长性企业提供发展空间。

四是健全乡贤返乡投资政策体系。加快出台专门的乡贤投资优惠政策，包括但不限于税收减免、融资支持、荣誉激励等方面，充分调动乡贤参与乡村振兴的积极性。设立乡贤参事会或顾问委员会，让乡贤在决策层面发挥作用，并给予一定的待遇和社会荣誉。进一步深化农村集体产权制度改革，明确权责关系，引导乡贤投资与农业农村利益深度融合，实现共赢发展。

第三节　企业类观察点的探索实践

企业是推动高质量发展的主体，也是促进共同富裕的重要力量。浙江首批企业类观察点共 10 个，其中 6 家为民营企业，4 家为地方国企。通过对企业类观察点的深入观察与研究，发现了一批在推动共同富裕方面走在前列、特色鲜明的优秀企业。它们通过不断创新、积极开拓市场，为浙江经济的繁荣发展作出了显著贡献，同时也为当地群众提供了更多的就业机会和增收渠道。为此，本节总结这些企业的特色经验做法，分析当前趋势性特征，并提出存在的问题及发展建议，以期为推动浙江共同富裕实践提供有益的参考和借鉴。

一、特色经验做法

调研发现，10家企业类观察点在促进共同富裕方面展现出多元化的创新策略。这些策略包括推动员工持股计划以实现财富共享、优化薪酬制度并提供丰富的培训资源、搭建企业孵化协作平台、培育具有引领性的区域公共品牌等。这些举措体现了企业在推动共同富裕中的积极作用，实现了商业价值与社会价值的有机统一。

（一）以股权激励推动员工持股奔富

过去，企业促进共同富裕，主要表现为员工付出劳动，企业发放薪水并为员工提供相应的激励机制和晋升路径。推行员工持股模式，企业改变了员工角色，将"打工者"变为"合伙人"，凝聚了员工智慧，激发出员工创新的内生动力。吴兴区浙江久立集团股份有限公司（以下简称久立集团）创新普通员工股权激励，共享企业发展成果。久立集团创新开展第三轮股权激励，持股计划全面扩增至核心子公司的一线工人和非核心子公司的普通员工。员工在职期间按照集团效益进行分红，待员工到达退休年龄时，根据员工参与持股计划年限，一次性额外给予一定比例的年化固定收益。南湖区卫星化学股份有限公司实施"事业合伙人持股计划"，向对公司整体业绩和中长期发展具有重要作用的核心、骨干员工及为公司作出突出贡献的技术员工予以股权激励奖励。此外，还有一系列面向员工的持股、股权激励计划，实现了员工五年内综合收入增长超60%。海宁市天通控股股份有限公司创新实施了股权激励优化计划，建立了事业合伙人机制。2023年，该公司股权激励政策累计受益员工人数为300～400人。

（二）创新技能人才职业发展新模式

技能人才是共同富裕"扩中"的重要群体之一。围绕技能人才的引、育、留、用，瑞立集团有限公司（以下简称瑞立集团）靶向发力"新八级制"的薪酬制度改革，推行"新八级工制"，差异化技能补贴政策，将原有"五级"等级薪酬制度延伸为"八级"，根据岗位价值、能力素质、业绩贡献设置与技能等级序列相匹配的岗位绩效工资制度，在企业内部从业人员数量最多的模具车间试行后，向其他机械车间辐射，切实提高技能人才相应福利待遇，形成尊重技能、"能者多得"的良好氛围。常态推进"学用相长"的人才培育模式，搭建"学习云"企业线上培训平台，面向全集团干部员工发布包括经营管理类、技术质量类、销售管理类等内容体系的课程，创建温州市技能大师工作室、瑞安市技能大师工作室，建设产学研用一体的实验实习实训基地。加快产业高技能技术精英蓝领的培养步伐，与南部县人民政府签订东西部协作战略合作协议，开展东西部协作技术精英"骄傲蓝"工程，通过定向"产教融合"、开设瑞立职校南部班、开展瑞立集团职业技能提升专题培训三种模式，创新搭建"订单培育—定向就业—持续创收"技能助富新路径。

（三）搭建企业孵化协作共享新平台

创新和创业是实现共同富裕的重要途径。通过搭建孵化平台并赋能，可以激发更多的创新思维和创业活力，培育出更多有潜力的企业和企业家。同时，企业的发展壮大将带动相关产业的发展，创造更多的就业机会，提高民众的收入水平和生活质量。钱塘区卓尚服饰（杭州）有限公司推动园区孵化企业共享发展，对于众创空间中的小微型初创企业，创新实行租金减免措施，减轻初创企业生存压力。通过提供共享服务增强企业发展动力。尚加众创空间利用自身"链主"地位，为创客提供优质低价的全产业链附加服务。通过邀请服装、面料、电商等领域大咖做经验分享、实行"传帮带"等有力举措，拉动相对处于起步或者落后阶段的企业共享发展。海宁市天通控股股份有限公司联合高等院校、科研院所和上下游核心配套企业组建了一批创新联合体和国家级创新平台，构建了高水平的开放协同创新网络；聚焦磁电、新型光电及半导体等功能材料及产业化工艺技术研发，打造了面向全国的高能级创新平台天通研究院。2023年"链主"型企业及产业链企业研发费用投入增长超过20%。

（四）培育引领性强的区域公共品牌

建立区域公共品牌能够提升该地区的知名度和竞争力，吸引更多的资源和投资。随着品牌影响力的扩大，区域内的产业将得到进一步发展，从而创造更多的就业机会，提高居民的收入水平和生活质量，推动实现共同富裕。陈陈集集品牌管理有限公司是义乌市大陈镇政府于2021年出资成立的镇域公用品牌运营公司，负责该镇的"大陈小集"区域公用品牌的运营，先后推出"大陈小集"区域公用品牌的IP"陈陈"和"集集"，建成品牌产品展销馆，搭建"大陈小集乡村创客中心"，成立"青年乡创俱乐部"。通过品牌管理运营和组织制度创新，推动大陈镇建成"大陈小集"共富工坊，实现以品牌振兴促进农民就业，以产业振兴带领村民致富。浙江柚香谷投资管理股份有限公司结合常山胡柚和香柚的特点，提出"双柚合璧"的产品开发思路，成功研发生产双柚汁、双柚乳酸菌、香柚啤酒、柚醺果酒、香柚苏打汽水等柚系列产品，跨类目开发出以香柚为核心原料的洗护、美妆等产品。推动第一产业、第二产业的无缝衔接和深度融合，公司从种植源头做起，打通技术研发、食品加工、销售物流、品牌推广等环节，形成安全、营养、健康的完整产品供应链。

二、趋势性特征

调研发现，企业在推动共同富裕方面展现出四方面明显的趋势性特征。首先，企业不断夯实共同富裕的基础。其次，企业与员工形成紧密的合伙关系。再次，企业积极搭建孵化平台。最后，龙头企业带动产业链上下游企业协同合作。这些特征共同体现了企业在推动共同富裕中的积极作用和创新实践。

（一）走专精特新之路做大"蛋糕"

共同富裕是生产与分配的统一，生产是前提与关键，分好"蛋糕"要在做大"蛋糕"、有更多"蛋糕"可分的基础上方可实现。2023 年 12 月召开的中央经济工作会议明确提出"促进中小企业专精特新发展"，通过专业化、精细化、特色化和创新化发展，可以有效夯实共同富裕根本基础。调研发现，企业参与共同富裕示范区建设，面临"如何进一步做大'蛋糕'"的现实问题，它们不约而同地选择以"新"谋变、以"质"取胜之路。南湖区卫星化学股份有限公司大力发展高端产业链，持续强化研发创新。2021 年至 2023 年前三季度，卫星化学股份有限公司累计投入 35.13 亿元，在同行业中名列前茅。宁波臻至机械模具有限公司作为传统模具行业的民营中小企业，专注于压铸模具细分赛道，2020 年入选全国专精特新

"小巨人"企业名单。2023 年，该公司年度研发经费占营业收入比重高达 6.5%，员工人均年薪增长 7%，远高于行业平均水平。

（二）与员工合伙共享成果

利润全民共享是企业扎实推进共同富裕的关键机制。推进共同富裕，要以多数人利益为本，以劳动者和科技工作者作为增加收入的主要群体。不少企业从企业效益和经营者、技术骨干、员工利益之间的正相关关系出发，通过股权激励、岗位分红、员工持股、超额利润分享和跟投等方式，让广大员工不仅享有工资和奖金，而且能像金融资本一样分享企业创造的财富，让企业成为助力共同富裕的平台。久立集团积极探索"共富一号股权激励计划"，在经营者、员工与企业之间形成了以股权为纽带的激励约束机制，实现"共同奋斗"下的"共同富裕"。2023 年，久立集团员工薪酬较上年增幅达 8%，一线工人平均年收入同比增长超过 5%。

（三）为创客赋能融通资源

从技术到成果，再从成果到产品，高质量的技术要转化为高效益的产出，需要成熟的孵化平台。在微观主体层面，企业除了积极参与市场竞争实现"发展"内涵维度外，也要创新地探索以赋能生态、价值共创实现"分享"内涵维度，通过搭建创新创业平台，挖掘具有发展潜力的高技术人才、高科技企业，为科技人才、企业搭建专业的孵化平台，通过建立融通资源，提供资金和技术支持，切实提升科技成果转化率，助推高质量发展。钱塘卓尚服饰（杭州）有限公司秉持"只听对的、用户至上、成就他人"的企业价值观，于 2016 年投资成立了为时尚产业创业者提供全方位支持和服务的创业孵化平台——尚加众创空间，为创业者提供了创业资源配套、创业项目孵化和时尚资源整合等核心服务功能，为时尚原创设计师和创业者提供完善的配套服务和强大的支持系统。目前，尚加众创空间已经孵化了超过 70 个创业团队，投资了 20 余个项目，并形成了一套可复制的运营模式。

（四）促进协同合作链式发展

企业是构建产业链的主体力量，"链主"企业更是产业链的"牛鼻子"，也是促进共同富裕的引擎。充分发挥龙头企业的引领和带动作用，以强大的资源配置能力和协同创新组织动力，带头突破关键核心技术，赋能上游企业发展，加快产业融合，带动更多中小企业共建共享供应链、创新链、人才链，实现链上大中小企业协同创富。海宁天通控股股份有限公司作为国内泛半导体领域高端软磁、蓝宝石光电新材料"链主"企业和省产业链"链长制"试点核心企业，深入实践"链主"型企业带动"链上"企业融通发展，在天通泛半导体产业基地基础上升级建设海宁泛半导体产业园。截至 2023 年，已累计引进行业细分龙头企业 25 家，孵化科技型企业 2 家并助力其成功上市，入选全省第四批"万亩千亿"新产业平台；产业链规上企业总产值预计超百亿元。

三、存在问题及发展建议

（一）存在问题

一是制约上下游企业高质量发展的不利因素有待弱化。当前逆全球化思潮抬头，国内企业产品出口受到一定冲击，加上国内部分行业主机厂商降价竞争白热化，成本压力逐渐向上游供应链传导，"降价赔本"的市场竞争给企业专注研发创新带来压力。此外，土地指标、科技人才、创新资金等资源紧缺本就是制造业企业面临的共性难题，产业链协调机制不够完善、供需对接平台建设不足，也直接制约着"链主"企业的发展壮大以及对上下游企业的吸引力和牵引力。

二是企业孵化器与初创企业的长效利益机制有待构建。卓尚服饰（杭州）有限公司创建企业类孵化器主要源于社会责任与企业家精神，但为实现可持续发展，还需处理好孵化器与初创企业的利益关系。一方面，应考虑如何体现取得一定成效的初创企业的反哺效应，进而避免部分创客产生"搭便车"行为；另一方面，应考虑如何应对随着入驻企业的增多，孵化器空间和服务供给不足，以及现有模式下创业企业成熟退出等问题。

三是部分员工职业成长渠道有待进一步畅通。调研发现，制造业普通工人社会地位低、工作环境差、收入不高，招引留用更是不易。企业没有高级技师自主评定资格，高级技师外出学习与完成工作较难协调平衡。此外，部分职业或岗位（如瑞立集团的质检员岗位）有技能认定需求，但国家职业技能标准暂未出台，或现行国家职业技能标准亟须修订。

四是支持企业开展股权激励的相关服务有待提升。股权激励在我国尚处于探索阶段，政策文件相对较少，尤其是关于非上市企业的股权激励指导文件、案例更少。调研发现，在委托托管和交易模式方面缺乏针对性的指导文件，导致企业在推进股权激励过程中面临较多困难，协调成本较高。同时，证券、税务、审计、法律等领域的专业人才相对匮乏，企业在实施股权激励计划时，难以获得全面、专业的中介服务。此外，在现行税收政策下，股权购买及变现过程中，持股人需承担较高个人所得税。同时，股权激励探索阶段缺乏财政补助，不利于股权激励措施的推广。

（二）发展建议

一是聚焦"链主"企业提升增收带动性。强化精准施策，各地结合区域产业集群定位，开展一园一策的诊断式施策，给予一定的土地、资金等要素资源的倾斜支持，加强政企产业基金合作，推动行业龙头企业、"链主"企业构建长效利益机制。开放产业空间、优势资源，以园区的精准化赋能吸引更多创客、中小企业入驻。

二是探索企业孵化器与初创企业的长效利益联结机制。围绕重点产业集群和产业链及工业"六基"领域，加强对重点高新技术企业、创新型中小企业的跟踪服务和要素保障。集中组织专业培训、提供咨询服务，积极推动民营企业开拓东盟等新兴市场。支持新产品开发，推动地方政府和企业事业单位率先应用专精特新企业新产品，扩大国内市场。

三是畅通企业员工职业成长渠道。支持新技术新业态技能标准评定创新，针对评价规范还未健全但从业人员集中的职业或岗位，参照《国家职业技能标准编制技术规程》，由企业联合高职院校协同开发职业技能评价规范并加快试行。精准开展人才联合培养，摸排重点行业或细分领域的紧缺人才，组织企业与科研院所、职业院校紧密对接，实行"定向委培"，校企双方联合制定教学课程、共享教学资源。加强公共服务保障，探索打造"工业社区"，将符合条件的员工纳入子女入学、医疗保健、住房保障等政策优享范围。

四是支持企业开展股权激励。加快完善顶层设计，积极协调金融机构、律师事务所、会计师事务所等，推动完善股权激励配套制度体系。加强股权激励支持，对实施股权激励的企业，可给予一定比例的财政补助，优先安排产业发展、技术改造、技术开发等政府专项扶持资金，优先支持企业申报政策性资金和发展项目。对于获得股权分红的员工，经主管税务机关备案，可实行递延纳税政策或者按其缴纳入库的个人所得税地方留存部分的适当比例给予奖励。

第四节　社会组织类观察点的探索实践

社会组织作为联结政府与民众的重要桥梁，在推动社会公平正义、提升民生福祉、助力乡村振兴等方面发挥着不可替代的作用。在浙江首批 60 个观察点中，社会组织类观察点有 6 个，涵盖共富工坊、公益基金会、养老服务中心、演员公会等领域，在推动共同富裕进程中展现出独特的活力和潜力。本节深入剖析了社会组织类观察点的探索实践和成果，揭示了其在推动共同富裕进程中的趋势性特征，也发现了社会组织在发展中面临的挑战和问题，并提出下一步需要采取的有效措施，以推动社会组织在共同富裕进程中发挥更大作用。

一、特色经验做法

调研发现，社会组织在多个领域展现出强大的创新活力和显著成效。这些组织不仅成功构建了政府引导、多方参与的慈善新模式，有效推动了公益与市场的融合发展，还为乡村振兴贡献了独特的智慧和力量，具有很强的推广价值，为社会治理和公共服务创新提供了有益的借鉴和启示。

（一）构建"政府引导、项目主导、企业主体、社会参与"的慈善新模式

调研发现，德清县幸福阜溪公益基金会在探索以第三次分配助力共同富裕机制方面特色突出，成效显著，为社会组织参与慈善事业蹚出了新路子。德清县幸福阜溪公益基金会构建"政府推动 + 基金支持 + 项目主导 +

多方参与＋社工运营"特色路径，在政府层面积极引导、鼓励和支持阜溪街道 100 余家规上企业和爱心人士参与基金捐赠，建设公益项目载体，使公益项目覆盖创新创业、帮扶助残、敬老助老、奖优助学、文化融合、文艺惠民、党员先锋、身心健康、生态环保、职业关爱等领域，为辖区内 8 万名常住居民提供普惠服务，为 37 个民族 5500 多名少数民族群众和困难群众提供定向帮扶。

（二）探索"公益＋市场"双轮驱动的社会企业新样板

构建老有所养的养老服务体系是共同富裕的内在要求。与社会组织相比，社会企业是兼具社会属性和经济属性的新组织类型，强调创新商业管理模式，具备较强的可持续发展能力，对政府资源依赖较少。鄞州区银巢养老服务中心探索了社会企业参与养老事业模式，实现公益事业与产业双轮驱动的共富路径，既激活了社会养老服务资源，又有效发挥了自身作为社会企业整合资源、自我造血的优势。银巢养老服务中心坚持民办非企业单位（组织）和社会企业两个实体"两条腿走路"，民办非企业单位（组织）实体负责普及适老化理念和提供公益性服务，对社区资源和居民需求进行梳理，社会企业实体负责适老化改造、个性化产品研发和市场化推广落地等实务探索，以创新性商业逻辑回应居民养老服务所需，形成自我造血功能闭环，为鄞州区创新社会治理模式、健全公共服务体系、增加就近就业机会提供了一条既可实现社会治理目标又能促进可持续发展的共同富裕新路径。截至 2023 年底，银巢养老服务中心实现年度营收近 40 万元，较 2022 年增长超 220%；年度服务人数近 7000 人次，较 2022 年增长近 300%。

（三）涌现社会组织立体式助力乡村振兴的新范式

近年来，社会组织积极投身乡村振兴战略，努力为新时代乡村发展贡献智慧和力量。在调研过程中，诸暨市吾欣公益发展服务中心做法新颖，亮点突出，为社会组织全方位助力乡村振兴提供了新范式。吾欣公益发展服务中心以青年社会工作者为主体，聚焦助农兴农，构筑起"支青＋支农＋支村"的立体式参与实践模式。"支青"，即助力实现青年人才孵化留得住和出成效。吾欣公益发展服务中心将一批特色品牌服务逐步迭代升级，将青年人才培养和乡村公共服务紧密结合起来，实现青年人才为村出成效。依托"日心月益"公益慈善平台，整合乡村爱心食堂资源，定向培育爱心食堂青年推介官，开发"爱心食堂＋研学游"志愿服务线路为爱心食堂引流，提升自我造血能力。"支农"，即坚持常态化下乡支援广大农民。有效依托新媒体运营优势，因村制宜深挖"土特产"开展产业帮扶，突出自身特色，并显现出"蝶变效应"。"支村"，即从"点线带动"助农，逐步转向"整体运营"兴村的新路径。挖掘主力业态，深度盘活乡村特色资源，设计品牌，打通线上线下销售渠道，实现农特产规模化、品牌化发展。同时，整体规划村游小业态，以"一个主人、一个主题、一桌家宴、一个故事"的理念，鼓励青年投资创业，打造"小而美"的载体导入村游客源，变"流量"为"留量"，以小业态撬动大产业。

二、趋势性特征

在浙江第一批60个观察点中，社会组织主要是具备一定群众性、自治性、非营利性特征的组织。深入观察和调研分析发现，社会组织在当前的发展中呈现出鲜明的趋势性特征，它们不仅致力于提升管理服务的质量和效率，还积极拥抱数字化技术。同时，在人才队伍的培养和培训上投入大量精力，越来越多的社会组织开始注重构建统一的标准体系。这些特征共同推动了社会组织向更高质量、更有效率、更可持续的方向发展。

（一）注重管理服务质效提升

党的二十大报告指出，"健全共建共治共享的社会治理制度""建设人人有责、人人尽责、人人享有的社会治理共同体"。社会组织作为社会治理体系的重要参与载体，其发展规范性和体制机制活力直接影响服务效能的提升。调研发现，社会组织基本都在加快建立健全管理体制和服务机制，功能完善、竞争有序、诚信自律、充满活力、服务高效的社会组织高质量发展格局正加快形成。萧山区"映山红"共富工坊探索成立"映山红"乡村共富党建联盟，创新打造"大平台、大联盟、大发展"协同攻坚机制，同时设置"映山红"社会服务中心等多个功能平台，满足党建、就业、教育、宣传等多种服务需求，弥补乡村基层公共服务、产业发展配套不足的短板。截至2023年底，已与周边乡镇以及淳安、仙居等山区26县的20余个基地签署"映山红"乡村共富党建战略合作协议。德清县幸福阜溪公益基金会优化理事会结构，理事会由7名理事和1名监事组成，大部分理事和监事均来自捐赠企业，显著提升了基金会运行规范性。同时，建立"双层审核＋运行监督"机制，2023年增设驻社会组织监察工作联络站，对基金会及其培育孵化的社会组织进行监察督导。此外，成立幸福阜溪服务中心，规划建设四个区域性幸福邻里中心和十二个村（社区）幸福驿站，下设幸福专员，提供供需对接、资源整合、组织孵化、服务支撑等一体化服务。

（二）注重多场景数字化赋能

随着科技的快速发展和互联网的普及，数字化转型已经成为社会组织发展的关键路径。调研发现，社会组织数字化的步伐在持续加快，多场景数字应用正加快投入使用，全面数字化赋能已成为必然趋势。嘉善县银福苑颐养中心强化数字赋能，依托城乡一体"颐养智享"应用场景，打通机构内所有物联设施与县智慧养老服务平台，工作人员制订照护计划，实时掌握机构运行情况，有效破解特困供养机构日常监管难题。东阳市横店影视城演员公会聚焦数智赋能，以"影视文化大脑"及其特色应用场景为载体，建立普通群众演员群、前景演员群、特约演员群等用户群。同时，借助"影视文化大脑"，精准把握"横漂"代表人士的成长规律，完善"横漂"代表人士推荐机制，培育一批工作积极、贡献突出、要求进步的"横漂"代表人士。鄞州区银巢养老服务中心创新智慧居家助老模式，针对老年人的个性化需求，创新打造"智慧银巢"一站式数字居家养老服务平台，通过智能终端对老年人进行精准化、体系化24小时监测，配备线下养老管家及专业上门服务团队，提供"361度全生命周期智慧居家养老服务"。同时，推出"智慧银巢·一键到家"服务，提供警报按钮、智慧手表等智能化设施设备，便于发生意外的老人第一时间联系监护人及呼叫中心。

（三）注重人才队伍培养培训

人才是提升社会组织综合实力的竞争核心，社会组织个体成员的高素质决定社会组织整体发展的高水平。走访调研社会组织发现，人才资源不足是普遍存在的问题。近两年，政府和社会组织都在人才队伍培育方面下大功夫。总体来看，政府部门在持续加大社会组织人才引育扶持力度，社会组织也在加快提升负责人的领导力、专职人员的业务管理能力及成员的服务能力。萧山区"映山红"共富工坊持续开展项目化人才培养，围绕乡村治理、数字化养殖、冷链仓储、特色产品开发、文创服务、社区门店等多样化服务平台，将工坊劳动力、合作伙伴等人员以项目化形式入驻相关服务平台，创建映季文化创意平台孵化器，将产业链上下游的团队引进到公司孵化器，发掘优秀人才进行整合吸纳。东阳市横店影视城演员公会探索制订"横漂"素质提升计划，在横店影视学院增设"横漂"艺术研修院，选拔优秀"横漂"免费进院学习。此外，常态化组织开展"助梦行动"公益培训、影视新人培训等活动。成立全国首家集"法律咨询、纠纷调解、普法宣传"功能于一体的影视产业律师调解中心，为"横漂"提供法律咨询服务。

（四）注重构建统一标准体系

统一的标准体系是社会组织开展活动和服务社会发展的技术支撑。标准化管理也可以保障服务质量，提升社会组织的形象和信誉度，树立优秀的品牌形象。调研发现，建立标准化体系已成为越来越多社会组织的共识，并成为提升社会组织竞争力的重要路径。嘉善县银福苑颐养中心依托国家级养老服务业标准化示范项目优势，制定嘉善县特困供养人员服务管理标准。鄞州区银巢养老服务中心持续完善标准化流程，针对适老化改造缺少细化服务标准、规范等问题，系统化、体系化总结多年为老服务经验，形成了以"1467"（一户一方案、四大评估体系、六大改造内容、七大改造系统）为核心的适老化改造评估标准。创新"菜单式"供给模式，推出七大改造系统和20个功能项目清单，提供超3000款适老化产品以满足老年人多元化养老需要。截至2023年底，银巢养老服务中心"1467"改造标准已运用至鄞州90%以上社区，并逐步推广至奉化、镇海、慈溪、余姚以及杭州萧山等地的适老化改造及验收工作中。

三、存在问题及发展建议

（一）存在问题

一是社会组织可持续发展环境有待优化。调研发现，6 个社会组织实践反映了社会组织参与推进共同富裕的积极态势，但也反映出其可持续发展面临的难题。一方面，支持社会组织参与乡村振兴的政策举措不多；另一方面，政社互动的可持续保障机制有待完善，如社会组织开展政府公益项目周期为一年，对于带动效应明显、内生发展动力强的公益项目尚未构建跨年度持续申报机制。此外，部分社会组织日常运营开支多数由企业及爱心人士募捐支撑，理财能力较弱。同时，募集资金难以实现预期增长，新项目按时孵化存在压力。

二是社会组织与民间力量需更有效协同。调研发现，社会组织间协同联动难度较大。诸暨市吾欣公益发展服务中心扎根乡村服务，主要依赖团队核心成员及志愿者队伍，一方面人员力量短缺，另一方面未能与当地乡村（社区）社会组织、志愿者有效联结、共同发力。部分社会组织在农村组织化方面有了扎实的基础并积累了丰富的经验，但功能作用有待进一步发挥，应积极探索构建合作机制，推动下乡的社会组织与本地乡村（社区）社会组织有机结合。

三是对社会组织的专业人才队伍建设的重视程度有待提升。调研发现，社会组织领域专业人才缺口较大。社会组织需要能够长期扎根农村的"土专家""田秀才""乡村工匠""文化能人"等人才，但部分社会组织缺乏有文化、懂技术、会经营、善管理的合伙人。个别社会组织专业人才队伍储备不足，培育机制急需完善。同时，还存在跨领域综合型高素质人才紧缺问题。工资福利待遇低、职业发展路径不明确，是社会组织、社会工作从业者人数偏低且流动性较大的重要原因。

（二）发展建议

一是强化政策引导与机制创新。加大政策扶持力度，出台更多支持社会组织参与乡村振兴的政策措施，设立专项资金、项目补贴等激励机制。完善政府、社会组织协作长效机制，建立跨年度公益项目的申报和延续机制，确保具有带动效应和社会影响力的项目能够持续开展。增强社会组织自我造血能力，提供必要的财务管理培训与指导，鼓励拓宽资金来源渠道，如探索政府购买服务、社会企业模式以及与企业的社会责任合作。

二是搭建协同联动平台。建立健全信息共享和资源整合平台，创建完善涵盖各类社会组织、乡村自治组织及志愿者队伍的信息交互平台，促进各方资源、项目和服务的有效对接。推动建立长效合作机制，鼓励和支持社会组织之间以及社会组织与当地乡村（社区）社会组织签订合作协议，明确各自职责和合作目标，形成稳定的合作伙伴关系。引导社会组织提供本地化服务，结合"枫桥经验"，推动下乡的社会组织深入了解并融入地方特色文化与社区需求，开展针对性强、可持续的服务项目，与本地乡村（社区）社会组织共同制定并实施乡村振兴战略规划。制定激励政策，通过设立专项奖励基金、推广优秀案例等方式，对积极参与协同联动的社会组织给予表彰和扶持，进一步激发多元主体参与社会治理的积极性和主动性。

三是构建专业人才培养体系。制定和完善人才培养计划，加大对"土专家""田秀才"等农村实用型人才及养老、社会治理等领域专业人才的培养和引进力度，构建系统化的人才培育机制。提升薪酬待遇与拓展职业发展空间，调整优化社会组织从业人员工资福利制度，明确职业晋升路径，提高行业吸引力，降低人员流动性。鼓励跨领域复合型人才发展，为社会组织提供跨学科培训机会，培育具备多领域知识和技能的综合型人才。设立专业资质标准，针对适老化改造等行业特性，制定相关评估和技术人员的资质认证体系，规范行业准入门槛，提升服务质量。

第五节　公共服务机构类观察点的探索实践

公共服务机构作为社会福祉的重要支点，其运行状态与服务质量直接关乎公众的获得感和幸福感。深入调研9家具有代表性的公共服务机构发现，其在推动公共服务均等化、优质化方面付出了努力，实现了创新实践。它们不仅在资源普惠共享、长效机制构建、跨界融合等方面取得了积极进展，而且在数字化赋能、多业态融合、跨区域合作等领域展现出了新的活力和潜力。这些调研结果不仅为我们理解公共服务机构的发展动态提供了新的视角，也为进一步优化公共服务体系、提升服务质量提供了宝贵的参考。

一、特色经验做法

共同富裕是人民群众物质生活和精神生活都富裕，是基本公共服务内容不断丰富完善基础上的富裕。在公共服务领域，一些机构正通过富有创意和实效性的做法，推动公共服务均等化水平的全面提升。它们以教育公平为基石，致力于打破就业壁垒，同时积极探索医养结合的新模式，旨在构建更加公平、可持续的公共服务体系。这些机构的实践不仅彰显了共同富裕的核心理念，也为未来公共服务的发展提供了新的思路和方向。

（一）注重普享优质教育资源

均衡普惠教育的发展是促进共同富裕的价值体现。共同富裕所具有的普惠性、公平性、全面性在教育实践中突出体现在教育的普惠发展上。宁波市奉化区峤山小学不断降低外来务工人员随迁子女入学升学门槛。根据"不落下一个民族，不落下一个孩子"的原则，奉化区教育局出台了《关于做好 2023 年义务教育阶段学校招生入学工作的实施意见》，提出了坚持义务教育公共服务全覆盖原则，完善随迁子女义务教育阶段入学政策，对本区内有稳定职业和相对固定住所人员，不再以社保、积分作为子女入学必要条件。同时，进一步打通学生小升初升学通道，学生毕业后按抽签的方式分别升入溪口片区两所公立初中——剡溪中学和溪口中学，录取率为100%。金东区孝顺镇中心小学设定"资源共享、优势互补、共同提升"的目标，立足教学理念和特色，落实教共体帮扶任务，积极整合优质教育资源促进紧密共享。一是抓实两校师徒结对出成效。孝顺小学与尚湖小学年轻教师建立师徒结对关系，结对帮扶环节包括课堂教学的切磋、教学研究的交流等全环节。二是开展教师互换交流有章法。孝顺小学派出骨干教师前往尚湖小学开展支教服务。三是线上线下课程互通成体系。孝顺小学在优质课程同步方面，构建起"线下教学相长、线上拓展共享"的交流模式。

（二）着力健全就业促进机制

党的二十大报告指出，"就业是最基本的民生。强化就业优先政策，健全就业促进机制，促进高质量充分就业"。实现共同富裕是社会主义的本质要求，就业是全体人民实现共同富裕的前提和基础。龙湾区高新大道零工市场为促进零工群体更高质量充分就业，针对大多数零工群体未接受过系统培训、技术水平不高、缺乏职业规划、长期发展方向不明晰等痛点难题，提供"专业化"培训环境、搭建"适岗化"培训链条、开展"云指导"职业规划，引导广大零工群体学技能、增本领，着力推动零工群体从"卖苦力打工"到"凭技能吃饭"的内生性转变。针对零工市场发展存在的企业和个人"双向盲选""盲人摸象"等信息不对称现象，整合资源搭建"就业鹊桥"、畅通渠道创新"直播带岗"、拓展点位充实"人岗信息"、闭环管理实现"全链跟踪"，通过"屏对屏+面对面"的方式，实现用人单位和零工群体顺利"牵线"，解决零工人员就业信息闭塞的"最后一公里"难题。

（三）创新医养结合家庭病床

2021 年 5 月中共中央政治局会议强调，要加快建设居家社区机构相协调、医养康养相结合的养老服务体系和健康支撑体系。[①] 推动医康养三位一体，有助于疏通各项政策之间的底层逻辑脉络，实现医养与康养的交融共生，成为极具革新意义的新兴业态，不仅释放了发展动能，还为广大民众带来福祉。上虞区康复医院高效能管理，构建家庭病床运行机制。通过家床入住"一次申请"、医防服务"一团包干"、急救需求"一键快响"等方式，提供集查房、治疗、护理、康复于一体的医疗健康服务，让老年人享受优质便捷、精准可及的健康管理服务。提供全流程服务，探索家庭病床运行模式。开展动态随访跟踪管理，实行"两慢病"患者免费诊疗。免

---

① 《中共中央政治局召开会议 听取"十四五"时期积极应对人口老龄化重大政策举措汇报 审议〈关于优化生育政策促进人口长期均衡发展的决定〉中共中央总书记习近平主持会议》，《人民日报》，2021 年 6 月 1 日。

费为卧床老年患者租赁远程查房智能摄像终端设备，与家属共享视频数据信息，常态化开展线下定期上门查房与线上远程云查房相结合的家庭病床服务。科学评估患者病情变化，根据患者救治需要，双向动态转换家庭病床和住院治疗模式，将确有需要的患者转送医共体总院治疗，实现"区级医院—基层医院—社区家庭"三位一体健康管理的无缝衔接。扩大家庭病床建床覆盖面，取消一年三次家庭病床起付线等，真正实现居家医疗服务医保报销。

二、趋势性特征

对第一批 9 个公共服务机构观察点的深入研究，清晰地展现了其趋势性特征：公共服务机构正积极探索数字赋能、多业态融合以及跨地区跨区域合作等创新路径，致力于提升机构服务效能。这些趋势性特征预示着公共服务领域正迎来一场深刻的变革，将为构建更加公平、可持续的公共服务体系注入新的活力。

（一）探索数字赋能提升公共服务水平

在健全完善公共服务体系过程中，数字赋能扮演着重要角色，有利于从能力、效率等维度影响公共服务的基本模式，使其朝着主体多元协同、方式集成便捷、内容精准个性和效果标准可视的方向转变，将为提高公共服务水平，推进公共服务均等化、普惠化、高效化、便捷化发挥重要作用。龙泉市道太乡际头村卫生服务站以"浙丽乡村好医"数字化应用建设为契机，在际头村布点设置服务点位，实现"数字村卫生室"重建。2023年，际头村完成近 3000 人次日常监测，实现重点疾病风险人群 100% 纳管，"两慢病"人群服务覆盖率达到 100%。

（二）创新公共服务多业态融合发展实践

多业态融合发展模式的核心是资源整合。推动公共服务多业态融合，形成区域联动的常态化机制，通过跨界整合、资源共享，更好地整合公共服务资源，保障全体人民享有公共服务的权利。越城区育才学校是一所集学前教育、义务教育、职高阶段于一体的特殊教育学校，在课程设置上以智力障碍学生高质量就业为导向，组建了"特职融合"的项目团队，创建了"小水滴"职业教育品牌，开发了11门专业课程。近年来，育才学校"订单班"毕业生就业签约率达100%，在全省率先取得培智学校职业教育新突破，形成"职特融合"的越城样板。2023年，该模式在省社会建设委员会"推进中国特色社会主义共同富裕先行"研讨会上获分享推广。上虞区康复医院探索医养结合家庭病床"健康管家"服务模式，以重点特需老人为主体，以家庭病床为载体，以基层医疗机构和医共体协同为支撑，以线上线下结合为特色，提供集查房、治疗、护理、康复于一体的医疗健康服务，让老年人享受优质便捷、精准可及的健康服务，真正实现"老有所医、老有所养"。

（三）开展跨地区跨区域结对借力成长

跨区域公共服务协同发展，是推进区域公共服务均等化、地方治理现代化的重要路径。由于省、市、县间公共服务资源、能力与水平存在差异，区域内公共服务对所有常住人口均等可及度不足，以及公共服务区域统筹受到体制限制，现有的公共服务一体化、均等化尚难以满足现实需要。基于此，部分观察点进行了有益探索。金东区孝顺镇中心小学与磐安县尚湖镇中心小学，作为支援山区26县和6个海岛县组建的跨地区教共体结对学校之一，已经构建起合作框架，建立了工作体系，聚焦"山海协作"跨区域教共体建设，积极探索"1+2+N"教共体混合教研模式，在促进教共体协同发展、提高教共体教学品质、优化山区教师队伍等方面开展有益实践，推动优质教育资源的共享互融，实现两地学校共建共享、共生发展。

三、存在问题及发展建议

（一）存在问题

一是公共服务机构高质量发展仍面临体制机制障碍。一方面，由于公共服务机构负责事项涉及部门多，部门之间工作联动依然不足，在资源整合方面依然有提升空间。例如，个别公共服务机构培训资源分散问题仍比较突出，培训项目雷同化、扎堆培训的现象依然存在，需求调研不够充分、教学基地的培训能力参差不齐、跟踪服务有所欠缺、项目管理和验收还需加强。另一方面，公共服务机构跨区域合作机制有待深化。例如，跨区域教共体作为协作型教共体，多是以项目推进的方式展开合作，对比融合型、共建型教共体，存在结对双方"愿景协同"内在动力不足的问题。

二是部分公共服务机构信息化水平仍不高。信息壁垒仍然是公共服务机构信息化发展的障碍，当前规范的信息归集办法尚未建立，各类数据来源不够清晰，影响相关接口开发。以就业为例，线上共富平台数据壁垒、信息壁垒和政策壁垒仍然存在，高质量就业创业致富指数等多功能分析有待持续优化。此外，数字技术与公共服务的深度融合尚待加强，数字赋能公共服务机构高质量发展的态势尚未显现。

三是公共服务有效供给仍需增强。推进基本公共服务均等化，特别是持续推进城乡基本公共服务均等化，丰富多层次、多样化生活服务供给，构建优质均衡的公共服务体系，是落实以人民为中心的发展思想、推动共同富裕的重要举措，但当前城乡公共服务资源分布不均衡，相关机构发展不均衡，乡村公共服务内容供给不足现象仍然突出。以慈善组织为例，其发展水平、内部管理等良莠不齐，存在普遍的"马太效应"，即"强者愈强、弱者愈弱"。部分处于初创期的慈善组织仍面临资金不足、专业人员不多、流程规范不够等问题，推动慈善组织高质量发展仍任重道远。

（二）发展建议

一是突破体制机制堵点。加强顶层设计，以系统观念做好顶层设计，采取提升沟通和协作能力、建立有效的工作流程和制度、加强信息共享和资源互通、加强领导力和团队建设等整改措施。例如，在省级层面研究制定跨区域教共体的建设标准，在教共体建设基本要求的基础上，进一步明确跨区域协作型教共体的建设标准和具体要求，细化考核评价标准体系，规范引领跨区域协作型教共体建设走实走深。加强统筹协调，地方政府搭建常态化跨区域协调机制，沟通协调重大事项、解决重点问题，加强对提升公共服务质效工作的总体设计、统筹协调、推动落实，促进跨区域公共服务机构协同建设和体制机制改革创新。

二是提升信息化水平。打通企业和个人获取培训信息渠道，着重加强数据共享和信息流通，打破信息孤岛，加快数据归集，实现数据资源的最大化利用。贯通区域内健康医疗数据、就业创业数据，对居民健康、就业等进行精准画像，为公共服务机构提供精准服务奠定基础。进一步推动数字技术与公共服务的深度融合，加强数字基础设施建设，优化数字化服务流程，以及推动公共服务领域的数字化转型。注重应用场景建设，如特色化制定零工需求"电子地图"，建立手机零工服务小程序接入用户端，利用大数据对工种、技术、工作时间等信息进行筛选匹配，为服务范围内的零工有针对性地提供信息推送服务，实现"岗位找人"和"掌上揽活"，为灵活就业人员和用人主体提供全天候用工信息匹配服务。

三是扩大公共服务有效供给。统一城乡基本公共服务标准，推动落实城乡统一的基本公共服务设施配置和建设标准，促进城乡基本公共服务制度整合衔接。促进城市优质公共服务下沉延伸，推动构建以县级优质公共服务机构为龙头的城乡公共服务共同体，充分发挥信息技术等优势，大力发展远程教育、远程医疗等。提升片区公共服务水平，科学划分县域内镇级和村级片区，围绕中心镇（村）统筹配置片区公共服务资源，合理优化教育、医疗、文化、养老等公共服务机构布局。

第十章

浙江在推进共同富裕中先行示范的思考与展望

　　高质量发展建设共同富裕示范区是党中央、国务院2021年交给浙江的重大政治任务，旨在为全国探索出一条均衡富裕的新路径。"中国式现代化的先行者"是浙江的新定位，"奋力谱写中国式现代化浙江新篇章"是浙江的新使命，"要在推进共同富裕中先行示范"是浙江必须完成的新要求。本章深入分析了新时代浙江在共同富裕先行示范中的关键关系，提出必须坚持的基本路径，并展望了未来的发展方向。

第一节　把握共同富裕先行示范的五组重大关系

在推进共同富裕的过程中先行示范不仅体现在具体的政策措施上，更在于如何把握和处理一系列重大关系，以确保共同富裕目标的实现。

一、把握好尽力而为与量力而行的关系

尽力而为指的是在推进共同富裕的过程中，浙江应充分利用所有可用资源和政策工具，采取一切必要的措施来提高人民的生活水平，缩小收入差距，确保社会公平正义。这要求政府和社会各界全力以赴，不遗余力地推进各项有利于共同富裕的改革和发展项目。量力而行则是在"尽力而为"的基础上，强调政策制定和执行应基于浙江的财政实力、资源禀赋和社会承受能力，避免过度扩张导致财政不可持续或社会不稳定。这意味着在追求目标的同时，必须谨慎评估潜在的风险和成本，确保政策的长期可行性和社会的和谐稳定。

在推进共同富裕的实践中，浙江需要在"尽力而为"与"量力而行"之间寻找最佳平衡点。一方面，应积极进取，充分挖掘发展潜力，推动社会经济的全面发展；另一方面，应审慎行事，确保每一项政策和每一笔投资都能产生最大的社会效益，同时不给财政和社会带来不可承受的负担。

通过把握这一关系，浙江能够在确保经济健康稳定增长的同时，稳步推进共同富裕，实现社会的全面进步和人民的普遍幸福。这不仅是对浙江省政府治理智慧的考验，也是全省人民团结协作、共同奋斗精神的体现。通过智慧的政策设计和高效的执行机制，浙江有望在推进共同富裕的道路上树立典范，为全国乃至全球的可持续发展贡献智慧和力量。

二、把握好政府作用与市场机制的关系

在推进共同富裕的进程中，政府与市场机制是不可或缺的两个要素。政府的作用在于制定公平的政策、提供基本公共服务、调节收入分配、促进教育和医疗等社会事业的发展，通过税收、社会保障、公共投资等手段，确保资源的合理分配和社会的公平正义。市场机制则是调节资源配置的高效工具，通过供求关系、价格机制和竞争促进效率提升和创新。市场机制通过竞争和激励，促进资源的有效配置和经济的高效运行。在推进共同富裕的背景下，市场机制可以激发企业和个人的创新活力和生产积极性，推动经济的持续增长和社会财富的增加。

浙江在推进共同富裕时，既要注重政府的宏观调控和战略导向，又要注重市场的自我调节和创新发展，特别是要充分发挥市场在资源配置中的决定性作用，更好发挥政府作用，实现"放得活"又"管得住"，形成政府与市场相互补充、相互促进的良好格局。一方面，必须更好发挥市场机制作用，创造更加公平、更有活力的市场环境，实现资源配置效率最优化和效益最大化。另一方面，要合理履行有为政府职能，更好维护市场秩序、弥补市场失灵，畅通国民经济循环，激发全社会内生动力和创新活力。

三、把握好新质动能与传统动能的关系

新质动能与传统动能是推动经济社会发展的两大重要力量。新质动能是创新起主导作用，由技术革命性突破、生产要素创新性配置、产业深度转型升级催生，主要包括科技创新、数字经济、绿色发展等新兴领域和新兴产业，具有高科技、高效能、高质量特征，代表了未来经济的发展方向和潜力，是推动经济高质量发展的关键。传统动能则包括制造业、农业、服务业等传统产业，虽然增长速度可能不如新兴产业快，但在提供就业机会、保障社会稳定方面仍起着不可替代的作用，是经济社会稳定的重要基石。

浙江在推进共同富裕的过程中，需要平衡新旧动能的转换，促进经济的持续健康发展。一方面，要注重培育和发展新质动能，通过加大科技创新投入力度、推动数字经济与实体经济深度融合、加强绿色发展等举措，不断推动经济结构的优化和升级，为推进共同富裕提供强大的动力源泉。另一方面，也要注重改造和提升传统生产力，通过技术创新、模式创新等手段，增强其竞争力和可持续发展能力，确保传统动能在共同富裕进程中继续发挥重要作用。同时，浙江还需要促进新质动能与传统动能的有机结合和协同发展。要推动新兴产业与传统产业的深度融合，形成产业链上下游的良性互动，共同构建更加稳健、多元的经济结构。通过二者的协同发展，浙江能够形成更加稳健、多元的经济结构，进一步激发经济发展的内生动力，为推进共同富裕提供更加坚实的产业支撑。

四、把握好城市发展与乡村繁荣的关系

共同富裕不仅要在城市实现，也要在农村地区得到体现。党的二十届三

中全会明确强调，城乡融合发展是中国式现代化的必然要求。城市作为经济活动的中心，拥有更多的人才、资金和技术资源，而乡村地区则面临基础设施落后、人才流失和产业发展不足等问题。目前，浙江城镇化率已达到较高水平，城乡关系从传统的二元结构关系转变为双重互构关系，城市深刻影响着乡村，乡村又对城市有反作用并形塑着城市。一方面，城市发挥辐射与带动作用，通过向乡村输送科技、资本和人才促进乡村产业兴旺，在城市产业转型升级过程中带动乡村产业发展；另一方面，乡村为城市生态宜居性提升与可持续发展提供物质空间条件，是城市多样性功能的重要组成部分。

浙江在推进共同富裕的过程中，应进一步推动城乡融合发展，加快构建新型的城乡关系。特别是要统筹新型工业化、新型城镇化和乡村全面振兴，全面提高城乡规划、建设、治理融合水平，加快农村基础设施建设，提升农村公共服务水平，促进农业现代化和乡村旅游等产业的发展，同时引导城市资源向乡村流动，支持人才返乡创业和推动乡村人才振兴。通过建立更加紧密的城乡联系，促进城乡要素平等交换、双向流动，缩小城乡差距，形成城乡互补、互利共赢的发展格局，让城乡居民共享经济社会发展的成果。

五、把握好物质富裕与精神富有的关系

共同富裕不仅意味着物质层面的富裕，还包括精神层面的富有。物质富裕指的是经济条件的改善，包括收入水平的提高、生活质量的提升、社会保障体系的完善等，它是实现共同富裕的基础。精神富有则涉及人的全面发展，包括文化素养的提高、社会关系的和谐、心理健康状态的优良、对美好生活的向往和追求等非物质层面的满足，它关乎人们的思想观念、文化素养以及精神生活的丰富性。

浙江在推进共同富裕的过程中，既要注重物质富裕水平的提升，也要

注重精神富有的实现。提升物质富裕水平需要采用经济发展、产业升级、创新创造等方式，让人民群众享受到更加优质的生活条件和更加丰富的物质财富。精神富有的培育则需要通过文化建设、教育普及、价值观念引导等方式来实现，让人民群众思想更加开放、文化生活更加丰富、精神世界更加丰盈。同时，物质富裕与精神富有是相互依存、相互促进的。物质富裕水平的提升可以为精神富有提供更好的物质基础和条件，而精神富有的培育也可以为物质富裕提供更加持久、更加有动力的精神支撑。因此，需要将物质富裕与精神富有有机结合起来，实现二者的良性互动和共同发展。

第二节　保持久久为功的战略定力

推进共同富裕是一项长期而艰巨的任务，浙江需保持战略定力，持续不断地朝着既定目标前进。

一、坚持党的领导和以人为本

党的领导是推进中国式现代化、确保共同富裕目标得以实现的根本保证。在中国特色社会主义新时代，党领导下的共同富裕，旨在通过全体人民的共同努力，逐步消除贫富差距，实现全体人民的物质富裕和精神富有。浙江必须毫不动摇地坚持党的领导，充分发挥党组织的领导核心作用，确保共同富裕的各项政策和措施始终沿着正确的方向推进。同时，要坚持以人民为中心，把人民的利益放在首位，尊重人民主体地位和首创精神，让人民群众成为共同富裕的主体和受益者，确保共同富裕的成果惠及全体人民，不断增强人民群众的获得感、幸福感、安全感。

二、坚持系统观念和问题导向

共同富裕是一个复杂的系统工程，涉及经济、社会、文化、生态等多个领域的协同发展。浙江在推进共同富裕时，需要运用系统观念，从整体出发，注重各个领域之间的内在联系和相互作用，确保政策的系统性和连贯性，努力形成整体推进、协同发展的局面。同时，要坚持问题导向，精准识别不同地区、不同群体的差异性，精准施策，解决实际存在的不平衡不充分问题，如存在城乡差距、区域发展差距、收入分配差距等，确保共同富裕的推进既有广度也有深度，切实解决人民群众最关心、最直接、最现实的利益问题。

三、坚持深化改革和创新驱动

共同富裕的推进离不开深层次的改革和创新。浙江必须自觉把改革摆在更加突出的位置，紧紧围绕推进中国式现代化、实现共同富裕进一步全面深化改革，不断深化高水平社会主义市场经济体制、经济高质量发展体制机制、全面创新体制机制、高水平对外开放体制机制、文化体制机制、民生制度等方面的改革，破除制约共同富裕的体制机制障碍，激发全社会的创新活力。同时，创新是引领发展的第一动力，无论是科技创新、制度创新还是管理创新，都将为共同富裕提供源源不断的动力。浙江应鼓励创新思维，支持创新实践，为创新主体提供良好的环境和条件，形成以创新为驱动的经济增长模式，为共同富裕提供持久的内生动力。

四、坚持风险意识和底线思维

在追求共同富裕的道路上，浙江必须始终保持高度的风险意识，建立健全风险防控体系，确保在推进过程中能够有效应对各种潜在风险，如经济下行风险、社会矛盾风险、生态环境风险等。同时，要提高风险预警和应急处置能力，建立健全跨部门、跨层级的风险联防联控机制，确保一旦风险发生，能够迅速反应，将损失降到最低。强化底线思维意味着在决策和执行过程中要设定清晰的风险边界，做好风险预判和应对预案，确保在任何情况下都能保持经济社会大局稳定。

五、坚持区域合作和交流互鉴

共同富裕的实现需要内外兼修，浙江不仅要注重内部的协调发展，还要加强与周边地区乃至全国、全球的交流合作。通过加强区域合作，浙江可以实现资源的优化配置，促进区域间的经济互补和产业协作，形成共同发展的良好态势。同时，通过交流互鉴，浙江可以学习国内外先进的经验和做法，取长补短，不断创新和完善自身的共同富裕模式，为全国乃至全球的共同富裕探索提供浙江样本，展示中国智慧。

第三节　浙江在推进共同富裕中先行示范的发展建议

面对共同富裕的长期目标和当前发展的新要求新任务，浙江需精心谋划、周密部署，采取切实有效的举措，确保在推进共同富裕先行示范中稳步前行。

一、突出发展为先，着力在推动高质量发展中夯实共同富裕示范区建设物质基础

没有高质量的发展，共同富裕就无从谈起。党的二十大报告和党的二十届三中全会都指出，高质量发展是全面建设社会主义现代化国家的首要任务。对于浙江而言，高质量发展建设共同富裕示范区已步入下半程，更应坚定不移地将发展置于首要位置，通过推动高质量发展不断做大"蛋糕"，为共同富裕示范区建设奠定坚实的物质基础。

首先，要聚力以科技创新为引领大力发展新质生产力。习近平总书记多次强调，"发展新质生产力是推动高质量发展的内在要求和重要着力点"[1]。新质生产力主要由技术革命性突破催生而成，因此要把科技创新摆在核心位置。要一体推进教育科技人才强省建设，加快健全教育科技人才一体推进机制，率先在教育综合改革、科技体制建设、人才发展体制机制建设等方面实现突破。深入实施"315"科技创新体系建设工程，加强新领域新赛道制度供给，激励引导企业加大自主创新力度，加强企业主导的产学研深度融合。

其次，要加快建设现代化产业体系。产业体系是经济发展的重要支撑，也是推动高质量发展的关键所在。以数字经济创新提质"一号发展工程"为牵引，大力实施"415X"先进制造业集群培育工程和服务业高质量发展"百千万"工程，促进实体经济和数字经济深度融合，加快打造数字经济高质量发展强省、现代服务业强省，建设全球先进制造业基地。引导

---

① 习近平：《开创我国高质量发展新局面》，《求是》，2024年第12期。

推动人工智能、航空航天、新能源、新材料、高端装备、生物医药、量子科技等新兴产业前瞻布局、有序发展。

再次，要擦亮民营经济"金名片"。民营经济是推动中国式现代化的生力军，也是浙江经济的最大特色和最大优势，在推进共同富裕示范区建设的过程中，必须进一步发挥其独特优势，为浙江的高质量发展注入强劲动力。要持续优化营商环境，进一步简化审批流程、减轻企业税负、加强知识产权保护等，为民营企业提供更加公平、透明、可预期的市场环境。支持民营企业创新发展，鼓励民营企业加大研发投入力度，推动技术创新和产业升级。拓展民营企业发展空间，积极引导民营企业参与国家重大战略和重点项目建设，为其提供更多发展机遇。同时，支持民营企业"走出去"，参与国际竞争，拓展海外市场。

最后，要持续推进更高水平对外开放。对外开放是推动高质量发展的重要途径。要以"地瓜经济"提能升级"一号开放工程"为牵引，加快打造高能级开放强省，提升贸易投资便利化水平。提升枢纽节点功能，高标准推进长三角一体化，全方位参与共建"一带一路"，鼓励企业深度参与全球产业分工合作，推动境外高端产业、创新成果、高端要素回归浙江。同时，以制度型开放引领深化改革，创新利用外资、做大外贸方法渠道。支持自贸试验区、综合保税区等开放平台对标国际高标准经贸规则，加快形成贸易投资合作的新机制新模式。

二、聚焦重点突破，着力把缩小"三大差距"作为共同富裕示范区建设主攻方向

推进共同富裕是一场深刻变革，是"破局"和"立局"的系统跃升，需要在兼顾一般矛盾的同时紧紧抓住主要矛盾和矛盾的主要方面，以重点突破

带动整体推进。要聚焦群众可感、可及、可触最强烈的"三大差距"——地区差距、城乡差距、收入差距，谋划牵一发而动全身的抓手，实施精准有效的政策措施，坚持先立后破，加快破解制度性因素导致的发展不平衡不充分问题。

首先，要聚力以山海协作工程"升级版"牵引山区海岛县高质量发展。深入实施山海协作工程"升级版"，进一步完善山海协作工作体系、激励体系和考核体系。健全山区海岛县精准扶持机制，深化"一县一策""一业一策"，创新"一县一方案"，精准支持山区海岛县高质量发展。支持浙江革命老区建设发展，深化政策保障精准直达机制，在推动革命老区振兴发展上创新体制机制。抢抓"两重""两新"等重大机遇，精心谋划实施一批重大基础设施和产业平台建设，更好推动区域协调发展。

其次，要聚力推进新型城镇化健全城乡融合发展体制机制。城乡融合发展是中国式现代化的必然要求。要统筹新型城镇化和乡村全面振兴，持续推进以县城为重要载体的新型城镇化和新时代"千万工程"，全面提高城乡规划、建设、治理融合水平，促进城乡要素平等交换、双向流动。加快探索建立城乡统一的建设用地市场，推动农村土地制度改革，释放农村土地资源潜力；深化户籍制度改革，打破城乡二元结构，促进人口自由迁徙和城乡融合发展。

再次，要拓展富民增收新渠道。健全高质量就业创业促进机制和高质量就业创业体系，加快构建普惠性人力资本提升机制。深化强村富民集成改革，完善强村公司管理与运营，支持各地因地制宜打造"共富集市"。持续做好、做特、做优乡村"土特产"，培育乡村新产业新业态，拓宽乡村特色产业增收路径。完善收入分配制度，深入实施居民收入和中等收入群体双倍增计划，多渠道增加城乡居民财产性收入，形成有效增加低收入群体收入、稳步扩大中等收入群体规模、合理调节过高收入的制度体系。

最后，要探索基本公共服务一体化新机制。优化以人口高质量发展为导向的公共服务资源配置机制，促进公共服务公平共享。以基本公共服务一体化为突破口，深入实施公共服务"七优享"工程，在舟山和淳安、龙游、景宁"一市三县"试点基础上，突出"基本"和"一体化"两个关键词，围绕教育、医疗、低保、养老等"急难愁盼"问题，科学规划布局公共服务设施，健全常住地提供基本公共服务制度，不断提升人民群众幸福感和满意度。

三、围绕改革牵引，着力在激发市场活力与社会创造力上率先推动制度创新

浙江高质量发展建设共同富裕示范区的一个重要方面，就是要率先基本建立推动共同富裕的体制机制和政策框架，努力成为共同富裕改革探索的省域范例。因此，要以更大的决心和勇气构建有利于推进共同富裕的体制机制，进一步激发市场活力与社会创造力，打破制约发展的体制机制障碍，为共同富裕示范区建设提供强有力的制度保障。

首先，要探索推进共富型社会保障和财税制度改革。深化社会保障制度改革，构建更加公平、可持续的社会保障体系，扩大社会保障覆盖面，提高社会保障水平，特别是加大对低收入群体的保障力度，确保社会保障制度成为推动共同富裕的重要力量。在财税制度改革方面，除了优化税收结构，减轻企业和个人负担，增加公共服务和民生领域的投入外，还应探索建立与共同富裕相适应的财政转移支付制度，确保财政资源向欠发达地区和弱势群体倾斜，缩小地区间和城乡间的公共服务差距。

其次，要健全不同所有制企业参与共建共享共富机制。完善市场经济体制，鼓励国有企业、民营企业、外资企业等不同所有制企业公平竞争、共同发展。建立健全企业参与社会建设的激励机制，鼓励企业投身公益事

业，通过社会责任投资、慈善捐赠等方式回馈社会，探索培育、推广一批"企业员工创富体"。同时，探索建立企业与社区、政府与社会的共建共享机制，推动企业积极参与社会治理和公共服务，形成企业与社会共建共享共富的良好格局。

最后，要谋划一批争取国家支持的重大改革事项。要抓好用好浙江"高质量发展建设共同富裕示范区"目前在全国"既是第一，又是唯一"的契机，紧密结合国家发展战略和浙江高质量发展建设共同富裕示范区实践基础，深入研究提出一批具有创新性、突破性的改革举措，积极争取国家层面的支持和政策倾斜。这些事项应聚焦改革创新与先行突破，如土地、户籍、教育、医疗等领域的深层次改革权限，为浙江乃至全国的共同富裕探索提供可复制、可推广的经验。同时，加强改革的风险评估和协同推进机制建设，确保各项改革措施稳步落地、取得实效。

四、强化复制推广，着力以更高标准打造共同富裕示范区建设金名片

浙江高质量发展建设共同富裕示范区肩负"为全国推动共同富裕提供省域范例"的重要任务。要聚焦共同富裕示范区建设的重点领域和关键环节，集中力量以更高标准打造一批标志性成果，这些成果不仅要体现浙江特色、展现浙江水平，更要具有全国引领性和示范推广性。

首先，要加快试点成果复制推广。当前，浙江推进共同富裕并不缺"盆景"，如国家发展改革委已发文推介浙江高质量发展建设共同富裕示范区两批二十个典型经验做法，但大多是在一地开花，实现"盆景"变"风景"的成果比较有限。因此，需要加快建立健全试点示范推广机制，加强对好素材、好实践的深度挖掘和总结提炼。以成熟一批、推广一批的方

式，将试点成果复制到更广泛的地区。

其次，要持续推进共同富裕实践观察点跟踪研究。浙江已设立了首批60个共同富裕实践观察点，包括村（社区），乡镇、街道（平台），企业，社会组织和公共服务机构五大类。接下来要持续做好观察点工作，从不同视角对观察点进行翔实生动的观察，并发掘一批在推进共同富裕中的创新做法和有效经验。通过跟踪研究观察点的发展变化，为共同富裕示范区建设提供有力支撑。

最后，要加强共同富裕相关理论研究和宣传推广。在高质量发展建设共同富裕示范区的过程中，不仅要注重实践探索，还要加强理论研究。通过不断深化对共同富裕内涵、路径和实现机制的理解，高水平推出一批理论研究成果。同时，要加大宣传推广力度，提高全社会对共同富裕示范区建设的认知度和参与度。通过理论研究和宣传推广的有机结合，进一步提升浙江共同富裕示范区建设的影响力和引领力。

参考文献

[1] 习近平. 之江新语［M］. 杭州：浙江人民出版社，2013.

[2] 习近平. 干在实处 走在前列——推进浙江新发展的思考与实践［M］. 北京：中共中央党校出版社，2013.

[3] 习近平. 扎实推动共同富裕［J］. 求是，2021（20）：4–8.

[4] 习近平. 习近平谈治国理政（第三卷）［M］. 北京：外文出版社，2020.

[5] 习近平. 习近平著作选读（第一卷）［M］. 北京：人民出版社，2023.

[6] 习近平. 习近平著作选读（第二卷）［M］. 北京：人民出版社，2023.

[7] 习近平. 关于《中共中央关于进一步全面深化改革、推进中国式现代化的决定》的说明［N］. 人民日报，2024-07-22.

[8] 习近平. 高举中国特色社会主义伟大旗帜 为全面建设社会主义现代化国家而团结奋斗［N］. 人民日报，2022-10-26.

[9] 习近平. 当前经济工作的几个重大问题［J］. 求是，2023（4）：4-9.

[10] 中央党校采访实录编辑室. 习近平在浙江（上）［M］. 北京：中共中央党校出版社，2021.

[11] 中央党校采访实录编辑室. 习近平在浙江（下）［M］. 北京：中共中央党校出版社，2021.

[12] 袁家军. 勇当高质量发展推动共同富裕的先行探路者［N］. 人民日报，2022-05-21.

[13] 易炼红. 持续推动"千万工程"迈向更高水平 加快探索中国式农业农村现代化浙江路径［J］. 政策瞭望，2024（3）：4-7.

[14] 易炼红. 深入学习贯彻习近平总书记考察浙江重要讲话精神 在奋力推进中国式现代化新征程上勇当先行者谱写新篇章［J］. 政策瞭望，2023（11）：4-11.

[15] 浙江省习近平新时代中国特色社会主义思想研究中心.共同富裕的原创性价值与世界性意义 [J].政策瞭望,2022(2):25-30.

[16] 浙江省习近平新时代中国特色社会主义思想研究中心.习近平科学的思维方法在浙江的探索与实践 [M].杭州:浙江人民出版社,2021.

[17] 浙江省习近平新时代中国特色社会主义思想研究中心.习近平新时代中国特色社会主义思想在浙江的萌发与实践 [M].杭州:浙江人民出版社,2021.

[18] 浙江省习近平新时代中国特色社会主义思想研究中心.从"统筹城乡发展,推进城乡一体化"到打造"城乡协调发展引领区"——习近平在浙江关于共同富裕的探索与实践·城乡融合篇 [N].浙江日报,2024-06-21.

[19] 高国力.从战略和全局系统谋划加快推动新时代革命老区振兴发展 [J].中国经贸导刊,2021(5):56-58.

[20] 许亚萍,廖昕,马晓敏.习近平同志关于革命老区振兴发展重要论述的逻辑、内涵与新时代实践 [J].毛泽东思想研究,2022(4):26-35.

[21] 李实,陈基平.中国国民收入分配格局的长期变动趋势 [J].社会科学战线,2023(9):50-62.

[22] 李实,杨修娜.从国际视角看我国扩大中等收入群体 [J].中国金融,2024(5):45-47.

[23] 李实.缩小收入差距的关键在"提低、扩中"[J].浙江经济,2023(6):21-23.

[24] 李实.以收入分配制度创新推进共同富裕 [J].经济评论,2022(1):3-12.

[25] 翁浩浩,余勤.念好"山海经"走好"共富路"奋力打造山区海岛县高质量发展样板 [N].浙江日报,2023-08-02.

[26] 李实,何文炯,等.迈向共同富裕:理论内涵和实现路径 [M].杭州:浙江大学出版社,2023.

[27] 中共浙江省委党校.共同富裕浙江先行案例 [M].杭州:浙江人民出版社,2022.

[28] 周海涛.共同富裕理念深深植根于中华优秀传统文化 [J].创造,2023(4):47-50.

[29] 廉军伟.浙江区域协调发展的理论与实践 [M].北京:中国市场出版社,2021.

[30] 武卫政,顾春,王浩.不断增强农民的获得感幸福感——浙江15年持续推进"千村示范、万村整治"工程纪实 [N].人民日报,2018-12-29.

[31]《党的二十大报告辅导读本》编写组.党的二十大报告辅导读本［M］.北京：人民出版社，2022.

[32]本报评论员.在深化改革扩大开放上续写新篇——三论学习贯彻习近平总书记考察浙江重要讲话精神［N］.浙江日报，2023-10-01.

[33]李昊，郎金焕，张琪璇.社会组织助力共同富裕趋势、问题及对策建议——基于社会组织类6个共富观察点的调研［J］.浙江经济，2024（5）：58-60.

[34]郭明月，郎金焕，张琪璇.公共服务机构助力共同富裕特征、问题及对策建议——基于首批公共服务类共同富裕观察点趋势变化的调研分析［J］.浙江经济，2024（6）：60-61.

[35]李昊，廉军伟，郭明月.推进宁波高水平制度型开放的对策建议［J］.浙江经济，2024（2）：37-39.

[36]潘毅刚，廉军伟，李昊.城市共同富裕的开创性经验启示：基于杭州实践的回顾与展望［J］.中共杭州市委党校学报，2023（6）：77-86.

[37]潘毅刚.共同富裕的中国探索与时代内涵［J］.浙江经济，2021（6）：79.

[38]潘毅刚.共同富裕难在哪里？［J］.浙江经济，2021（7）：79.

[39]潘毅刚.理解共同富裕［J］.浙江经济，2021（1）：79.

[40]刘亭.发展民营经济以促共富［J］.浙江经济，2023（10）：18.

[41]刘亭.对城市化的再认识［J］.浙江经济，2022（3）：16.

[42]兰建平.以"创改开"助推浙江"稳进立"［J］.经贸实践，2024（2）：16-19.

[43]兰建平.新质生产力浙江如何向新而兴？［J］.浙江经济，2023（12）：21.

[44]胡家勇.推进先富向共同富裕的阶段性转换？［J］.求是，2014（15）：29-31.

[45]黄晓娟.中国共产党"共同富裕"概念的历史溯源与语义变迁——以党的历史文献为中心的文本考察［J］.社会主义研究，2023（5）：1-9.

[46]韩振峰.中国共产党探索共同富裕的历程及经验启示［J］.党课参考，2022（7）：98-104.

[47]齐昊.《21世纪资本论》的观点、评价与贡献［J］.红旗文稿，2014（17）：32-34.

[48]金辉.皮凯蒂：财富分配不均是世界性问题［N］.经济参考报，2014-12-03.

[49] 陈理 . 深刻理解把握中国式现代化的科学内涵、核心要义、实践要求［J］. 党的文献，2023（3）：3-17.

[50] 刘旭，张燕生，刘颖，等 . "发展新质生产力 在高质量发展中促进共同富裕"专题［N］. 人民日报，2024-06-26.

[51] 董志勇，李亚飞 . 第三次分配制度的构建原则、理论突破与政策着力点［J］. 改革，2022（12）：12-21.

[52] 本刊记者 . "千万工程"促进农民农村共同富裕，浙江蹄疾步稳走向中国式农村现代化［J］. 宏观经济管理，2023（6）：93.